教育部人文社科青年基金项目（18YJC630005）和湖北经济学院学术专著基金资助

曾义　朱宇朦◎著

精准扶贫背景下政府补贴对偏远地区企业绩效影响研究

JINGZHUN FUPIN BEIJINGXIA ZHENGFU BUTIE
DUI PIANYUAN DIQU QIYE JIXIAO YINGXIANG YANJIU

中国财经出版传媒集团

经济科学出版社
Economic Science Press

图书在版编目（CIP）数据

精准扶贫背景下政府补贴对偏远地区企业绩效影响研究／曾义，朱宇朦著. --北京：经济科学出版社，2022. 12

ISBN 978－7－5218－4365－1

Ⅰ.①精… Ⅱ.①曾… ②朱… Ⅲ.①政府补贴-影响-企业绩效-研究-中国 Ⅳ.①F279. 23

中国版本图书馆 CIP 数据核字（2022）第 224213 号

责任编辑：杜　鹏　常家凤　刘　悦
责任校对：隗立娜
责任印制：邱　天

精准扶贫背景下政府补贴对偏远地区企业绩效影响研究
曾　义　朱宇朦◎著

经济科学出版社出版、发行　新华书店经销
社址：北京市海淀区阜成路甲 28 号　邮编：100142
编辑部电话：010-88191441　发行部电话：010-88191522
网址：www. esp. com. cn
电子邮箱：esp@ esp. com. cn
天猫网店：经济科学出版社旗舰店
网址：http://jjkxcbs. tmall. com
固安华明印业有限公司印装
710×1000　16 开　12.5 印张　220000 字
2022 年 12 月第 1 版　2022 年 12 月第 1 次印刷
ISBN 978－7－5218－4365－1　定价：69.00 元
（图书出现印装问题，本社负责调换。电话：010－88191545）
（版权所有　侵权必究　打击盗版　举报热线：010－88191661
QQ：2242791300　营销中心电话：010－88191537
电子邮箱：dbts@ esp. com. cn）

自 2013 年习近平总书记首次提出"精准扶贫"以来，精准扶贫逐渐成为国家扶贫方略，各级政府部门和各类型企业积极响应并投身于精准扶贫这一伟大事业。经过 8 年持续奋斗，2021 年我国如期完成了新时代脱贫攻坚目标任务，进而转向全面推进乡村振兴，加快农业农村现代化。本书将深入总结在精准扶贫过程中形成的经验，为我国全面推进乡村振兴提供经验借鉴。

精准扶贫方略形成后，我国企业通过政策引导积极参与精准扶贫，仅 2017 年上海证券交易所公布的上市公司精准扶贫总投入就高达 16.63 亿元。由此可见，企业参与精准扶贫的响应之快、积极性之高、投入力度之大。在政府补贴方面，各级政府在财政资金分配上向精准扶贫事业倾斜，加大对偏远地区企业的支持力度，以期扶持偏远地区顺利实现地区脱贫。当前学者们关于政府补贴对企业绩效的研究，还没有得到一致的结论，一种观点认为，政府补贴能够提升企业绩效；与之截然相反的另一种观点则认为，政府补贴不利于企业绩效的提升。那么在精准扶贫背景下，政府补贴对偏远地区企业绩效到底有何影响，这是一个迫切需要回答的问题。

我国偏远地区与贫困密切相关，偏远地区的企业有着最真切的扶贫情怀和最充足的扶贫优势，偏远地区的企业可以通过政府的引导，将自身发展与贫困地区紧密连接在一起。然而我国偏远地区的企业存在地理位置的固有劣势，由于远离金融中心而加剧了信息不对称程度，导致其很难获得资金支持而面临着更为严重的融资约束；其在制度建设和市场发展等方面也存在着先天不足，偏远地区的企业所面临的发展环境也更为严峻。国家层面推动的精准扶贫政策能够有效解决偏远地区的企业发展所面临的种种顽疾。这是因为：其一，精准扶贫在政策上充分支持偏远地区发展，在政府补贴上给予充分的倾斜照顾，从而为偏远地区发展提供直接的资金支持；其二，精准扶贫背景下加大了对扶贫资金的监督，这会有力地减少扶贫资金的浪费，减少由于资金补贴所带来的寻租问题，切实提高资金使用效率；其三，政府为了吸引企业参与精准扶贫，对参与扶贫的企业进行大力宣传，并且指导培育高知名度商标，发展品牌经济，加大对偏远地区产品营销的支持力度，在这样的政策支持下，偏远地区的企业有了走出去的机会，进而提升品牌知名度，促进自身的发展。值得注意的是，虽然目前农村绝对贫困问题已解决，但是由于广大农村区域地理环境、经济发展等情况各不相同，后续如果不能有效地持续发展，一定程度上可能影响全面建成小康社会的成果。因此，有必要深入探讨精准扶贫背景下，政府补贴对偏远地区企业绩效的影响机制，精细脱贫质量，促进农村经济的内生发展。

由于我国偏远地区在融资环境、制度建设和市场发展等方面存在着先天不足，并具有自身特色，而精准扶贫政策正好在资金扶持、政策监管和宣传推广等方面为偏远地区企业提供了支持和保障。基于此，本书在梳理我国政府补贴和精准扶贫政策的基础上，利用案例研究的方法，探讨政府补贴对企业绩效的影响，以及精准扶贫政策下这种影响会发生怎样的变化并探究其影响机制。本书手工搜集整理了 27 家偏远地区参与精准扶贫且获得政府补贴的企业相关资料，研究发现有以下三点。第一，政府补贴并不必然会提升企业绩效，甚至会出现企业为了获得政府补贴而进行迎合性创新的问题。第二，偏远地区企业参与精准扶贫有助于提升企业绩效，而且偏远地区公司在参与精准扶贫之后，其创新绩效都得到了一定程度的提升。第三，参与精准扶贫的企业通过缓解融资约束、降低寻租程度、提高市场关注度等作用机制对企业绩效产生影响，具体如下：首先，企业在参与精准扶贫之后融资约束得到了缓解，进而提升了公司绩效，但在公司绩效提升的同时，企业也需要防范精准扶贫所带来的资金导致企业过度投资而损害公司绩效的风险；其次，精准扶贫能有效降低企业的寻租程度，通过减少企业的管理费用而提升公司绩效，但外部治理环境较差时，寻租程度的降低反而会出现企业难以获得补贴资金支持的异象，所以要注重完善外部治理环境以切实保障补贴资金的效果；最后，精准扶贫能提升企业的市场关注度，有利于消费者了解偏远地区企业的产品，从而取得竞争优势，提升公司绩效，同时注重研发与创新的企业更能把握住这个机会，实现公司绩效的提升。精准扶贫与乡村振兴都是以人民为中心、以"三农"为核心、以城乡资源要素自由流动为重点。因此，本书将总结在精准扶贫背景下，政府补贴对偏远地区企业绩效影响的宝贵经验，分析精准扶贫面临的困难与挑战，探索乡村振兴的现实路径。

　　本书的主要启示如下。企业层面，企业要注重资金的管理，重视公司的融资约束问题；转变企业经营理念，正确使用政府补贴；规范企业创新行为，提升核心竞争力。政府层面，政府应该加大对企业的政府补贴支持政策，增加资金的引导作用；合理选择政府补贴对象，加大对融资约束程度较高企业的补助力度；加大对新政策新战略的宣传，重视产业扶贫与自身发展相结合、鼓励和引导企业参与乡村振兴工作；加强立法与执法，完善内外部监管体系，为企业发展提供良好的市场环境。

笔者

2022 年 10 月

目　录

第 1 章

研究概论

1.1 研究背景和意义

1.1.1 研究背景

贫困一直是影响中国经济均衡发展的重要问题，自从改革开放以来，国家一直致力于消除贫困、实现共同富裕。2013 年，习近平总书记首次提出"精准扶贫"，① 2014 年，中共中央提出建立精准扶贫工作机制并制定了精准扶贫工作模式的顶层设计，推动了"精准扶贫"落地。从首次提出"精准扶贫"，到之后不断深入的探索与实践，纵观我国精准扶贫政策的推进过程可以发现，2016 年对于企业参与精准扶贫来说是具有重要意义的一年。在 2016 年，国务院发布了关于脱贫攻坚规划的通知，要求国有企业履行社会责任投身精准扶贫，同时引导民营企业参与精准扶贫；同年，证监会发布企业参与精准扶贫的相关文件，指出：鼓励上市公司响应国家号召，履行社会责任，积极参与精准扶贫；同年，沪深交易所也发布通知，要求参与精准扶贫的上市公司在年报中披露精准扶贫履行情况，实现公司产业发展、自主创新与扶贫帮困的协调统一。鼓励企业设立扶贫产业基金，实施扶贫投资项目，积极参与精准扶贫。沪深交易所还修订了企业定期报告披露的相关事宜，要求公司在年度报告中披露履行精准扶贫社会责任的情况，在政策的引导下，大量企业在 2016 年参与了精准扶贫。据《中国企业扶贫研究报告（2017）》统计，仅 2017 年上交所公布的上市公司精准扶贫总投入就高达 16.63 亿元，由此可见，企业参与精准扶贫的响应之快、积极性之高、投入力度之大。这说明企业对于参与精准扶贫表现出极大的热情与积

① 央视网．全会四论｜习近平精准扶贫方略料进十三五规划，关乎人民福祉［EB/OL］．（2015 - 10 - 29）［2022 - 08 - 10］．http：//news. cntv. cn/2015/10/29/ARTI1446086532584679. shtml.

极性，企业的核心目标是创造收入和获取利润，这是由企业本质属性所决定的，那么企业投入了大量资源参与精准扶贫，其中的动因到底是什么？又会对公司绩效产生什么样的影响？这些问题都值得我们探讨。

2020年底，我国贫困人口已经实现全部脱贫，精准扶贫任务已经基本完成，接下来面临的问题是如何巩固、维护和发展好脱贫成果，实现脱贫人口的可持续发展。2018年，国务院公布的中央"一号文件"《中共中央　国务院关于实施乡村振兴战略的意见》提出乡村振兴战略，解决农业、农村和农民问题，到2050年实现乡村全面振兴。乡村振兴战略承接精准扶贫方略，是精准扶贫的延续和发展，二者一脉相承，具有理论上和战略上的一致性，都是推动我国社会主义现代化强国建设和共同富裕的重要举措和必然要求。乡村振兴战略是对精准扶贫工作的进一步提高和升华，我国偏远地区企业与贫困县的联系紧密，有着最真切的扶贫情怀和最充足的扶贫优势，偏远地区企业可以通过政府的引导，将自身发展与贫困地区紧密连接在一起。但我国偏远地区的企业具有地理位置的固有劣势，偏远地区的企业由于远离金融中心而加剧了企业信息不对称程度，导致其很难获得资金支持而面临着更为严重的融资约束，在制度建设和市场发展等方面也存在着先天不足，偏远地区企业所面临的发展环境更为严峻。但是从企业履行精准扶贫相关的情况来看，偏远地区企业对参与精准扶贫表现出了较高的积极性，投入力度并不小。那么对于偏远地区企业来说，参与精准扶贫对企业绩效存在怎样的影响？二者是否为矛盾关系？其背后的作用机理又是怎么样的？这些问题都值得我们深入研究。本书通过研究精准扶贫与偏远地区企业绩效之间的关系与作用机理，以求更好地认识国家政策与企业发展之间的关系，在为政府引导企业积极履行社会责任提供思路的同时，也使企业认识到积极响应国家政策对自身长足发展的正面影响，对促使政府和企业达成"双赢"的局面具有重要意义。

同时，在国家大力推进全面脱贫的背景下，为了解决偏远地区企业在求生存谋发展过程中所面临的问题，政府出台了一些政策，其中最常见的就是政府补贴。政府补贴作为国家宏观调控的重要手段之一，也是财政支出的重要组成部分，它起着调节市场失灵的重要作用。政府通过直接或间接向微观经济主体提供无偿资金转移的方式来实现调节经济运行、促进产业升级等宏观调控目标。补贴是政府扮演"扶持之手"最直接的手段（Frye and Shleifer，1997），中国政府历来高度重视偏远地区的发展，政府补贴资金向偏远地区倾斜以扶持当地企业。政府补贴能够为政府鼓励企业积极履行社会责任提供新的思路，并且也能在提供资源扶持，改善融资环境方面为政府解决贫困区企业问题提供参考，把资源有效配置和引导我国企业社会责任的履行相结合，从而促使政府与企业在公益事业的推进中加强合作，达到"共赢"局面。

近些年来，中国经济迅猛发展，当前已经进入转型攻坚期。在此背景下，企业如何通过政府补贴来获得新的效益增长点是政府和企业所共同关注的重要课题。不可否认，企业要想增强创新以提升效益，必须得依靠政府来实现资源的整合。政府要改变从前以直接政府补贴的管理方式，向创新服务过渡。同时，要赋予企业更多的创新支持福利，出台更多扶持创新的政策和措施。中国正处于转型升级的关键时期，如何稳增长、调结构和促发展是当前中国经济的重要议题。偏远地区企业位于我国的贫困地区，其经济结构矛盾更加突出，一方面承担环境保护功能，另一方面承担经济发展压力，同时还要关注民族矛盾等突出问题。偏远地区的经济发展关系到地区经济状况和社会稳定，关系到人民生活水平的提升和社会经济平衡，偏远地区企业绩效和未来经济发展的水平在维持我国社会经济平稳有序发展的过程中发挥着重大作用。

要想提高偏远地区企业绩效，使偏远地区企业在市场上站稳脚跟，就必须提高创新能力，提高企业的核心竞争力。党的十八大明确提出了创新驱动发展战略，国家自 2014 年以来开始号召"大众创业、万众创新"，并出台了相关政策、投入资金予以支持。根据《中国科技统计网》数据显示，为了刺激科技创新、帮助企业进行研究与开发，政府制定了各种直接或间接促进研发活动的政府补贴政策。仅 2013 年，全国共投入研发（R&D）经费 11 846.6 亿元，其中政府资金 2 500.6 亿元，体现出国家对技术研发的高度重视，同时成功赶超日本和欧盟的平均水平，晋升为全球第二大研发投入大国。2014 年和 2015 年全国研究与试验发展（R&D）经费分别为 13 016 亿元和 14 220 亿元，呈现逐年稳步增长的态势。各国政府采取政府补贴的本意在于激励企业进行创新投资，从而达到提高企业绩效的目的。

然而在实际推行过程中，往往与补贴的初衷背道而驰。在企业经营过程中，迎合性行为是普遍存在的。公司管理者通常会迎合投资者偏好制定红利政策（Baker and Wurgler, 2003）；上市公司会迎合投资者的情绪而进行盈余管理（谭跃，2011）；企业为了产业政策的支持而进行迎合性创新（黎文靖和郑曼妮，2016）。既然企业迎合性行为普遍存在，那么偏远地区企业是否存在为了获得政府补贴而进行迎合性创新呢？我们将探索政府补贴中存在的迎合性创新行为，并检验其经济后果。企业研发投资水平主要依赖于内部资金，但由于企业与投资者之间缺乏有效的信息交流、信息共享、信息保密导致严重的信息不对称（李彦萍，2012），加之投资活动中包括人工成本、存货成本和中断成本在内的高昂的调整成本（曾义，2015），使企业普遍存在融资约束，长期的融资约束问题将会导致政府补贴诱发的创新活动后续投资不足，因此，当企业面临融资约束时，企业大多会采取寻租的方式获取更多的政府补贴。

在寻租背景下，政府补贴往往容易诱发企业的迎合性创新（黎文靖和郑曼妮，2016）。在中国，"人情关系"对人的影响非常重要。政府与企业之间，"人情关系"显得格外重要，很多企业为了获得政府补贴，积极寻求与政府建立联系，各个公司因发展情况不同，与政府建立关系网的方式也各不相同。有的公司会通过发展企业自身效益，达到与政府建立联系的效果，进而提高当地经济发展水平的方式建立；而有的公司向当地政府官员进行一些"寻租"行为，来建成经济利益关系网络。企业是否通过与政府建立联系的方式，实现以获取政府补贴为目的的迎合性行为等都是值得研究的。

中国政府对偏远地区企业的政府补贴是否实现了由"输血"到"造血"的嬗变，即政府补贴对偏远地区企业创新绩效有何影响？进一步来说，这些影响出现的背后深层次作用机理和具体作用路径是什么？厘清上述问题，不仅可以从微观个体的表现综合考察政府宏观调控的效果，还可以帮助政府部门根据地区差异制定有针对性的政策，以应对国内外对中国政府补贴政策的质疑；还可以借鉴精准扶贫的经验做法，在其基础上推动乡村的进一步发展。为了研究基于精准扶贫背景下政府补贴对偏远地区企业绩效的影响，本书采用文献研究法、案例研究法等进行研究分析。

1.1.2　研究意义

1.1.2.1　现实意义

中国幅员辽阔、地区差异显著，不同地区的政府在经济发展方向、财政实力等方面存在明显差异，势必导致政府在补贴的领域和力度上有所不同；而且不同地区的企业在融资环境、制度建设和市场环境的差异也将深刻影响企业的行为和绩效。现有关于政府补贴与企业绩效关系的研究，还没有系统阐述政府补贴对偏远地区企业绩效的影响。本书充分考虑了微观企业在具体地理位置的特殊性，基于融资约束观、寻租观和市场需求观三种理论观来探讨政府补贴对偏远地区企业绩效的影响，以独特新颖的研究视角丰富了现有学术研究成果。我国偏远地区在融资环境、制度建设和市场发展等方面存在着先天不足，并具有自身特色，而精准扶贫政策正好在资金扶持、政策监管和宣传推广等方面为偏远地区企业提供了支持和保障。精准扶贫工作是中国经济和政治领域的一件大事，事关人民福祉和国家长治久安。中国政府高度重视精准扶贫工作，加大财政扶贫投入力度、强化政策保障体系并做好脱贫攻坚宣传工作，那么财务手段、制度建设和服务支持到底效果如何，是精准扶贫工作精准发力必须回答的重要现实问题。本书在论证了精准扶贫有助于缓解企业融资约束、降低寻租程度、提高企业市场关注度等方面的重要作用，为政府决策部门提供依据具有重要的应用价值。

由于偏远地区的上市公司相对经济发达的大城市来说数量较少，大多数偏远地区只有一两家上市公司，而这一两家上市公司，一般都是当地的龙头企业，是在带动偏远地区脱贫致富的道路上不可或缺的一个环节，本书的研究为相关政府部门在制定政策时如何有针对性地考虑扶贫企业需求、如何提高企业扶贫的积极性具有参考价值，同时对政府决策部门加强行业监管，厘清精准扶贫的发力点，具有重要的应用价值。研究精准扶贫对偏远地区企业绩效的影响，有利于协调政府政策与企业自身发展之间的关系。

从企业视角而言，企业精准扶贫是打赢脱贫攻坚战的关键，参与精准扶贫不仅可以履行社会责任，也能获得提升公司绩效的机会。本书的研究以偏远地区企业为切入点，偏远地区企业独特的地理位置特点和市场环境特点使得精准扶贫对公司绩效产生了不同的影响，精准扶贫可以提高企业的市场关注度，提高企业的形象，缓解偏远地区企业的融资约束程度。从精准扶贫过渡到乡村振兴，规划的目标人群由针对性特惠对象转向整体性普惠对象，由完成基本贫困任务上升为实现系统振兴，由政府主导转换为借助市场力量，这是"三农"工作重心的历史性转移；本书通过研究精准扶贫对偏远地区公司绩效产生的影响，并探讨该影响出现背后的原因，让企业能够更加了解精准扶贫行为与公司绩效之间的关系，从而使企业更积极地对待精准扶贫，落实乡村振兴政策，自觉主动服务社会，这对企业积极响应国家政策和企业稳定、可持续发展具有借鉴意义。

1.1.2.2　理论意义

学术界对于精准扶贫与企业绩效的相关研究是一个较新的尝试，且对于精准扶贫的研究主要集中于实施绩效和相关政治影响上。目前,有学者研究了精准扶贫对专利产出以及专利质量的影响,也有部分学者研究精准扶贫参与度对上市公司创新投入的整体影响,或者是参与精准扶贫对整体上市公司的公司绩效的影响,或者是单独研究参与产业精准扶贫与公司绩效的关系以及对不同产权性质公司绩效的影响,都是采用大样本实证研究的模式,还没有学者采取案例研究的方式来研究精准扶贫对微观企业绩效产生的影响以及作用机理。企业绩效的影响因素涉及方方面面,其中融资环境、市场化程度、资源扶持以及政策等都会因为企业所处地域的不同而有所差别;而中国经济发展不平衡问题已久,相较于经济发达地区,偏远地区企业受到的影响更甚,问题也更具代表性。基于此,本书选取偏远地区上市公司作为研究对象,分别从融资约束、寻租、市场关注度这三个角度展开,希望可以厘清精准扶贫对偏远地区企业绩效产生的影响,以及背后的作用机理,从研究视角和研究内容等方面来丰富现有研究,为后面学者的研究提供一定的借鉴。

此外,虽然以往学者对于政府补贴的研究较为丰富,但大多基于融资约束理论、寻租理论和信息不对称理论。研究视角多集中于某些不同行业,如制造业、农业、文化产业,或者是不同性质企业,如国有企业和民营企业。对企业绩效的研究视角主要集中在财务绩效和创新绩效。大量的学者采用实证研究的方法来研究政府补贴对企业绩效的影响,学者们用案例研究政府补贴对企业绩效的文献相对较少。以往学者研究政府补贴对企业绩效的影响多为宏观层面的研究,少有学者从微观层面研究国家战略对企业绩效的影响。在推出了新的国家战略的背景下,当前关于政府补贴对企业绩效的研究没有及时跟进研究视角。此外,现有关于政府补贴和企业绩效关系的研究,忽视了微观企业在具体地理位置的特殊性。不同地理位置的企业,政府补贴缓解融资约束的效果、寻租获得补贴资金的可能性以及政府对企业产品推广的重要性等方面差异显著,从而导致政府补贴对企业绩效的影响存在差异,企业的行为和绩效也不可能脱离宏观环境的影响。中国政府针对偏远或落后地区,以高标准、严要求作为实施精准扶贫工作的指导方针。政府补贴的多投入、严监管和重引导势必影响政府补贴资金的效果,现有研究还没有考虑在宏观精准扶贫背景下政府补贴和企业绩效的关系。此外,现有研究也缺乏基于宏观环境深入分析政府补贴对偏远地区企业绩效影响的作用机理。本书在以往学者研究的基础上,结合了具体的地理位置来研究政府补贴对企业绩效的影响,拓展了以往研究的广度。

本书以偏远地区企业为研究对象，首先是从政府补贴对偏远地区企业绩效的整体影响入手，深入具体的企业，进一步研究分析政府补贴对企业绩效的影响，得出政府补贴对偏远地区企业绩效的影响结论；其次从精准扶贫对偏远地区企业绩效的整体影响入手，深入具体微观企业，利用层次分析法对偏远地区企业绩效的影响做出进一步的研究分析，得出精准扶贫对偏远地区企业绩效的影响结论；最后，选取了 5 家注册地在偏远地区的代表性研究案例，分别从缓解融资约束、降低寻租程度和提高市场关注度这三个角度展开，探讨精准扶贫对偏远地区企业绩效产生影响的作用机理。本书基于融资约束观、寻租观和市场需求观下，采用大量的现实案例，来探讨基于精准扶贫背景下政府补贴对偏远地区企业创新绩效的影响，以独特新颖的研究视角丰富了现有学术研究成果，为以后学者的研究提供帮助和借鉴。

1.2　研究方法和相关技术

1.2.1　研究方法

（1）文献研究法：大量查阅核心期刊等权威文献，在此基础上整理相关理论，了解目前学术界对于精准扶贫等社会责任的履行和企业创新绩效之间关系的研究详情，认真思考其中机理，为之后研究精准扶贫背景下政府补贴对偏远地区企业绩效的影响，以及背后的机理作用提供坚实的理论基础。利用图书馆和网络等多种资源，查找并整理相关理论和文献，对文献资料检索并分类汇总，了解目前现有学者在精准扶贫背景下政府补贴对企业绩效影响方面的研究及该领域的最新研究进展，将本书的理论依据填充得更加科学严谨，为之后研究精准扶贫背景下政府补贴对偏远地区企业公司绩效的影响及该影响产生背后的原因提供理论指导。

（2）案例研究法：先在文献调研法的基础上，基于因子分析法构建公司绩效评价综合指标，对偏远地区企业参与精准扶贫的公司绩效进行整体分析，然后选取代表性企业，分析精准扶贫对案例企业公司绩效产生影响的原因，有关案例企业的数据和资料主要从企业的年报及公告和国泰安数据库、锐思数据库中搜集而来，并利用各地政府的工作报告、检察院工作报告等作为补充资料。在对选取的数据和指标进行深入详细的分析后，总结研究结论。基于层次分析法构建企业创新绩效评价指标体系，对偏远地区企业的创新绩效分为参与精准扶贫的企业和未参与精准扶贫的企业，从而进行整体对比分析得出大致结论，在此基础上选取案例企业，分析精准扶贫对案例企业创新绩效产生的影响以及背后的作用机理，相关数据主要来自企业年报、国泰安数据库、锐思数据库以及国家专利产权局官网、大成专利数据库等。

1.2.2　相关技术

（1）Python 技术。后面利用 Python 技术对 XYZ 公司的年报数据进行文本复杂度、文本情感度及文本相似度分析，年报文字描述越复杂，越容易隐藏企业的迎合性创新行为；企业创新项目名称与当地政府披露的政府补贴项目名称的相似度越高，说明企业迎合性创新程度越高；当企业存在迎合性创新行为时，更容易对财务报告中的文本信息进行语言膨胀。从以上三个角度综合考量 XYZ 公司是否存在迎合性创新行为。

（2）层次分析法。通过该分析方法进行探索分析数据，提取 XYZ 公司年报中与创新相关的语句作为目标语句，运用 Python + Jieba 中文分词工具库进行中文分词处理，从文本情感度、复杂度、相似度分析及发明专利与非发明专利数四个方面，利用层次分析法构建企业迎合性创新指标，由此来分析案例企业的创新行为是否为迎合行业发展需求、获取政府补贴的行为。

（3）因子分析法。为了全面地反映偏远地区企业公司绩效的情况，本书选取综合指标法中的因子分析法，该方法有较强的客观性，并且不同的财务指标之间是存在一定关联性的，为了解决这样的问题，就产生了因子分析法。该方法能够消除指标间关联性的影响，对于评价指标间存在关联性的对象十分合适。同时，运用因子分析法不仅可以将不同企业之间的绩效进行对比，而且可以将同一企业的绩效从时间线上来进行对比，找出影响公司绩效的关键因素。因此，通过因子分析法可以对偏远地区上市公司在参与精准扶贫前后的公司绩效进行较为全面的评价和分析。

1.3　研究内容与框架

1.3.1　研究内容

本书主要研究内容安排如下。

第 1 章研究概论。首先介绍本书在精准扶贫的背景下，对政府补贴对我国偏远地区企业绩效的影响进行研究，希望本书能够对政府补贴和精准扶贫对于偏远地区企业绩效的影响研究产生现实意义和理论意义；其次对本书研究过程中存在的主要问题和使用的研究方法进行介绍；最后梳理本书的研究内容、框架以及创新点。

第 2 章主要研究理论和相关政策梳理。首先从政府干预理论、融资约束理论、寻租理论、创新研发投入平滑理论四个方面对偏远地区企业政府补贴的理论依据进行介绍；其次从信息不对称理论、信号传递理论、委托代理理论、资源依赖理论四个方面对精准扶贫相关理论依据进行概述；最后是对政府补贴和精准扶贫政策的综述，从不同阶段下政府补贴发展情况概述和代表性行业补贴政策两个方面进行政府补贴政策介绍，从改革开放时期扶贫工作的开展以及精准扶贫工作的开展对精准扶贫政策进行描述。

第 3 章政府补贴对偏远地区企业绩效的影响。首先对政府补贴对企业绩效的影响进行文献回顾，从政府补贴对信号传递、融资约束、企业创新绩效、企业迎合性创新等四个方面的影响进行文献回顾；其次是偏远地区企业及其概述，从偏远地区企业的现实选择、政府补贴偏远地区企业情况描述、偏远地区企业参与政府补贴的行业分布三个方面进行介绍；再次是政府补贴偏远地区企业绩效的衡量，利用因子分析法计算政府补贴对偏远地区企业公司绩效影响，并对结果进行分析，通过对偏远地区企业绩效的影响分析，选取代表性企业 ABC 公司，对 ABC 公司进行简介及代表性分析，对 ABC 公司政府补贴案例介绍，对案例结果分析；最后选取获取政府补贴的代表企业，对政府补贴对偏远地区企业绩效的影响做出进一步分析。

第 4 章精准扶贫对政府补贴和偏远地区企业绩效的影响。首先是精准扶贫政策及相关理论概述，先是从资金扶持、政府监管、宣传推广三个方面进行精准扶贫政策概述，然后对精准扶贫对偏远地区企业绩效影响文献进行总述，从精准扶贫对公司绩效的影响、公司绩效的一般性影响因素、融资约束对公司绩效的影响、寻租活动对公司绩效的影响、市场关注度对公司绩效的影响等几个方面进行介绍。其次是对偏远地区企业面临的困境及精准扶贫参与情况进行描述，分析了外部融资渠道、内源融资能力、创新资源的匮乏等企业面临的困境，描述了偏远地区上市公司参与精准扶贫情况的基本情况、行业分布和投入水平等基本概况，并从精准扶贫对公司绩效的影响、公司绩效的一般性影响因素、融资约束对公司绩效的影响、寻租活动对公司绩效的影响、市场关注度对公司绩效的影响等几个方面，对精准扶贫对偏远地区企业绩效影响进行总述。再次是对精准扶贫对偏远地区企业绩效影响的结果进行分析，基于因子分析法，对连续三年参与精准扶贫、未连续参与精准扶贫、未参与精准扶贫企业的公司绩效进行对比分析，得出结论。最后是基于层次分析法，对精准扶贫对偏远地区企业绩效影响的进行进一步的研究，得出精准扶贫对偏远地区企业绩效有正向促进作用的结论。

第 5 章精准扶贫对偏远地区企业绩效影响的作用机制。本章根据精准扶贫的政策特点，以及贫困县企业自身的特点，选取了 A、B、C、D、E 这五家公司，分别从融资约束、寻租和市场关注度这三个方面来探索精准扶贫影响贫困县企业公司绩效的作用机理。第一个作用机理是精准扶贫缓解企业的融资约束，选取代表性企业 A、B 两家公司，对代表公司的基本情况、参与精准扶贫的情况、精准扶贫对公司融资约束的影响以及精准扶贫对企业融资约束的进一步研究进行数据查找和分析。第二个作用机理是精准扶贫降低寻租程度，选取代表性企业 C、D 两家公司，对公司基本情况进行介绍、对两家公司参与精准扶贫的情况进行阐述，对精准扶贫对两家公司寻租程度的影响、精准扶贫降低公司寻租程度的进一步研究进行数据查找和分析。第三个作用机理是提升市场关注度，选取代表性企业 E 企业，对 E 公司基本情况、E 公司参与精准扶贫的情况、精准扶贫对 E 公司市场关注度的影响进行介绍，对精准扶贫提升 E 公司市场关注度的进一步研究进行数据查找和分析。

第 6 章研究结论和政策建议。本书主要对政府补贴、精准扶贫对企业绩效的影响做出总结，汇总本书整体分析部分和案例分析部分的结论，并分别从企业层面和政府层面对更好地发挥政府补贴作用、提升企业的绩效提出相关建议。

1.3.2 研究框架

本书的研究框架如图 1 - 1 所示。

由图 1 - 1 的研究框架可以看出，本书前两章是研究概述、理论基础和相关政策梳理，主要介绍文章的研究背景、研究意义以及相关理论和政策；第 3、第 4 章分别从政府补贴对偏远地区企业绩效的影响、精准扶贫对偏远地区企业绩效的影响两个方面进行介绍，并根据案例介绍和数据分析得出结论；第 5 章主要介绍是精准扶贫通过缓解企业的融资约束程度、降低寻租程度、提升企业的市场关注度等三个作用机制来影响偏远地区政府补贴企业绩效。第 6 章是研究结论和政策建议。

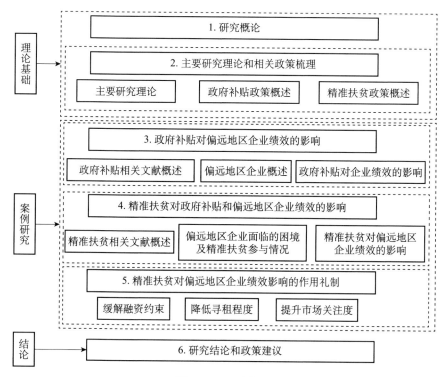

图 1 - 1 研究框架

1.4 研究创新点

第一，现有学者对精准扶贫的研究往往是从整个行业的宏观角度进行，对精准扶贫在微观企业的作用效果分析不足，或只是单独地研究个案而没有考虑整体。本书立足于偏远地区企业，从整体到公司个案的角度来评价精准扶贫对公司绩效的影响。

第二，当前学者关于政府补贴对企业绩效的研究，还没有得到一致的结论，一种观点认为，政府补贴能够提升企业绩效；另一种观点则认为，政府补贴不利于企业绩效提升。为何政府补贴效果会出现异化，本书研究精准扶贫背景下政府补贴对企业绩效影响的问题，认为强监管是保障补贴资金发挥效果的重要条件，需要加强政府对补贴资金的监管。

第三，由于我国偏远地区在融资环境、制度建设和市场发展等方面存在着先天不足，并具有自身特色，而精准扶贫政策正好在资金扶持、政策监管和宣传推广等方面为偏远地区企业提供了支持和保障。本书通过深入挖掘偏远地区企业的自身特点，从融资约束、寻租程度和市场关注度三个角度展开，探讨精准扶贫对偏远地区企业公司绩效影响的作用机理，为企业更好地提升公司绩效、更好地发挥政府政府补贴的作用提供了充分的决策案例。

第 2 章

主要研究理论和相关政策梳理

2.1 主要研究理论

2.1.1 政府补贴相关理论依据

2.1.1.1 政府干预理论

斯蒂格利茨提出了政府干预理论，认为政府补贴可以作为缓解市场失灵的一种手段。该理论的基础是市场中没有完全信息，有很多不为人知的偶发事件。偶发事件不能及时从价格上得到反映，损害了供应商的利益。同时，在市场中，所获得信息较少的买方为了规避被欺骗风险，不想和卖方进行交易，阻碍了市场交易的流通。因此，信息的不完全和市场的不完备，没有让市场充分竞争，无法依靠市场机制实现帕累托最优，因而需要政府的干预。政府可以很好地发挥其调控的作用，干预市场经济，优化资源的配置，整体提高市场上的效益，让市场经济高效运行。政府补贴便是一种常用的干预手段，它可以重新配置市场上的资源并缓解市场失灵的问题。政府补贴的形式主要有财政拨款、财政贴息、税收返还和无偿拨付货币性资产。政府补贴在一段时间内可以增加企业的现金持有，提高企业承受风险的水平并改善绩效；同时，政府补贴也会以损益的形式计入利润表中，提高企业的利润水平；另外，政府补贴还可以缓解我国企业的压力，帮助企业走出困境，维持企业的生存。综上，政府补贴可以优化资源配置，加大企业的现金持有，提高其成长能力，缓解企业困境，提高企业经营效益。

2.1.1.2 融资约束理论

随着信息经济学中不对称信息概念更多地应用于经济模型中，众多专家和学者在研究资本市场的过程中常用到信息不对称这一概念，并且通过创建一般均衡模型来深入探讨企业的投融资约束问题。新古典投资理论认为，企业使用内部资金所产生的机会成本和使用外部资金所花费的成本是相等的，而企业投融资约束理论则认为，这两者并非相等，而是使用外部资金所花费的成本要远高于内部资金，两者的差额便是企业使用外部资金所产生的代理成本。代理成本的高低取决于企业的净财富值，而企业净财富的多少又受到经济大环境的影响。当经济大环境处于上升期时，企业的净财富值便会随之上升，所产生的代理成本也会随之降低，企业能够获得高水平的投资收益。当经济大环境处于下降期时，企业的净财富值便会随之下降，所产生的代理成本也会大大升高，这会导致企业的投资收益大大缩水。但在实际中，企业常常因为内部资金无法满足自身需要而选择从外部进行融资，这就需要企业具备高超的外部融资能力，而企业的净财富值则是能否融到外部资金的重要影响因素。企业的净财富值越高，企业的外部融资能力越强；反之，外部融资能力越弱。哈伯德在深入研究了企业投资行为和资本市场特征后得出结论，即企业从内部和外部进行融资时之所以会产生不同的成本，是因为外部投资者对企业内部真实情况并不了解，因此，他们需要企业给予其更多的回报作为承担风险的补偿。

2.1.1.3　寻租理论

20 世纪 60 年代，寻租理论首次被学者提出，随后大量学者将该理论作为重点研究方向进行研究，寻租理论多被用于法学、管理经济学等领域，目前学术界并没有对该理论形成一致的研究框架和方法，本书对寻租理论的介绍主要从寻租理论下的企业行为、寻租与政治关联、政府补贴的关系及作用机理方面进行论述。

企业作为各利益集团的代表，在寻租理论中是重要的参与方之一，企业进行合理寻租决策主要有以下两方面原因。从客观上来说，大部分的企业面临融资约束的问题，资金供应不足。从主观上来说，追求利益最大化是企业的终极目标，追求这一目标通常需要政府补贴、税收返还政策等资源的支持，而这些资源往往掌握在政府手里，由此，大多数公司都会选择主动寻租政府官员，并与其建立政治关联。寻租行为也可对企业产生不同程度的影响。李捷瑜、黄宇丰认为，企业寻租是为了获取政府手中的各项资源，同时，现实生活中存在上级政府给予地方政府补贴，但地方政府以各种理由未分发补助，使得企业被肆意搜刮的情况，通过寻租就可以改善当前状况，从而使企业更好地发展，但同时也会带来一定的负面影响；庄子银则认为，企业寻租会使企业将大量的精力放在如何寻租上及如何更好地寻租上，却忽视了企业的生产效率，不利于企业的持久发展。

　　寻租有利于建立良好的政治关联，企业寻租的方式有很多种，通过给予掌握财政补助分配大权的政府官员经济补偿、业务招待等方式，可以加强企业与政府之间的联系。在企业进行寻租以前，政府与企业之间并无任何联系，通过这层利益输送关系，可以加强企业与政府之间的联系。企业通过寻租建立政治关联，从某种程度上来说，可以帮助政府完成绩效考评，同时，寻租是一种互惠互利的行为，企业也可以从中获取政府补贴，帮助企业短期缓解融资约束状态。余明桂等学者认为，政治关联水平因法治水平的高低而有所不同，在法治水平较高的地区，往往对政府官员的约束较大，寻租概率较小，而在法治水平较低的地区，因约束力较小，通过寻租建立政治关联的方式是比较常见的，企业之所以想要建立政治关联，是因为企业所需要的资金是需要通过政府发放的，资金就是企业命脉，政府控制着企业命脉，建立政治关联在获取资金时发挥较大的作用，通过寻租建立政治关联来获取促进企业持续发展的资金，企业建立政治关联后，获取资源更加便捷，并且为政府参与企业活动打开了通道，可以让政府在分配资源时将寻租企业作为首选。综上所述，建立政治关联是互惠互利的，不仅可以使企业获得必要的发展资金，而且可以提高政府形象，加大企业与政府互动关系。建立政治关联后，对企业来说可以获得包括政府补贴在内的大量资源，如税收优惠政策等。在寻租以前，政府可能将手上的资源随意分发，不会特意帮助特定企业；在寻租以后，企业与政府之间建立了利益链条，在政府手上有大量资源的情况下，政府会第一时间想到寻租企业，这样寻租企业就可以获取资源，来推进企业的发展，并将这种经济利益关系趋于常态化，以此将短暂获取的政府补贴变成一种长期的经济资助，将短期资金长期化，让企业资金链充足，促进企业的持续性发展。

　　政府补贴是寻租的结果，与寻租有相同的变动方向。立足企业角度，企业寻租的目的在于与政府建立政治关联，从而获取政府手中的资源，其中就包括政府补贴，但是政府对企业发放政府补贴的方式是灵活的。现阶段，对政府发放补助的对象没有明确的界定方式，并且，获取政府补贴需要满足一系列的要求，要求同样也是灵活多变的，所以企业需要加强与政府的联系，当寻租所付出的资金小于企业能通过寻租获得政府补贴金额时，企业多会选择寻租来获取政府补贴。有学者研究发现，企业高管会通过与政府建立利益输送的关系来

"俘获"政府官员，使政府在发放补助、制订相关制度时，寻租企业是首选，这种情况多发生在转型经济国家，这些国家与政府补贴相关的制度并不完善，因此，企业大多会选择寻租来获取政府补贴，而不是为了实质的创新活动获取政府补贴。立足政府角度，步丹璐和王晓艳指出，政府发放政府补贴是需要满足大量要求的，然而，要求是灵活的，现有的制度规定并没有对部分要求作出明确规定，很大程度上取决于政府官员的主观判断，当企业高管试图与政府建立政治关联时，寻租是企业采取的重要手段之一。有部分学者研究指出，在代理国家财政分发财政补助的同时，政府官员还可能采取设租的方式谋取自身的经济利益。

本书认为，企业寻租是想要获取政府手握的财政补助，寻租只是一种方法，企业的最终目的是最大限度地将政府掌握的资源据为己有、为我所用，促进企业的持续稳定发展，本书借助该理论，分析寻租与政府补贴之间的关联性，进一步加强政府补贴的作用。

2.1.1.4　创新研发投入平滑理论

企业会面临投资冲突，要进行投资调整，然而，企业调整投资会付出代价，内部资金是企业成本最低的资金。当企业面临财务冲击时，使用内部资金可以对财务需求造成的资金成本和需求波动进行平滑。当企业面临财务冲击时，运用成本低的投资来对成本高的投资进行平滑，可以降低企业的财务成本，促进企业的绩效提升。创新研发投入平滑理论认为，企业会根据预期收益边际相等进行各种投资。当企业拥有的内部资金出现紧缺时，会导致前期投资出现资金障碍。企业又会面临，外部融资的高成本使得企业有意识地削减各项投资的情况。在对投资进行削减时，会考虑投资的成本。因此，企业会选择投资成本高的投资支出进行大比例削减，而投资成本低的投资支出则小范围地削减。其实，企业往往会削减那些成本较低的资本，用内部资金来替代高成本资金。研究政府补贴对成本较高的企业自身研发支出能发挥平滑作用。

2.1.2　精准扶贫相关理论依据

2.1.2.1　信息不对称理论

市场上不存在完美的市场。在有效性不强的市场上，资源的配置存在限制和约束，信息不对称理论便应运而生。因为市场上的信息不足且获得信息需要成本，使需求方无法及时获得所需要的信息。当今市场存在着博弈的现象，一般拥有信息较多且全面的一方处于主动地位，比较有利。"道德风险"和"逆向选择"的问题也会因信息不对称而产生。在企业层面，信息不对称的问题主要体现在经营者、债权人和投资者之间。为了利益，拥有更多更全信息的一方会尽量隐藏其相关信息，使对方不能做出正确的决策，这种现象被称为逆向选择。这种现象会造成市场对好的产品的错误评价，使好的产品不能获得好的销售，次品替代了优质品，危害了整个市场的质量水平。企业可以向外披露的信息程度有限，外部投资者考虑到风险与收益的平衡，会增加企业的融资成本，给企业增加负担。这样，企业便会更大程度隐藏其不好的信息吸引投资者的投资。代理方和委托方的利益不一致会造成道德风险。而且当前没有监督机制，代理人会因为自身利益而损害委托方。

信息不对称是指在经济活动中，成员们对于信息的了解程度是不同的，一些成员会拥有其他的成员无法拥有的信息，掌握较多信息的成员处于有利的位置，而掌握信息较少的成员，就会处于相对不利的位置，由此导致信息不对称。在市场经济活动中，企业管理者比消费者和投资者掌握更多企业的相关信息，由于企业管理者和消费者与投资者之间存在这样的信息不对称，消费者与投资者处于信息劣势的一方，必然会使得消费者在选购商品时更犹豫，投资者在决定是否投资时也会有更多顾虑，从而不利于企业扩大其产品的销售量，也不利于企业获得外部融资。此外，事前信息不对称会导致逆向选择，逆向选择是指在投资者考虑是否进行投资或是消费者考虑是否要购买企业的产品时，企业为了促成合约的订立，可能会有选择性地公开信息，甚至是有意地隐瞒对企业不利的信息，导致投资者和消费者无法准确地进行判断，虽然价格包含了相关信息，但投资者和消费者还是只会愿意以市场均价来支付，由此就出现了"劣币驱逐良币"的现象，投资者可能投资了盈利能力较弱的企业，消费者也可能购买到质量较差的产品，导致自身利益受损。而事后的信息不对称又会导致道德风险，道德风险是指在企业获得了投资者的投资后，由于信息不对称的存在，投资者无法监督企业资金的使用状况，企业可能不会遵守合同的相关条款，给投资者带来风险；同样，对消费者来说，与企业订立了合同之后，企业可能无法生产高质量的产品，或是以次充好，给消费者带来损失。

可以看到，由于信息不对称的存在，导致了企业与投资者和消费者间信任不足的问题。偏远地区企业相对于经济发达地区的企业而言，与交易中的其他成员之间存在的信息不对称程度更大，但随着偏远地区企业参与精准扶贫，按照证监会的相关规定，企业会在年报中定期披露精准扶贫的相关信息，并且由于参与精准扶贫，企业在网络、新闻、报刊等媒体上的出现频率会高很多，相对于未参与精准扶贫的企业来说，投资者和消费者能够了解更多参与了精准扶贫企业的信息，信息不对称程度也就越小。投资者对企业的了解变得更多，缓解了逆向选择导致较高的融资成本，由此，企业能够通过较低的融资成本获得融资，消费者对企业生产的产品有更多的了解，对品牌的信任感也随之增强，也会增强其购买意愿。

2.1.2.2　信号传递理论

1974 年，斯彭斯提出了信号传递的理论，将其引入经济学之中。融资成本问题和资本效率问题与信号传递有着密切的关系。一般企业需要存续经营，会投资净现值大于零的项目，以此来获得收入。企业在没有充足的资金的情况下，需要借助外部融资解决问题。外部投资者需要详细了解企业的情况，从而合理评价企业的投资价值，这时企业披露的信息就能帮助外部投资者了解企业的情况。此种情况下，便产生了好的契机：信号传递。投资者投入其外部资金，企业自身合理经营，实现自身的发展以及投资者的目标。整个过程中，投资者十分依赖信号传递的作用。企业为了融资去获得充足的资金投资好的项目，会积极主动地披露自身企业的信息，降低双方信息不对称问题，吸引投资者的关注。使资金的使用成本降低，解决融资问题。同时，信息传递使企业与投资者获得等值的信息，促使企业投资者更为客观公正地评价企业的信息，并监督企业。管理层因为信息传递的存在，为了维持其经营的向好发展，也会积极参与企业管理。

信号传递理论是基于信息不对称理论而产生的，该理论认为，处于信息优势的一方为了促成合同的订立或是交易的顺利完成，会向信息劣势方主动传递信息，以降低双方之间的信息不对称程度。总的来说，该理论认为，在信息不对称的情况下，掌握信息较多的一方为了促使交易尽快达成，会选择在事前主动向外界和市场传递信息，降低双方信息不对称程度。具体而言，企业通过报表详细披露相关信息，或者提高自身媒体曝光度，从而尽快将自身信息传递到政府、消费者、投资者处，当他们接收到企业传递的信息后，也会做出反应，决定是否将手中掌握的资源投入企业。信息优势方传递信息的方式主要有以下两种。首先，企业可以在报表中披露更多的相关信息，一般而言，在报表中披露较多信息的企业，将能获得更多投资者的信任，投资者倾向于认为只有盈利能力强、发展前景好的企业才会披露更多信息，于是投资者降低了对企业的风险评价，会更愿意以较低的融资成本投资披露信息更多的企业，也会相应地降低融资成本；其次，由于信号传递是双向的，投资者和消费者也能通过网络、新闻等媒体获取企业的信息，这也会促使企业向市场传递更多积极的信号以获取市场的关注。

参与精准扶贫的企业按照证监会的要求会在年报的"重要事项"披露报告期内企业履行精准扶贫的具体情况，相对于未参与精准扶贫的企业，参与精准扶贫的企业向市场传递了企业财务状况好、经营风险低、负责任、有担当等积极的信号，为企业树立了良好的形象，获得了口碑和声誉，也获取了投资者的信任，融资成本也会有所降低，会更容易获取融资，有效地缓解了企业面临的融资约束。同时，企业参与精准扶贫，企业的曝光率会有所增长，能够获得更多的市场关注，而且投资者和消费者搜索到的企业信息，更多都将是正面积极的信息，投资者会降低企业的风险评估等级，消费者也会对品牌更有信心。我国市场经济起步较晚，市场反应信息的程度较低，因而信息不对称情况较为严重，而位于经济欠发达地区的偏远地区企业，交易市场中信息不对称形式更为复杂，因此，筹资、融资等活动也相应受到限制；但随着偏远地区企业上市公司积极投入精准扶贫中，并且定期在年报中披露其参与扶贫的详细情况，而政府为了鼓励企业积极履行社会责任、参与精准扶贫，借助新闻媒体、网络、报刊等工具，对企业参与精准扶贫的行为进行表彰宣传，并对表现较好的企业颁发奖项，由此提升了企业的媒体曝光度，从而向外部市场传递公司信息。最终降低企业与投资者、消费者之间的信息不对称程度，进而减少交易成本，缓解融资约束，增加企业收入。

2.1.2.3 委托代理理论

委托代理理论产生于所有权与经营权相分离，由于企业规模的扩大，以及业务量的日益增多，企业的所有者对于面面俱到掌管企业可能会力不从心，因而聘用专门的管理者来对企业进行管理，此时企业所有者属于委托人，而管理者属于代理人，由此产生了委托代理。委托代理理论认为，公司所有者和经营者之间存在较多的利益冲突：这是因为相较于公司，管理者更看重个人利益最大化，而企业的所有者，即股东则是站在企业的立场看待问题，更加追求企业价值最大化。在现实中，当公司资金较为充足时，管理者可能为了追求个人享乐，造成资金的滥用。另外，双方为自身利益博弈的过程中也会产生非效率投资的问题，这是指管理者为了保证自身所获收益最大化，选择风险小但是不能为企业带来长远价值的项目进行投资；而对于那些有一定风险，但是可以最大化企业价值的项目，管理者为了承担更少风险，选择忽视。上述行为，不管是资金的滥用，还是投资的选择，都会相应削弱公司价值，对企业造成损失。

一般来说，企业社会责任的履行会为自身发展带来更多资源，因而在一定程度上可以通过降低代理成本的方式来缓解委托代理问题。而偏远地区上市公司参与精准扶贫可以通过信号传递的方式缓解融资约束，可以预见，融资约束的缓解带来资金流的充裕，可能会产生资金的滥用问题，影响资源有效配置，从而不利于企业创新绩效提升。因此，为了解决委托代理问题，企业应当采取适当的措施，如债务担保机制等，来约束管理者行为。

委托代理理论认为，代理人行事的原则会是自身利益最大化，而这可能对委托人的利益产生不利的影响，股东与经理人之间的代理问题，就是委托代理理论的一个体现。企业的管理者受到股东的委托经营企业，但在实际情况中，由于所有权和经营权的分离，企业的管理者往往会违背股东利益最大化的原则，以自身利益最大化为目标进行投资决策，这表现在，管理层可能会为了获取更多休息的时间或是承担更少的风险，从而放弃净现值为正的投资项目，产生投资不足的问题；管理层还可能出于自身利益的考虑，投资净现值为负的项目，产生过度投资的问题。综上所述，这两种行为都会对企业造成损失。根据信息不对称理论和信号传递理论可以推测，偏远地区企业参与精准扶贫能够有效缓解其融资约束，当企业融资约束得到缓解时，企业能够用于投资的金额也会越来越多，企业管理者为了自身的利益最大化，可能会投资一些净现值为负的项目，产生过度投资的问题，从而不利于公司绩效的提升的。因此，为了应对股东与经理人之间的代理问题，企业应该制定相应的激励措施或惩罚措施对企业管理者的行为进行约束和规范。

2.1.2.4 资源依赖理论

资源依赖理论是指在社会环境中企业想要生存发展就需要不断地获取资源，资源的可替代性，以及资源对企业的重要性，决定了企业对资源的依赖程度。由于企业对于一些不可替代的、稀缺的资源具有依赖性，所以企业会主动与拥有该资源的组织建立良好的关系，来获取企业需要的资源。结合现实情况可以看到，政府是处于主导地位的，政府部门拥有政府补贴、行政审批权、资源配置权等企业依赖的资源，出于对这些资源的依赖性，企业往往会通过寻租的方式与政府建立良好的关系来获取资源。而我国偏远地区企业由于封闭地理条件形成的"重人情、轻制度"的社会交往法则,更容易让人际关系替代制度规则,从而加重偏远地区企业的寻租程度。

对于企业来说,资源是有限的,而企业要想获得长远发展,不可能一直依靠内部资源支撑,因此,外部资源对于企业创新等长足发展的重要性不言而喻,资源依赖理论认为,企业对于外部资源有较高依赖性。而资源能否获得,与外部环境又不可分割、相辅相成,因此,在获取不可替代的资源的动机驱使下,企业主动与拥有资源的组织互动,建立相互关系,以此谋求自身发展。中国市场经济起步较晚,很多重要资源,如土地、政府补贴、行政审批等,这些都被政府所掌握,因此,企业可能通过政治机制,或者寻租的方式为自身创造与资源拥有方之间的关联。同时可以看到,与政府联系较为密切的企业,积极履行社会责任的可能性更大。

但是当企业积极响应政府号召,参与精准扶贫之后,企业将参与精准扶贫作为一种代替寻租的手段,通过配合政府部门的工作,帮助当地政府提升政绩,以此与政府建立良好的关系,受到政府的认可和支持。企业通过这种方式能够获取声誉等无法用金钱买到的资源,政府也更可能在资源获取方面给予企业一定的支持。并且企业精准扶贫的捐赠有相应的补贴政策,例如,扶贫捐赠支出,按规定在企业计算应纳税所得额时可以据实扣除,符合条件的扶贫货物捐赠免征增值税等,企业在精准扶贫上的支出远低于以往寻租的支出,由此节约了企业的经营成本,公司绩效也随之提升。

我国偏远地区上市公司由于特殊的地理位置,交通较为不便,因而环境较为闭塞,由此导致了封闭的人情社会,更容易发生寻租的情况。但是自从精准扶贫政策在全国范围内推行之后,企业纷纷积极投身扶贫事业中,企业作为市场经济的重要参与者,无疑是脱贫攻坚的中坚力量,要想让企业助力扶贫事业、发挥积极作用,考虑到企业与政府之间的紧密联系,政府也会相应提供一定的资源倾斜,来助力企业履行社会责任。同时,精准扶贫带来的外部监管力度的增强,以及扶贫资金的监管落实,导致企业寻租程度的降低,企业无法通过寻租来获取资源,因而会把精准扶贫作为寻租的替代手段,以此试图与政府建立良好关系,以便继续获得政府提供的优惠与便利。政府对于企业积极参与精准扶贫的认可与支持,也会尽力为企业提供资源支持,为企业排忧解难。另外,对于有较强政治关联的企业来说,参与精准扶贫之前就得到政府大量资源扶持,政府同时也对这些企业给予厚望，扶贫要求也会更高。

2.2　政府补贴政策概述

2.2.1　不同阶段下政府补贴发展情况

为实现特定的政治、经济和社会目标，政府补贴是自资本主义制度确立后作为国家财政向企业或个人提供的一种补偿手段出现的。但对于早期资本主义国家的政府补贴手段使用范围小、数量少，政府极少去影响企业或个人的经济活动及市场运行。而随着垄断资本主义的发展，资本主义国家的政府逐渐参与并加强对宏观市场经济的调控。继第二次世界大战之后，政府补贴及其他各种宏观调控手段使用率提高。而为了加速工业化进程，社会主义国家在建设初期所建立的体系已潜伏补贴因素，但社会主义国家长期实行较为单一的国有制经济形式，并且国内经济实行高度集中的收支制度，潜在的补贴因素并未表现为公开的政府补贴。只有当企业逐渐摆脱对政府的依附关系，成长为相对独立的商品生产者之后，潜在的补贴因素才逐渐显露出来。加之在经济改革特别是价格改革过程中，为了缓解因社会分配关系的剧烈变化引发的矛盾，国家不得不提供大量的政府补贴。

在计划经济阶段（1953～1976 年），中国开始进入大规模经济建设的第一个五年计划时期（1953～1957 年），此时国家的政府财政状况在根本上已有好转，政府补贴政策自此实行。从 1958 年开始，我国进入第二个五年计划时期（1958～1962 年），此时国家经济体制对于扩大地方权限有较大改革，实行"以收定支"来确定中央及地方的收支比例。1959 年实行"总额分成，一年一变"政府财政管理体制。但在 20 世纪 50～60 年代，由于"大跃进"的错误及严重的自然灾害，再加上苏联政府背信弃义撕毁合同撤走专业人士使我国经济受重创，国家实行"调整、巩固、充实、提高"八字方针，不过政府补贴的力度还很微弱，坚持做到"收支平衡，略有结余"，仅仅能做到通过及时调整补贴政策使其基本适应当时的政府财政承受能力。

在改革开放阶段（1977～2009 年），为适应改革开放以来我国实行的有计划的商品经济，自 20 世纪 80 年代开始，我国在放权让利、扩大企业经营自主权和地方财权的同时实行"分灶吃饭"的政府财政制度。1979 年，为了改革不合理的价格和支持农业生产发展，国家多次较大幅度地提高了农副产品收购价格，但考虑到人民群众生活的稳定，对主要农产品销售实行了"价格基本稳定，购销价差由政府补贴"的政策，同时，对一些与人民日常生活相关的工业消费品以及煤炭石油等基础工业产品也实行了亏损补贴政策，致使政府补贴总额猛增。1978～1989 年，国家财政负担的价格补贴和企业政策性亏损补贴由 135.99 亿元增加到 972.43 亿元，增长了 6.2 倍，平均每年递增 19.6%，明显快于同期财政收入只增长 1.5 倍、年平均增长 8.6% 的速度。其中，价格补贴支出平均每年递增 37.6%，占国家财政支出的比重由 1978 年的 1% 上升到 1989 年的 12.9%，升高了 11.9 个百分点。企业政策性亏损补贴平均每年递增 15.3%，占国家财政收入的比重由 1978 年的 11% 上升到 1989 年的 21.4%，升高了 10.4 个百分点。另外，由于实行低房租政策，国家每年对房租的补贴也在百亿元以上。

"减速增质"阶段（2010 年至今），"拐点"成为这一阶段中国经济的关键词。无论是内部增长动力、发展模式还是外部国际环境，一系列数十年量级的历史性拐点纷至沓来，推动中国经济步入"减速增质"新格局。截至目前，这一阶段可以分为 2 个小周期，即 2010～2015 年、2016 年至今，并且有望长期延续。据不完全统计，2010 年以来，仅国家层面就出台各类产业扶持政策 1 800 余个，涉及补贴类目超过 3 000 个；2016 年，仅国家层面的政府补贴资金超过 2 万亿元，政府补贴总额呈逐年上升趋势。

2.2.2　代表性行业补贴政策

2.2.2.1　以种植业、林业为代表的农业

在改革开放阶段，随着响应党的十六大号召且全面贯彻"三个代表"重要思想，政府自 2002 年开始逐步建立农业"四补贴"（粮食直补、良种补贴、农机具购置补贴和农资综合补贴）、粮食最低收购价等制度。2003 年，国务院办公厅发出通知要求政府做好农民进城务工就业管理和服务工作，在国民经济和社会发展计划中强化政策引导，切实加强领导，按照公平对待、合理引导、完善管理、搞好服务的原则，采取有效措施，推进全面做好农民进城务工就业管理和服务的各项工作。以 2005 年政府发布的《关于进一步完善对种粮农民直接补贴政策的意见》为信号，2006 年，党中央、国务院加大了"三农"工作力度，全年用于"三农"的支出费用达 3 397 亿元，比上年增加 422 亿元，在国务院的部署下，中央财政还新增补贴资金 120 亿元对种粮农民柴油、化肥等农业生产资料增支实行农资综合直补。地方政府也积极响应号召，例如，浙江省

2006 年继续加大力度实行粮农补贴政策。同年，国资委下发《关于中央企业严格执行国家住房改革政策有关问题的通知》，给出严格控制央企住房公积金和相关补贴的指示。

"减速增质"阶段，为深化林权改革、巩固并共享林改成果红利，激励林农生产积极性，2009 年以来，我国在确权基本完成的区域，相继启动了造林补贴、森林抚育补贴等一系列集体林权制度改革配套措施，截至 2018 年，累计安排中央财政林业政府补贴 860. 27 亿元。2014 年 4 月，财政部、国家林业局印发了《中央财政林业补助资金管理办法》，标志着我国林业资金补助进入了统一标准和规范管理的新阶段。集体林权制度改革监测项目最新结果日前发布。2008 年，中共中央、国务院提出，要全面贯彻党的十七大精神，深入贯彻落实科学发展观，大力实施以生态建设为主的林业发展战略，不断创新集体林业经营的体制机制，促进传统林业向现代林业转变。2018 年，集体林权制度改革监测项目组继续对辽宁、福建、江西、湖南、云南、陕西和甘肃 7 个样本省、70 个样本县、350 个样本村和 3 500 个样本农户进行跟踪监测，监测结果显示，样本地区林业经营制度稳步发展，林业补贴面积比例提高，林业财政支持保障力度逐步加大，林业金融产品不断创新，林业社会化服务体系逐步完善。2020 年底，习近平总书记在中央农村工作会议上强调，脱贫攻坚取得胜利后，要全面推进乡村振兴，这是"三农"工作重心的历史性转移。① 2020 年，全国粮食产量实现历史性的"十七连丰"，产量连续 6 年稳定在 1. 3 万亿斤以上。经过长期不懈的努力，我国农业取得巨大成就，用占不到世界 9% 的耕地解决了占世界 18% 人口的吃饭问题。从 1949 年到 2020 年，全国粮食产量由 2 263. 6 亿斤跃升到 13 390 亿斤，人均粮食占有量由 209 公斤增至 474 公斤。② 自 2007 年实施保费补贴政策以来，财政部累计拨付保费补贴资金 2 201 亿元，年均增长 21. 7% 。2020 年，财政部拨付保费补贴资金 285. 39 亿元，推动我国成为全球农业保险保费规模最大的国家，实现保费收入 815 亿元，为 1. 89 亿户次农户提供风险保障 4. 13 万亿元，中央政府补贴资金引导和使用效果放大近 145 倍。2021 年，财政部进一步加大农业保险支持力度，预计为超过 2 亿户次农户提供风险保障 5 万

① 人民网. 巩固拓展脱贫攻坚成果——论学习贯彻中央农村工作会议精神 [EB/OL]. (2021 - 01 - 01) [2022 - 08 - 10]. http://xj. people. com. cn/n2/2021/0101/c186332 - 34507114. html.

② 中华人民共和国中央人民政府网. 我国粮食生产实现"十七连丰" [EB/OL]. (2020 - 12 - 11) [2022 - 08 - 10]. https://www. gov. cn/xinwen/2020 - 12/11/content_ 5568798. htm.

亿元，持续为我国农业生产保驾护航。①

2.2.2.2　以新能源汽车行业为代表的制造业

新能源汽车行业作为国家战略性新兴产业，不仅代表着一个国家汽车行业的整体经济实力，也是整个汽车行业未来的前进方向。中国新能源汽车虽然起步较晚，但是发展迅猛。2011~2020 年中国新能源汽车产销量如图 2-1 所示。

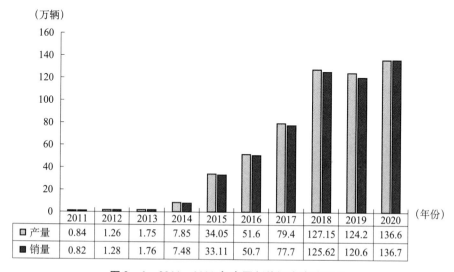

（万辆）

（年份）	2011	2012	2013	2014	2015	2016	2017	2018	2019	2020
□产量	0.84	1.26	1.75	7.85	34.05	51.6	79.4	127.15	124.2	136.6
■销量	0.82	1.28	1.76	7.48	33.11	50.7	77.7	125.62	120.6	136.7

图 2-1　2011~2020 年中国新能源汽车产销量

资料来源：中汽协网站。

由图 2-1 可以看出，2011 年，中国新能源汽车产量仅为 8 000 多辆，虽然前期发展比较缓慢，但经过多年发展，产销量迅速增长。2015 年以后，连续多年产销量居世界第一位，占全球市场保有量超过 50%。2018 年，中国新能源汽车产量超过 127 万辆，无论是从产业化效应还是规模化程度来看，都已形成了集原材料供应、驱动电机以及动力电池等核心科技为一体的研发生产中心，并形成了汽车设计、充电设施的修建以及汽车制造等一系列完整的产业链，除2019 年受疫情对整体经济环境的严重冲击外，中国新能源汽车的产销量一直保持着良好态势。

在改革开放阶段，为了支持新能源汽车行业的发展，推动新能源汽车企业进行技术创新，我国出台了多项关于推广新能源汽车的补贴政策。自 2001 年 9

---

① 贵州省政府网.超300亿元农业保险保费补贴全部下达 [EB/OL]. (2021-11-12) [2022-09-22]. http://www.guizhou.gov.cn/home/qgyw/202111/t20211112_ 71645850.html.

月启动"863"项目以来，国家投入了大量资金，针对新能源汽车的技术创新进行补贴。2009 年以后，我国对新能源汽车销售与生产环节按量补贴，相比研发补贴而言补贴范围更广、强度更高。随着我国政府补贴政策不断发展完善，新能源汽车的产业规模迅速扩张，产销量也大幅增长，比亚迪、吉利、北汽、上汽、江淮及众泰等许多本土品牌的新能源汽车公司不断涌现。

在"减速增质"阶段，"十二五"期间我国新能源汽车将正式迈入产业化发展阶段。2015 年政府发布的《关于 2016—2020 年新能源汽车推广应用财政支持政策的通知》显示，鼓舞新能源汽车行业的发展。2016 ~ 2019 年继而发布《关于调整新能源汽车推广应用政府补贴政策的通知》，表明要继续坚持"扶优扶强"、破解"补贴依赖"。2020 年发布的《关于完善新能源汽车推广应用政府补贴政策的通知》中，明确将新能源汽车推广应用政府补贴政策实施期限延长至 2022 年底，平缓补贴退坡力度和节奏，原则上 2020 ~ 2022 年补贴标准分别在上一年基础上退坡 10%、20%、30%，也是受新能源补贴政策退坡影响，2019 下半年新能源汽车销量呈现大幅下降态势。2019 年，新能源汽车全年销量为 120.6 万辆，同比下降 4%，为近十年来首次同比下降。

2.2.2.3 以航空航天技术为代表的高新技术行业

国家重点支持的高新技术领域具体包括电子信息技术、生物与新医药技术、航空航天技术、新材料技术、高技术服务业、新能源及节能技术、资源与环境技术、高新技术改造传统产业。

在"减速增质"阶段，我国民航快速发展，已经基本实现了从航空运输大国向单一航空运输强国的"转段进阶"。随着全面建成小康社会深入推进，产业结构加快调整，城镇化水平不断提高，人民群众出行需求水平大幅提升，我国民航业将继续保持良好的发展态势。2019 年 3 月 1 日，为贯彻落实习近平总书记在接见探月工程嫦娥四号任务参研参试代表时发表重要讲话，要求进一步发挥财政职能作用，支持航天事业发展。截至 2019 年底，我国民用运输机场数量达到 238 个，2019 年全行业完成旅客运输量 6.6 亿人次，同比增长 7.9%，完成货邮运输量 752.6 万吨，同比增长 1.9%。为进一步完善民航中小机场补贴政策，提高资金使用效益，促进民航机场持续协调发展，2020 年 4 月 30 日，财政部、中国民用航空局根据《民航发展基金征收使用管理暂行办法》及有关规定对原《民航中小机场补贴管理暂行办法》进行修订。

运输机场和通用机场是民用机场的"两翼"。运输机场主要提供公共航空运输保障服务；而通用机场则是保障通用航空服务的机场，主要提供工业、农业、林业、渔业和建筑业的作业飞行以及医疗卫生、抢险救灾、教育训练、文化体育等服务。2020 年，可能由于新冠肺炎疫情、贸易摩擦、洪水等一系列的支出之后，各行各业经济形势紧迫。2021 年初，财政部发布《关于民航发展基金等 3 项政府性基金有关政策的通知》，通知民航发展基金、旅游发展基金、水利建设基金 3 项政府性基金有关政策，表示将优化民航发展基金使用方向，将民航发展基金重点投向不具备市场化条件的公共领域，逐步退出竞争性和市场化特征明显的领域；将航空物流体系建设纳入民航发展基金补助范围；不再对通用航空机场建设和运营予以补贴。通用机场补贴取消是政府压缩财政开支的无奈选择且短途运输并不代表先进生产力。为加快壮大航空产业，促进我国民用航空运输、维修等产业发展，2021 年 3 月 31 日，财政部、工业和信息化部、海关总署、民航局发布了关于 2021～2030 年支持民用航空维修用航空器材进口税收政策的通知，要求从设立通航产业投资基金，鼓励民营资本投入，加大上市培育，发展融资租赁，探索开展通用航空企业订单质押贷款等方面，扩大通航企业融资渠道；对开展低空旅游、应急救援、飞行体验、物流快递等市场化服务的通用航空运营企业，各地可采取政府补贴、贴息支持、购买服务等方式扶持其发展。

2.3　精准扶贫政策概述

中华人民共和国成立之后，中国共产党和政府积极推行社会救济和扶贫政策，对贫困农民进行救济和帮扶，带领他们艰苦创业、脱贫致富。国家首先对因老弱病残、丧失或缺少劳动能力而不能保障基本生活的农民进行社会救济，并建立了"五保"制度。内务部党组在给中央的《关于在社会主义教育运动中加强农村社会保险工作，帮助贫下中农困难户克服困难的报告》中提出，要给困难户中有劳动力的人安排适当的生产门路，使他们增加收入，这是帮助困难户解决生活困难的根本办法。内务部党组的报告，第一次正式提出了农村扶贫问题，得到中共中央的高度重视，并指示各地进行扶贫试点。新中国的扶贫工作，是在农村救济和救灾工作的基础上逐步发展起来的。

2.3.1　改革开放时期开展的扶贫工作

1978 年实施改革开放以后，中国农村贫困人口大幅减少，随着家庭联产承包责任制的开展，农村居民家庭人均收入也年年攀升，如图2－2所示。改革开放初期的扶贫主要实行救济方式，即国家把粮食、衣物或现金分配给贫困农户，帮助他们渡过难关，这种方式被称作"输血"式扶贫。这种扶贫方式，在改革开放初期是必要的，因为没有国家在各个方面的支持，贫困户难以迅速摆脱贫困。为此，国家民政部门调拨了高达12亿元扶贫资金，对农村贫困人口进行救济。同时，国家还放宽政策，减轻贫困户的负担，为贫困户创造脱贫致富的环境。"输血"式的扶贫优惠政策，对于增强贫困户自身的活力、鼓舞治穷致富的信心、调动积极性，产生了良好的作用。自全国民政工作会议后，我国正式划定了农民贫困标准，第一次将扶贫工作从农村救济中分离出来。

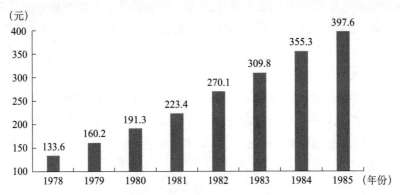

图2－2　1978～1985年中国农村居民家庭人均纯收入

资料来源：巨潮资讯网。

2.3.1.1　国家成立专门扶贫工作机构

国务院贫困地区经济开发领导小组制定了专门的优惠政策，每年拨出144亿元专项资金（如图2－3所示），对救济式"输血"扶贫进行改革，确定了新的扶贫方针：变"输血"为"造血"，变救济为开发，目的在于提高贫困人口的劳动能力。这样，扶贫不再是简单的"输血"，而是"造血"与"输血"相结合，并更加偏重于"造血"。自此，中国政府在全国范围内开展了有计划、有组织和大规模的开发式扶贫，中国的扶贫工作进入了一个新的历史时期。

2.3.1.2　《国家八七扶贫攻坚计划》的颁布

为进一步解决农村贫困问题，缩小东西部地区差距，实现共同富裕的目标，国务院决定：从1994年到2000年，集中人力、物力、财力，动员社会各界力量，力争用 7 年左右的时间，基本解决目前全国农村 8 000 万贫困人口的温饱问题。《国家八七扶贫攻坚计划》指出，扶贫攻坚的奋斗目标：一是到 20 世纪末，使全国绝大多数贫困户年人均纯收入按 1990 年不变价格计算达到 500 元以上，扶持贫困户创造稳定解决温饱问题的基础条件，减少返贫人口；二是加强基础设施建设；三是改变文化、教育、卫生的落后状态，把人口自然增长率控制在国家规定的范围内。这是此后 7 年全国扶贫开发工作的纲领，也是国民经济和社会发展计划的重要组成部分，1994～2000 年中国农村居民家庭人均纯收入的具体增长趋势如图 2-4 所示。

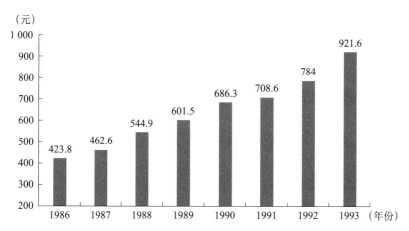

图 2-3　1986～1993 年中国农村居民家庭人均纯收入

资料来源：巨潮资讯网。

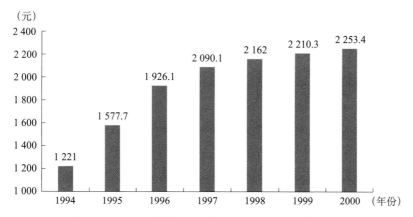

图 2-4　1994～2000 年中国农村居民家庭人均纯收入

资料来源：巨潮资讯网。

　　改革开放以来，特别是实施《国家八七扶贫攻坚计划》以来，我国农村贫困现象明显缓解，贫困人口大幅度减少。到 2000 年底，除了少数社会保障对象和生活在自然环境恶劣地区的特困人口，以及部分残疾人以外，全国农村贫困人口的温饱问题已经基本解决，《国家八七扶贫攻坚计划》确定的战略目标基本实现。扶贫开发实现了贫困地区广大农民群众千百年来吃饱穿暖的愿望，为促进我国经济的发展、民族的团结、边疆的巩固和社会的稳定发挥了重要作用。在短短 20 多年时间里，我们解决了 2 亿多贫困人口的温饱问题，这在中国历史上和世界范围内都是了不起的成就，充分体现了有中国特色社会主义制度的优越性。

2.3.1.3　《中国农村扶贫开发纲要》的发布

　　2001 年，中国政府颁布实施了《中国农村扶贫开发纲要（2001—2010年)》，从 2001 年到 2010 年，集中力量，加快贫困地区脱贫致富的进程，把我国扶贫开发事业推向一个新的阶段。2001～2010 年扶贫开发总的奋斗目标是：尽快解决少数贫困人口温饱问题，进一步改善贫困地区的基本生产生活条件，巩固温饱成果，提高贫困人口的生活质量和综合素质，加强贫困乡村的基础设施建设，改善生态环境，逐步改变贫困地区经济、社会、文化的落后状况，为达到小康水平创造条件。此文件对 21 世纪初期中国扶贫战略做出全面规划，标志着中国扶贫开发工作进入新的发展阶段，2001～2010 年我国农村居民家庭人均纯收入的具体增长趋势如图 2－5 所示。

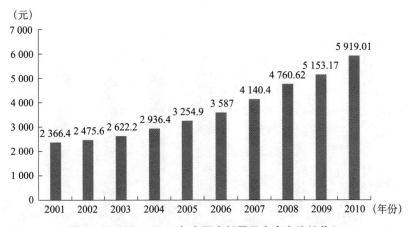

图 2－5　2001～2010 年中国农村居民家庭人均纯收入

资料来源：巨潮资讯网。

2011 年，通过《中国农村扶贫开放纲要（2011—2020）》，我国扶贫开发进入"两不愁三保障"阶段，将连片特困地区作为扶贫攻坚主战场。党的十八大把脱贫攻坚纳入"五位一体"总体布局和"四个全面"战略布局，标志着扶贫攻坚战的全面打响。到 2020 年，稳定实现扶贫对象不愁吃、不愁穿，保障其义务教育、基本医疗和住房。如图 2－6 所示，贫困地区农民人均纯收入增长幅度高于全国平均水平，基本公共服务主要领域指标接近全国平均水平，扭转发展差距扩大趋势。

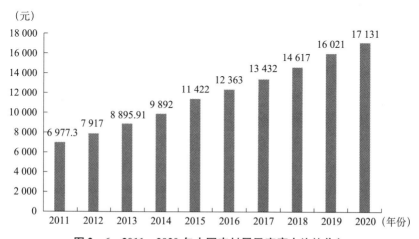

图 2－6　2011～2020 年中国农村居民家庭人均纯收入

资料来源：巨潮资讯网。

2.3.2　精准扶贫战略下开展的扶贫工作

2013 年 11 月，习近平总书记到湖南湘西考察时首次提出了"实事求是、因地制宜、分类指导、精准扶贫"的重要指示。之后，政府部门详细规划了精准扶贫工作模式的顶层设计，推动了"精准扶贫"思想落地。习近平总书记再次强调，要实施精准扶贫，瞄准扶贫对象，进行重点施策，并进一步阐释了精准扶贫理念。精准扶贫要实现"六个精准"，即扶贫对象精准、项目安排精准、资金使用精准、措施到户精准、因村派人精准、脱贫成效精准。

"精准扶贫、精准脱贫"是一整套脱贫举措，旨在根据致贫原因有针对性地制订方案。因人因户因村施策，真正做到扶到点上、扶到根上。"精准扶贫、精准脱贫"成为新一轮脱贫攻坚的基本方略，贫困地区基本公共服务水平日益改善，农村居民人均消费支出显著提高，如图 2－7 所示。

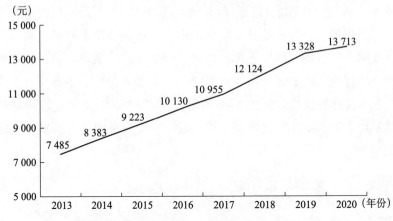

图 2 - 7　2013 ~ 2020 年中国农村居民人均消费支出

资料来源：巨潮资讯网。

2. 3. 2. 1　精准扶贫三大品牌

国务院扶贫办表示，将培育雨露计划、扶贫小额信贷、易地扶贫搬迁三个精准扶贫品牌。[①] 一是实施雨露计划，拔穷根。对建档立卡贫困户中未升学、未就业的初高中毕业生提供现金补助，帮助他们接受 2 ~ 3 年职业教育培训，掌握一门技能，提供就业创业能力。二是发展扶贫小额信贷，换穷业。对建档立卡贫困户发展产业实施特惠金融政策，提供金额 5 万元以下、期限 3 年以内"无担保、无抵押"信用贷款，金融机构按国家基准利率放贷，中央和省级财政扶贫资金贴息，县级建立风险补偿基金和扶贫小额信贷保险。三是易地扶贫搬迁，挪穷窝。对居住在生存环境恶劣、不具备基本生产生活条件地区的贫困户，组织实施易地扶贫搬迁。

2. 3. 2. 2　精准扶贫十大工程

国务院扶贫办表示，我国推进实施精准扶贫十大工程：干部驻村帮扶、职业教育培训、扶贫小额信贷、易地扶贫搬迁、电商扶贫、旅游扶贫、光伏扶贫、构树扶贫、致富带头人创业培训、龙头企业带动。随后全国工商联、国务院扶贫办、中国光彩会正式发起"万企帮万村"。该行动以民营企业为帮扶方，以建档立卡的贫困村、贫困户为帮扶对象，以签约结对、村企共建为主要形式，力争用 3 ~ 5 年时间，动员全国 1 万家以上民营企业参与，帮助 1 万个以上贫困

---

① 中国政府网. 国务院扶贫办：培育精准扶贫三大品牌 [EB/OL]. (2014 - 09 - 12) [2022 - 08 - 24]. https：//www. gov. cn/xinwen/2014 - 09/12/content_ 2749784. htm.

村加快脱贫进程，为促进非公有制经济健康发展和非公有制经济人士健康成长，打好扶贫攻坚战、全面建成小康社会贡献力量。

经过 30 多年的改革开放，数亿中国人甩掉了贫困的帽子，但中国的扶贫工作仍然面临艰巨的任务，精准扶贫正是以习近平为总书记的党中央治国理政方略中对新时期扶贫工作新挑战与新要求的积极应对和正确指引。扶贫开发工作将深度贫困作为该阶段扶贫攻坚的重难点，之后党的十九大将"精准脱贫"列为决胜全面建设小康社会的"三大攻坚战"之一。

2.3.3 精准扶贫的宣传帮扶与纪律约束

2.3.3.1 精准扶贫的宣传帮扶

习近平总书记提出的"精准扶贫"思想，为实现中华民族伟大复兴中国梦开创了新局面。舆论也是生产力，宣传工作是扶贫工作的重要组成部分，对鼓舞士气、凝聚力量、交流经验、弘扬正气发挥重要作用。我国扶贫开发进入新的攻坚期，对扶贫宣传工作既提出了新要求、新目标，也提出了新环境、新条件，应切实加大宣传力度，提升工作实效，开创工作新局面。扶贫开发宣传是扶贫开发工作的重要组成部分，是传播党的扶贫开发政策，反映贫困地区现状民情的重要手段。通过扶贫开发宣传，有利于广大贫困地区干部群众掌握党的方针、政策，有利于全社会进一步了解贫困地区的状况和贫困群众的呼声、深刻认识我国的基本国情、增强构建社会主义和谐社会的紧迫感。扶贫开发宣传也是弘扬自力更生、艰苦奋斗精神和交流扶贫开发经验的重要平台。通过扶贫开发宣传，有利于坚定贫困地区宁愿苦干、不愿苦熬的信心和决心，有利于及时总结交流各地在扶贫开发实践中创造积累的新鲜经验，进一步提高扶贫开发的成效。

具体措施有如下方面。通过多渠道拓宽农产品营销渠道，推动批发市场、电商企业、大型超市等市场主体与贫困村建立长期稳定的产销关系，支持供销、邮政及各类企业把服务网点延伸到贫困村，推广以购代捐的扶贫模式，组织开展贫困地区农产品定向直供直销学校、医院、机关食堂和交易市场活动。推动邮政与快递、交通运输企业在农村地区扩展合作范围、合作领域和服务内容。完善新型农业经营主体与贫困户联动发展的利益联结机制，推广公司合作、订单帮扶、生产托管等有效做法，实现贫困户与现代农业发展有机衔接。建立贫困户产业发展指导员制度，明确到户帮扶干部承担产业发展指导职责，帮助贫困户协调解决生产经营中的问题。鼓励各地通过政府购买服务方式向贫困户提供便利高效的农业社会化服务。实施电商扶贫，优先在偏远地区建设农村电子商务服务站点。继续实施电子商务进农村综合示范项目。动员大型电商企业和电商强县对口帮扶偏远地区，推进电商扶贫网络频道建设。积极推动贫困地区农村资源变资产、资金变股金、农民变股东改革，制订实施贫困地区集体经济薄弱村发展提升计划，通过盘活集体资源、入股或参股、量化资产收益等渠道增加集体经济收入。在条件适宜地区，以贫困村村级光伏电站建设为重点，有序推进光伏扶贫。支持偏远地区整合财政涉农资金发展特色产业。鼓励地方从实际出发利用扶贫资金发展短期难见效、未来能够持续发挥效益的产业。规范和推动资产收益扶贫工作，确保贫困户获得稳定收益。将产业扶贫纳入偏远地区扶贫成效考核和党政一把手离任审计，引导各地发展长期稳定的脱贫产业项目。

例如，一些贫困地区运用"电商 + 合作社 + 贫困户"的扶贫新模式，贫困户通过土地流转等方式加入当地合作社，合作社种植或养殖的产品上网销售。辽宁省的一些贫困地区创新脱贫攻坚举措，通过"电商 + 合作社 + 贫困户"拓展农产品销售渠道、在贫困村建立电商服务站等办法，让电商成为精准扶贫的"利器"。在扶贫工作管理上，甘肃省将利用大数据和移动互联技术，建立全省精准扶贫大数据管理平台，构建面向全省扶贫工作的综合信息服务体系，实现底数清、问题清、任务清、对策清、责任清、数据准确、管理规范。通过完善贫困户、贫困村相关数据采集、传输及共享，建立扶贫数据采集、运算、应用、服务体系，打通政府部门及相关行业的数据接口，实现信息共享和业务协作功能。制订涉及扶贫对象教育、卫生、民政、水利、交通、住房、培训等资源要素数据监测体系，为政府决策和开展精准扶贫提供科学依据。在精准扶贫工作中，甘肃省开展电商扶贫试点，推动农村电子商务和农业经营方式创新有效结合。扶持农产品加工企业通过产业化经营，带动贫困户从事网货生产加工，建立完善的供应体系，在全省 70% 以上的贫困乡实现利用电子商务销售当地特色产品，交易额年均增长 20% 以上。此外，在全省贫困地区普及电子商务应用，实现县、乡、村三级电子商务服务场所全覆盖，让贫困户能通过电子商务销售自产产品、购买生产生活资料，交易额年均增长 30% 以上。

2.3.3.2 精准扶贫的纪律约束

从脱贫攻坚工作看，形式主义、官僚主义、弄虚作假、急躁和厌战情绪以及消极腐败现象仍然存在，有的还很严重，影响脱贫攻坚有效推进。把作风建设贯穿脱贫攻坚全过程，集中力量解决扶贫领域"四个意识"不强、责任落实不到位、工作措施不精准、资金管理使用不规范、工作作风不扎实、考核评估不严不实等突出问题，确保取得明显成效。改进调查研究，深入基层、深入群众，多层次、多方位、多渠道调查了解实际情况，注重发现并解决问题，力戒"走过场"。注重工作实效，减轻基层工作负担，减少村级填表报数，精简会议文件，让基层干部把精力放在办实事上。严格扶贫资金审计，加强扶贫事务公开。严肃查处贪污挪用、截留私分、虚报冒领、强占掠夺等行为。依纪依法坚决查处贯彻党中央脱贫攻坚决策部署不坚决不到位、弄虚作假问题，以及主体责任、监督责任和职能部门监管职责不落实问题，坚决纠正脱贫攻坚工作中的形式主义、官僚主义。中央巡视机构组织开展扶贫领域专项巡视，把扶贫领域腐败和作风问题作为巡视巡察工作重点，加强警示教育工作，集中曝光各级纪检监察机关查处的扶贫领域典型案例。一定要坚决打赢脱贫这场对如期全面建成小康社会、实现第一个百年奋斗目标具有决定性意义的攻坚战。

2.4　本章小结

　　无论是从种植业、林业、新能源汽车行业还是航空航天技术行业来看，政府补贴力度整体都呈不断加强趋势。作为我国七大战略性新兴产业之一，新能源汽车承担了保障能源安全、实现节能减排的重要使命，是我国汽车产业转型升级、由大变强的重要路径。自 2009 年起，财政部、科技部、工信部、国家发改委等部门接连发布新能源汽车推广支持政策超过 200 项，为产业发展营造了良好的政策环境。在产业政策，尤其是补贴政策的强力拉动下，我国新能源汽车市场发展迅猛。然而，成也补贴败也补贴，在 2016 年以后，由于大量补贴给新能源汽车产业带来了一定弊端，企业"骗补"现象出现，于是政府补贴不断退坡。自 2019 年 7 月起，我国新能源汽车市场剧烈下跌，至今已是七连跌，2019 年新能源汽车产销量分别为 124.2 万辆和 120.6 万辆，同比分别下降 2.3% 和 4.0%，出现 10 年来的首次下滑。尽管近年对于新能源汽车补贴由大规模补贴开始缩减，但这只是补贴随着产业政策的方向发生偏离。在航空航天行业，政府取消对通用机场的资金补贴也是显示补贴随着产业政策的方向发生偏离，国家对航天航空技术行业的补贴仍呈上升趋势。与此同时，国家对农业的补助一直很重视，2021 年，中央财政安排农业保险保费补贴资金 333.45 亿元，较 2020 年增长 16.8%，表示我国农业补贴一直保持平稳且逐年上升。2021 年，农业农村部办公厅制定了《2021—2023 年农机购置补贴实施指导意见》，以期推动农业机械化向全程全面高质高效转型升级，促进农业高质高效发展，助力全面推进乡村振兴、加快农业农村现代化。

同时，2020 年，中国全部消除绝对贫困人口，14 亿中国人将共同迈入全面小康，这意味着中国提前实现联合国 2030 年可持续发展目标中的第一项：消除贫困。在过去的 40 年间，中国对全球脱贫事业的贡献率已超过 70%。2020 年是中国脱贫攻坚决胜之年，中国将坚定目标打赢脱贫攻坚战，为世界脱贫贡献中国力量。未来将持续巩固拓展脱贫攻坚成果，做好同乡村振兴的有效衔接，实现"三农"工作重心的历史性转移。2021 年，国家乡村振兴局正式挂牌成立，标志着我国消除了绝对贫困，完成了前一个阶段的历史使命，同时也迎来了乡村振兴的新时代使命。

第 3 章　政府补贴对偏远地区企业绩效的影响

　　政府补贴对企业绩效到底有何作用？当前学者对于政府补贴对企业绩效的研究，没有得出一致的结论，呈现两种截然相反的观点。一种观点认为，政府补贴对企业绩效存在正向影响。当前有研究发现，企业获得政府补贴，在一定程度上降低了企业的研发投入风险。随着风险的降低，企业研发意愿增加，会挪出更多资金投入研发。企业的技术水平可以进一步提升，使企业实力加强，提高核心竞争力，从而可以提高企业的绩效。企业得到政府补贴可以加大企业的现金流，缓解融资约束，解除企业资金困境，提高企业的偿债能力。政府补贴也可以向社会传递出"利好"的信号，社会各界纷纷看好企业的发展，增加了企业的融资来源，并且可以为企业吸引来更多的合作伙伴以及投资者的青睐，使企业获得更广的业务范围，进一步提升企业的绩效。政府补贴可以促进企业全要素生产率、资产收益率等经营绩效，还可以提升企业的社会绩效。但同时也出现很多反对的声音和不好的案例。另一种观点认为，政府补贴破坏了市场性，政府对企业长时期的补助不能很好地促进企业绩效。有些学者通过研究发现，一些企业为了自身的政治目的，会导致以利润为导向的市场转向以利益为导向的市场，进而获取政府的欢心。这样的企业虽然获得了政府补贴但是却走上了自身不适宜的发展道路，对企业的长期经营绩效并没有好处。巨额的补助成为了企业谋求自身利益而"铤而走险"的巨大诱饵，企业为了获得补助会出现骗补现象，企业自身没有获得核心增长还浪费了国家资源，造成国家"输血式"扶持企业发展，企业却"帮扶付不起，补贴补不及"的现象。综上所述，国家推出许多新的政府补贴政策后，政府补贴对企业绩效的影响如何？为什么会产生这种影响？通过分析政府补贴对企业绩效所带来的影响，我们该如何在全国制定高效的政府补贴政策，如何将好的补助政策应用到更多的企业，进而增强我国政府补贴对企业绩效产生积极影响？这一系列的问题，都值得我们去探索和研究。

3.1 政府补贴对企业绩效的影响文献回顾

关于政府补贴对企业绩效的影响，学者们从很多角度展开了研究。在理论研究方面，王凤翔和陈柳钦（2006）以收入效应、替代效应为研究切入点，分析了政府补贴对企业的影响。研究发现，从收入效应来看，政府补贴可以增加企业的资金持有量；但从替代效应来看，会造成企业的产出结构和需求发生变化，可能会导致企业资源的重新分配。研究者还发现，政府给予企业的资金，可以直接增加企业的投资程度。同时，这种实物形式上的补助能够减少企业所要投入的相关生产要素，使其内部资源的配置得到优化，提升企业的生产力。

在研究对象的选择上，学者以各个行业作为划分标准。赫里斯蒂安（Hristian，2011）选择房地产行业为研究对象，研究了2001～2008年的数据，其研究结果发现，政府补贴可以明显提高企业的价值。宋佳丽（2019）对2012～2018年我国134家医药制造业上市公司展开实证研究，研究了政府补贴、研发投入和企业绩效三者之间的相互影响。研究结论发现，政府补贴对医药企业的影响并不统一，不同的药企之间差异较大。大规模的企业可以迅速吸收政府补贴，并及时转化为企业的创新绩效。然而对于中小规模企业和非国有企业，政府补贴可以提升企业的当期绩效，但未必能促进企业将补助转化为研发成果。魏志华、吴育辉和曾爱民（2015）对中国117家新能源概念类上市公司进行研究，研究了政府发放补助的各种影响因素，以及补助会造成的经济效果。研究发现，民营企业的寻租行为可以使企业获得更多的补助资源，但是由于企业对政府补贴资金没有合理使用，政府补贴并没有提高企业的成长能力。杨伊宁和樊燕萍（2015）对我国可再生能源上市公司2009～2012年财务数据进行了研究，借助面板数据模型分析政府补贴、国有控股和财务绩效之间的关系。研究结果表明，政府补贴可以提高可再生能源企业的财务绩效，但是对国有控股的可再生能源财务绩效存在反向关系。臧志彭（2014）对全国161家文化产业类上市公司2011～2013年的数据进行了实证研究，发现政府补贴可以促使文化产业类上市公司提供更多的就业岗位，同时存在滞后的促进效应。

同时，也有很多学者选择从其他的角度进行探究。张和礼（2014）的研究发现，长期、短期以及其他多种形式的政府补贴都可以起到提高企业绩效的作用。田笑丰和肖安娜（2012）选择对2007～2011年百余家ST公司进行实证研究，研究发现，政府补贴只能帮助企业填补公司的亏损或者提升企业的理论，并没有显著提高企业的盈利能力，还造成了社会资源的浪费，甚至诱使企业产生寻租行为。余明贵（2010）、吴成颂（2015）和逯东（2013）从政治关联的角度出发，研究了政府补贴对企业绩效的影响。研究结果表明，政治关联较强的企业更容易获得政府补贴，但是政府补贴对企业绩效的提升不明显。对比政治关联较弱的企业，其获得的政府补贴可以有效提升企业的绩效。

3.1.1　政府补贴的信号传递作用

会计信息的好坏也可以通过政府补贴信息披露的完善程度来衡量。企业的会计信息好，企业会更多地披露政府补贴的信息。同时政府会对补助的企业进行后续追踪，考核企业的绩效，并对其进一步监管，帮助投资者降低投资的风险，进而吸引来更多的投资者投资。企业获得政府补贴也会对投资者产生"认证效应"。勒纳（Lerner，1999）研究认为，政府可以克服信息不对称的问题，而私人投资者则不能；穆尔曼和德梅塞内尔（Meuleman and De Maeseneire，2012）研究了比利时中小企业的外部融资，发现当企业收到政府关于科学研究与实验发展（R&D）的补助时，可以发出积极的信号效应，这种效应对于初创企业表现得更为明显。当研发项目前景不明朗的时候，政府补贴可以使企业获得更多的投资。郭玥（2018）通过构建政府创新补助的信号传递模型，发现创新补贴可以给企业补充研发资金，同时因为政府会对企业技术进行审查和监管，向外界传递出积极信号，使得外部投资者避免了逆向选择和道德风险的问题。最终，企业获得了更多的研发支持，促进了企业的研发绩效。

伍健等（2018）发现，由于信息不对称性的存在，信号传递机制可以间接影响企业的创新。政府给企业的政府补贴，相当于是官方的一种肯定，向外界传递了积极的信号。该信号可以很好地规避社会投资者的逆向选择问题（朱治理等，2016），为企业提供隐形信用担保（申香华，2014），帮助企业获得更多的投资，从而缓解企业创新投入不足的问题。康和帕克（Kang and Park，2012）对韩国的生物医药行业进行了研究，发现政府的研发资金补助可以影响上下游企业的关系，企业与上下游关系的改善对企业绩效有明显的积极作用。

3.1.2　政府补贴对融资约束的影响

融资约束的一般理论认为，当企业所受的融资约束程度较高时，企业的投资没有最优化，反而会造成企业投资效率低下。企业投资情况不佳会使企业错过好的投资项目，对企业绩效造成负影响。企业的融资约束程度较高，会出现经营困难的严重问题。这个时候，需要有大量的现金使企业克服困难。而政府补贴不仅可以以现金的方式直接发放给企业，而且是一项免税收入，可以直接给企业带去收益。企业可以无负担地规划资金的使用，解决因资金不足造成的经营困难问题，促进企业绩效的提升。政府补贴某种程度上更像是企业从政府那里获得的一项短期融资。近些年来，已经有多篇文献深入探究了政府补贴对企业融资约束的缓解作用。研究结果发现，企业研发在面临市场风险的情况下，不一定能表现出好的效益，具有次优性。因此，企业更加愿意用政府补贴去进行研发。余官胜（2017）认为，中国融资难、融资贵只是表象问题，根本原因在于中国企业的融资约束问题严重。中国市场条件的不足，导致企业的外源融资成本非常高。过高的成本使企业转向寻求内源融资，而内源融资规模又小，会使企业无法达到投资最大化。吴莉昀（2019）发现，在市场失灵的情况下，政府补贴被作为重要手段被广泛运用于缓解中小企业融资约束的问题中。其研究选取了中国中小板和创业板 4 543 家上市公司在 2007 ~ 2016 年的样本，运用实证分析法研究了政府补贴对企业融资约束的影响以及具体的作用路径，并从不同的维度进行了异质性分析，其结果发现，像政府补贴、税收优惠等可以缓解中小企业的融资约束问题。连玉君等（2009）对比了融资约束程度轻和高的公司，发现融资约束程度低的公司，可以获得资金，往往会出现过度投资；融资约束程度高的公司，投资不足的现象突出。而无论是投资过高还是投资过低都是投资效率低下的表现，都给企业绩效带来负面影响。高艳慧等（2012）肯定了政府补贴对缓解融资约束的积极作用，认为融资约束可以提高资本配置效率。张炳发等（2020）发现融资约束在我国上市公司的研发创新活动中普遍存在，使公司投入的研发资金降低，政府补贴则缓解了融资约束并促进了企业研发投入的直接效应，但是其间接效应不明显。马红和王元月（2015）以我国新兴产业公司为研究视角，分析了 2007 ~ 2013 年上市公司的数据，研究了融资约束以及政府补贴对公司成长性的影响。研究结果发现，融资约束对我国战略性新兴产业的公司成长性有负面影响。政府补贴可以促进公司的成长性，同时还可以减缓融资约束对公司成长性的负面作用。

3.1.3　政府补贴对企业创新绩效的影响

后金融危机时代，全球经济格局急剧变化，国际上的分工体系也发生重大调整。在此背景下，科技创新成为各国增强国际竞争力、提升国际地位的重要战略之一。同时，创新发展在推动经济与社会健康有效运行方面，发挥着举足轻重的作用。但是，研发活动具有明显的风险性和外部性，在市场经济环境下，企业自发地进行研发投入，就会不可避免地出现投资不足和市场失灵现象。因此，对具有风险性和外部性的研发活动，采取政府补贴的方式进行合理的激励是十分必要的。然而，政府补贴能否通过刺激企业增加自身研发投入，进而进一步实现企业创新绩效的提高，却一直是学术争论的盲点。

纵观已有研究，国内外学者分别就企业创新绩效的知识基础、衡量标准和影响因素展开深入的分析。"创新"的概念最早是 1934 年美籍奥地利经济学家熊彼特（Schumpeter J. A.）教授在《经济发展理论》一书中提出的。随后"创新概念"不断扩充和发展，逐步形成较为完善的"创新理论"，为企业创新绩效理论的发展奠定了知识基础。此后，一批学者对企业创新绩效的衡量标准进行了大量的研究。而纵观国内外学者的研究成果，大多数文献集中将创新绩效定义为"技术创新绩效"或"研发创新绩效"，并分别从投入与产出视角深入分析企业的创新成果。投入视角以研发投入为研究主流：纳尔森和温特（Nelson and Winter，1982）认为，企业前期研发投入直接影响其后续的研发投入，这有助于创新资源配置，因而鼓励利用研发投入表现创新绩效。产出视角以专利为研究焦点：艾克和奥德斯（Acs and Audretsch，1989）、费里曼和斯维特（Freeman and Soete，1997）、帕特尔和帕韦特（Patel and Pavitt，1995）等发现，专利作为新技术、新工艺流程和新产品的集中体现，是企业创新绩效最佳的测度指标。更进一步，赵林峰（2007）等采取数据包络分析这一新的测量工具，构建了企业技术创新能力 DEA 评价模型，以此测度企业的创新能力。但从最新的文献中可以发现，学者不再拘泥于从"研发创新"的角度理解创新绩效，逐步地开始转向"非研发创新"视角进行探讨。吉奥（Jiao，2015）等国外学者将创新分为从产品、技术、流程和管理四个层面，综合分析企业的创新绩效。同时国内学者钱锡红（2010）等阐释了采取单一的投入或产出的创新绩效变量存在的一系列问题以及如何实现测量的客观性，从而使研究视角扩展到产品、技术、流程、市场四个维度，以此实现对企业创新绩效分析的全面性。

通过整理文献得出，目前影响企业创新绩效的因素可以分为环境、结构、组织和个体四大方面。首先，环境方面，具体指的是企业宏、微观的市场环境，表现为企业所处行业环境中的竞争与垄断程度（李玲，2014）、对外贸易（Harris and Li，2011；Long and Raff，2011）、市场化水平（Jefferson et al.，2006；戴魁早和刘有金，2013）、国家和政府政策（Mohammad，2015）等因素对企业创新绩效的影响。其次，结构方面，具体指的是企业自身与企业外部的利益相关者之间的关系，如有商业往来的供应商、涉及销售活动的客户和买方、具有竞争关系的行业对手等利益相关者。从最早研究来看，影响结构方面的因素研究是多集中在政治关联层面（Wu，2011；杨战胜等，2014）、创新联盟/网络层面（Lavie et al.，2012；赵良杰和宋波，2015）等。再次，组织方面，具体指的是规模大小、奖励机制、企业文化、组织结构、人力资源管理等。最后，个体方面，具体指的是管理层（吴俊杰等，2014）、高管团队（Michael，2010）以及研发人员（Janssen，2010）对于企业创新绩效的影响。

其中，在环境方面中，最为热门的主题是政府政策的影响。大量的国外文献显示，技术创新本身就是一种风险高的投资活动。因此，政府补贴对企业的创新活动起着显著的杠杆作用，在一定程度上弥补了投入不足和市场失灵的缺陷，从而促进企业技术创新的积极性。例如，国外学者埃罗（Arrow）研究发现，政府补贴不仅有利于分散企业研发投入的风险，而且能降低研发创新门槛，进而激发市场创新活力，刺激新技术的产生，最终实现企业与整个行业研发创新规模的扩大。此外，我国位于不同地理位置的企业在资源禀赋、制度文化和国家（或地区）政策等方面存在较大差异，企业的发展特点也呈现出显著的地域特性。企业所处地理位置深刻影响着企业的融资环境（Loughran and Schultz，2005）和财务政策选择（蔡庆丰和江逸舟，2013），进而影响企业创新绩效（Coval and Moskowitz，2001）。然而，目前针对政府补贴和企业创新绩效关系的研究，忽视了微观企业在具体地理位置的特殊性。不同地理位置的企业，政府补贴缓解融资约束的效果、寻租获得补贴资金的可能性以及政府对企业产品推广的重要性等方面差异显著，使得政府补贴对企业创新绩效的影响出现差异化。此外，现有研究亦缺乏深入分析政府补贴对偏远地区企业创新绩效影响的作用路径。

国内大部分学者分别从微观的企业环境、中观的行业环境和宏观的区域环境，分析了政府补贴对企业技术创新的作用，大多数实证研究结果表明，政府补贴对企业技术创新具有正向作用。白俊红等（2013）认为，政府资助对于提高企业研发创新效率具有显著的正向影响。上述研究为我们客观、准确地认识和理解企业创新绩效的理论基础、度量标准和影响因素提供了有益经验，但已有文献多集中在政府补贴与研发投入的关系研究上，没有系统性地分析政府补贴与企业创新绩效的关系。因此，有必要更进一步探讨政府补贴与企业创新绩效的关系。

3.1.4　政府补贴对企业迎合性创新的影响

企业迎合行为对企业绩效的影响是当下的热门研究领域，现阶段国内外关于企业行为与企业绩效的研究不是很多，但结论基本一致，庄子银（2007）研究发现，寻租会给企业带来大量的超额收益，但会阻碍企业价值的增长。王红建等（2014）研究发现，通过负向盈余操控会削弱政府补贴对企业绩效的影响。纵观已有研究，迎合行为研究的出发点大多是政府，政府基于税收返还、满足配股和增发的财务指标（陈晓，2001）、扭亏为盈稳住上市资格（朱松，2009）、配合 ST 上市公司达到融资需求（龚小凤，2006）、发放补贴（蒋恩平，2013）等目的主动参与到企业管理中，却忽略了企业作为理性经济人的高管所采取的迎合行为。

企业迎合行为是普遍存在的。公司迎合行为的方法主要包括以下四个方面。其一，制定红利政策。公司管理层通常情况下会制定红利政策迎合投资者偏好（Baker and Wurgler，2003）。其二，盈余管理。上市公司将通过进行盈余管理从而迎合投资者的情绪（谭跃，2011）。其三，迎合性创新。企业进行迎合性创新以支持产业政策（黎文靖和郑曼妮，2016;）。其四，寻租。民营上市公司为了获取更多政府补贴而迎合政府需求（胡浩志和黄雪，2016）。

企业迎合性创新的衡量方法，学者多以发明专利与非发明专利数量来衡量企业的创新行为，以实质上推动企业创新的发明专利申请数定义企业的实质性创新，以企业申请的非发明专利行为定义为策略性创新（黎文靖，2016）；企业迎合行为的文本特征。目前，学术界暂无利用文本特征对企业迎合行为进行分析，但利用文本信息特征一直是财务会计领域的研究热点方向，文本特征主要包括以下三个方面。其一，文本情感度。拉夫兰和麦克唐纳（Loughran and McDonald，2011）使用积极和消极的情绪表达来衡量公司的理性经济人管理层语言基调，谢德仁和林乐（2015）在此基础上，利用管理层文本披露情感度来反映企业未来业绩状况，当存在迎合性创新行为时，企业更容易对财务报告中的文本信息进行语言膨胀，从而错误地夸大企业的创新程度。其二，文本复杂度。企业业绩越差，年报展现的文本信息越复杂（Li，2008），企业更容易利用文本信息复杂度来掩盖企业的真实经营状况，后有学者（王克敏等，2018）发现，管理层处于自利动机，企业高管会通过操纵文本复杂度来获取高额薪酬，以提高公司的市场估值。当存在迎合性创新行为时，企业更容易通过复杂的年报文字表述来掩盖事实。其三，文本相似度。王雄元（2018）利用文本相似度隐藏了年报信息披露审计风险。通过公司年度报告中披露的创新投资项目与政府赞助项目中披露的创新投资项目的文本相似度分析，文本相似度越高，说明企业更易进行迎合性创新。

通过对现有文献的梳理可以发现，国内外学者对政府补贴影响因素的研究主要从企业特征、行业、政治关联与产权性质四大维度入手。其一，企业特征。有学者用企业规模来衡量企业特征，对于较大规模的企业来说，结合现有的引入人才政策，规模较大的企业政府为促进就业，会使企业提供更多的岗位来响应政府号召，基于互利原则，政府会给予企业补助，这种作用在房地产企业更加凸显（刘亚莉、张曼迪和马晓燕，2010）；更有学者则利用公司的主营业务收入情况、公司的总资产状况以及雇用的员工数量大小来衡量企业的规模，这些因素共同作用会直接影响公司获得财政补助金额多寡（吕久琴，2010）。其二，行业。政府补贴金额大小与所在行业息息相关，政府补贴多带有行业导向性，政府补贴的作用在于带领企业紧跟时代步伐，当企业所处的行业与政府行业导向一致时，政府会加大对企业的补贴力度，用于企业创新（Zuniga-Vicente，2013）。其三，政治关联。建立政治关联的动机就是为了获取政府手握的政府补贴与税收优惠等资源，建立政治关联可以为上市公司带来更多政府补贴，也可以帮助企业脱离短暂的资金短缺困境（余明桂，2010）。其四，产权性质。一些研究指出，民营企业与国有企业相比，缺少政府庇佑，因此，民营企业相对国有企业而言获取的政府补贴更多，但总体来说，产权性质的影响较小（陈晓和李静，2001）。

到目前为止，学术界中关于政府补贴对企业创新行为的影响有两个主要观点：一个是"高质量"的创新，旨在促进技术进步和获得竞争优势，称之为实质性创新；另一个是为了追求其他利益，通过追求创新的"数量"和"速度"来迎合监督和政府的创新战略，称为迎合性创新。技术创新存在一定的挤出效应，政府在进行决策时很容易受到企业寻租行为的影响，这种不公开、非透明化的决策过程会导致政府资源得不到合理分配，在这种情况下，企业通过寻租获取的政府补贴仅仅是企业收入的来源，达不到政府补贴应有的促进企业创新投入的效果，这种行为被称为迎合性创新。企业迎合行为对企业绩效的影响是当下的热门研究领域，现阶段国内外关于企业行为与企业绩效的研究不是很多，但结论基本一致，这些学者大都认为寻租会给企业带来大量的超额收益，但会阻碍企业价值的增长，削弱政府补贴对企业绩效的影响。布兰克和斯提勒（Blank and Stigler，1957）两位学者将 1 500 家上市公司组成样本数据，对政府补贴所带来的企业创新绩效变化进行研究，政府补贴原本是为了促进企业的创新绩效，但是，研究结果却背道而驰，所带来的是企业创新绩效的下降。白俊红等（2011）对研发产出用权量来进行衡量，数据分析结果表明，政府加大创新投资会使企业过分依赖政府补贴，不利于企业的持久发展。冯宗宪等（2011）的研究表明，政府通过发放补助的方式促进企业创新活动，但是大量数据分析得出政府补贴并不能促进企业创新绩效的提升。程华和赵祥（2008）与郁丹丹（2011）得到一致的结论，验证了迎合性创新有利于企业获取更多的政府补贴。

3.2　偏远地区企业政府补贴概述

3.2.1　政府补贴偏远地区的现实选择

3.2.1.1　行业选择

针对偏远地区企业的补贴，并没有一个明确的倾向。在国家大的政府补贴背景下，针对偏远地区地广人稀、基础设施较差的特点，在偏远地区企业的补贴行业选择中，仍然以绿色友好型产业、"互联网 + 农业"以及高新技术企业为主。根据产业结构调整的政策，我国在行业选择中更多跨越了偏远地区的承接产能。以往的产业承接会造成经济的不平衡更加严重，使得工业的一些落后产能集中在偏远地区，会加剧该地区的生产落后。因此，政府对偏远地区企业仍然鼓励其进行创新，进行绿色友好型产业的建设。同时，由于偏远地区的农业较发达，在农业发展中更加提倡与互联网相结合，发展物联网和互联网农业，让农业发展更能适应供给侧结构性改革的背景。从供给角度来使农业的生产成本降低，农业的技术水平提升，放低农业的交易费用。因而也会鼓励偏远地区农业技术型企业的发展。

从需求端政策制定来看，在过去的 2012 ~ 2016 年，我国高新技术的补助对象以中华人民共和国工业和信息化部正式发布的高新技术应用推广目录为主，目的在于高新技术企业的市场培育和农业与航空业技术推广，所以对于补助对象的门槛要求较高，因此，只有满足相关要求才可以获得补贴，而由于需求端补贴的不容易获得性，在这种大背景下，政府补贴不断提升补贴对象的要求，不再持续进行"一刀切"的补助模式，而是根据企业发展需要以及企业内部管理状况进行补助。对于高新技术企业中坚力量的培育做到补贴中减少"搭便车"现象。从供给侧来看，通过政策梳理可以看到，国家每个阶段都高度重视高新技术企业的发展，给予农业机械行业与航空航天企业巨额的补助，产生企业研发投入得到足够的政府支持，企业研发投入资金跟上需求，供给端的政府补贴到位，发挥出抑制研发外部性，减少研发成本，以达到分散研发风险的作用。

3.2.1.2   补贴形式选择

政府对偏远地区企业的补贴形式主要有对企业的集中补贴和对所处地区人才的吸引以及基础设施建设方面的补贴政策。间接补贴政策是补贴当地的基础设施建设和人才队伍建设，利用较高的工资吸引相关人群到该地进行工作，政府投入基础设施资金来完善当地的交通、水利和互联网等基础设施。从直接补贴形式来看，政府对企业的直接补贴有两种形式，其一是采取为企业提供资产补贴，其二是进行收益补贴。从高新技术企业政府补贴环节来看，主要在销售阶段和研发阶段进行补贴。当然，也存在一些高新技术企业借政府补贴政策来虚假骗取政府补贴，这些企业通过粉饰业绩情况，让企业持续获得政府补贴。这些企业本身的研发力度较低，技术进步较缓，研发能力没有实质的提高。供给端的政府补贴可以支持企业研发活动，并呈现出对企业研发信心的支持。政府补贴用于鼓励企业进行技术创新的政策在大多数公司得到了很好的表现，大多数企业都具有技术创新积极性，在领导层的经营战略和技术先发优势的背景下，这些企业借用政府补贴进一步提升了技术研发的效率，降低了企业资金成本的负担，也降低了财务风险，是整体的资金利用效率增加。

3.2.2   政府补贴偏远地区企业情况描述

本书对照国泰安数据库中统计的上市公司注册地，剔除 ST 的上市公司和财务数据不完整的公司，筛选出 27 家在 2014～2018 年财务信息连续、完整，且注册地在偏远地区的上市公司，公司的获取政府补贴情况如表 3-1 所示。通过查阅这 27 家企业公布的年报，发现这 27 家偏远地区上市公司中有 11 家企业从

2014 年开始连续 3 年以上获取了政府补贴，只有 1 家企业亚太实业在 2014 ～ 2018 年从未获取政府补贴，剩下的 15 家企业未连续获取政府补贴。其中贵州百灵在 2014 ～ 2016 年获取了政府补贴，而 2017 年和 2018 年均未获取政府补贴；信邦制药同样在 2014 ～ 2016 年获取了政府补贴，2017 年和 2018 年未获取政府补贴；广州众爱在 2014 ～ 2016 年以及 2018 年获取了政府补贴，但是在 2017 年并未获取政府补贴。

表 3 - 1　　　　　　偏远地区上市公司获得政府补贴的公司名单

获取政府补贴情况	公司简称			
连续参与	青青稞酒	盐湖公司	罗平锌电	恒康医疗
	华英农业	盘江公司	红星发展	三毛派神
	洛阳钼业	凤凰光学		
从未参与	亚太实业			
未连续参与	三峡水利	同德化工	藏格控股	广安爱众
	贵州百灵	文山电力	合金投资	华斯公司
	金河生物	海螺型材	蓝石重装	羚锐制药
	岷江水电	景峰医药	信邦制药	云南锗业

资料来源：国泰安数据库。

3.2.3　偏远地区企业参与政府补贴的行业分布

政府补贴是财政支出的重要组成部分，是弥补市场失灵的重要手段，政府通过直接或间接向微观经济主体提供无偿资金转移的方式，实现调节经济运行、促进产业升级等宏观调控的目的。为了解政府补贴对偏远地区企业绩效的影响，经过筛选，本书选取了 27 家注册地在偏远地区的上市公司，统计在 2014 ～ 2018 年，这 27 家企业获得政府补贴的情况，对这 27 家企业的行业分布状况进行分析。

从表 3 - 2 中可以看出，这 27 家企业的行业分布大致可以划分为五类：化学原料及化工制造业，有色金属矿采选业，煤炭开采和洗选业，电力、热力生产和供应业，房地产和建材行业属于重工业，本书将包括同德化工、兰石重装、藏格控股、云南褚业、海螺型材、亚太实业等在内的 15 家企业划分为重工业。第二类是医药制造业，包括的企业有 6 家，分别是羚锐制药、信邦制药、贵州百灵、恒康医疗、金河生物、景峰医药。属于第三类服务业的有合金投资、华斯公司、三毛派神共 3 家企业。第四类是农业和食品制造业，主要是华英农业和青青稞酒。而从事仪器仪表制造业的凤凰光学则作为第五类企业。

表3-2 参与政府补贴的偏远地区上市公司基本情况一览

项目	行业名称	股票代码	股票简称	注册所在地
重工业	化学原料及化工制造业	600367	红星发展	贵州省镇宁县
		002360	同德化工	山西省河曲县
		603169	兰石重装	甘肃省兰州市
		000408	藏格控股	青海省格尔木市
		000792	盐湖公司	青海省格尔木市
	有色金属矿采选业	002114	罗平锌电	云南省罗平县
		603993	洛阳钼业	河南省栾川县
	煤炭开采和洗选业	600395	盘江公司	贵州省盘州市
		002428	云南褚业	云南省临沧市
	电力、热力生产和供应业	600116	三峡水利	重庆市万州区
		600131	岷江水电	四川省汶川县
		600979	广安爱众	四川省广安区
	房地产和建材行业	600995	文山电力	云南省文山市
		000619	海螺型材	安徽省芜湖市
		000691	亚太实业	甘肃省兰州新区
	医药制造业	600285	羚锐制药	河南省新县
		002390	信邦制药	贵州省罗甸县
		002424	贵州百灵	贵州省西秀区
		002219	恒康医疗	甘肃省康县
		002688	金河生物	内蒙托克托县
		000908	景峰医药	湖南省平江县
	服务业	000633	合金投资	新疆和田市
		002494	华斯公司	河北省肃宁县
		000779	三毛派神	甘肃省城关区
	农业和食品制造业	002321	华英农业	河南省潢川县
		002646	青青稞酒	青海省互助县
	仪器仪表制造业	600071	凤凰光学	江西省上饶县

资料来源：国泰安数据库。

根据分类的情况来看，行业的分布状况与企业获得政府补贴的注册地在偏远地区有较大的关系。偏远地区受到所处地理位置和经济发展的限制，大多是一些重工业企业或者是因地制宜根据当地的资源情况来发展的企业。例如，我们一共选取了 6 家位于偏远地区的医药企业，其中有 2 家都是位于贵州省的医药行业，这是因为贵州省当地的地理条件和气候条件十分适宜药材的种植和生产，这样得天独厚的优势使得贵州成为了我国四大中药材产地之一，还有就像青海省的青青稞酒。很多偏远地区企业也依赖当地的矿产资源，例如，热力、水力和矿产等自然资源，把重工业为主营业务，例如，四川省的 2 家热力和电力供应公司，青海省的 2 家化工企业和云南和甘肃等这些省份的企业。总体来说，偏远企业的业务范围较大地受到了当地资源条件和经济条件的影响，没有高新技术和金融类企业，大多是从事传统行业的企业，且多为资源依赖性企业。

3.3　政府补贴对偏远地区企业绩效的整体影响

3.3.1　企业绩效的衡量——因子分析法

现有的绩效评价的方法大致可以分为以下三种。第一种是选择一种单一的指标，如净资产收益率、资产收益率、托宾 Q 值等财务指标作为公司绩效的评价标准。第二种是通过多项指标的分析对公司绩效进行分析。这两种方法虽然操作较为简单，但却很难全面地反映公司绩效的情况，于是就有了第三种绩效评价的方法——综合指数法，该方法通过赋予选出的财务指标权重，最后计算出一个具体的得分，以此来反映公司的绩效。为了全面地反映偏远地区企业公司绩效的情况，本书选取综合指标法中的因子分析法，该方法有较强的客观性。不同的财务指标之间是存在一定关联性的，为了解决这样的问题，就产生了因子分析法，该方法能够消除指标间关联性的影响，对于评价指标间存在关联性的对象十分合适。运用因子分析法不仅可以将不同企业之间的绩效进行对比，而且同一企业的绩效也能从时间线上来进行对比，还可以找出影响公司绩效的关键因素，因此，可以通过因子分析法，计算出政府补贴对偏远地区企业绩效的影响进行较为全面的评价和分析。本书借助 SPSS 26.0（中文版）对搜集到的偏远地区企业的财务数据进行因子分析。

3.3.1.1　样本的选取和指标体系的建立

本章主要分析的是政府补贴对偏远地区企业绩效的影响，为了全面、细致、直观地了解偏远地区企业的绩效状况，参考了各类权威文献、专家的做法和偏远地区企业的财务报表，从盈利能力、偿债能力、营运能力和成长能力四个方面选取了 13 个财务指标，建立了偏远地区企业公司绩效评价指标，选取的指标如表 3 - 3 所示，为了更方便观测和操作，给各个指标从 X_1 - X_{13} 进行编号。

表 3 - 3   偏远地区企业公司绩效评价指标

测量维度	编号	指标名称
盈利能力	X_1	资产报酬率
	X_2	总资产净利率
	X_3	净资产收益率
	X_4	营业净利率
偿债能力	X_5	流动比率
	X_6	速动比率
	X_7	现金比率
营运能力	X_8	存货周转率
	X_9	流动资产周转率
	X_{10}	应收账款周转率
成长能力	X_{11}	总资产增长率
	X_{12}	营业收入增长率
	X_{13}	所有者权益增长率

3.3.1.2　数据预处理和适用性检验

在本书选取的 13 个财务指标中，包括资产报酬率、总资产净利率这样的正向指标，也包括流动比率、速动比率这样的适度指标，所以在进行因子分析之前，需要对适度指标进行趋同化处理。本书参考现有学者的做法，对指标值减去适度值后的绝对值取负数，通过此种方法进行了正向化处理的指标，指标越大则说明偏离适度值的程度越小，指标越小则说明偏离适度值的程度越大。

由于选取的财务指标之间的单位及量纲有所不同，所以本书在对指标进行正向化处理之后，再用 SPSS 26.0 对其进行标准化处理，以消除变量在单位和量纲上的不同。

进行因子分析有一个前提条件，就是需要变量之间具有较强的相关性，所以在进行因子分析时，首先需要检验变量是否适合做因子分析，如表 3 - 4 所示，检验的方法是采用 KMO 检验和巴特利特球形度检验。如果 KMO 值大于 0.5，则说明相关矩阵不是一个单位矩阵，是适合做因子分析的，如果相应的 P 值小于显著水平，则表明变量适合因子分析。从表 3 - 4 中可以看到，上述数据运行出来的 KMO 值为 0.626，大于 0.5，巴特利特球形检验显著性水平小于

0.01，这说明本书选取的数据是适合做因子分析的。

表 3 – 4　　　　　　　　　　　　**KMO 和巴特利特检验**

KMO 取样适切性量数		0.626
巴特利特球形度检验	近似卡方	2 013.877
	自由度	78
	显著性	0.000

3.3.1.3　提取因子和因子得分函数

本书通过主成分分析法提取因子，提取因子的结果如表 3 – 5 所示。公因子提取的条件是特征值大于 1，可以看到，前四个因子的特征值分别是 4.139、2.566、2.249、1.834，特征值都大于 1，而第五个因子的特征值就只有 0.81 了，并且在提取了四个因子之后累计方差的贡献率就达到了 82.984%，说明提取四个公因子就能解释本书选取变量的 82.984%，并且保留了大部分的原始信息，丢失信息的水平处在可以接受的范围，因此，可以认为提取四个因子是合适的。

表 3 – 5　　　　　　　**因子的特征值、方差贡献率和累计方差贡献率**

成分	初始特征值			提取载荷平方和			旋转载荷平方和		
	总计	方差百分比	累计（%）	总计	方差百分比	累计（%）	总计	方差百分比	累计（%）
1	4.139	31.837	31.837	4.139	31.837	31.837	3.68	28.309	28.309
2	2.566	19.738	51.575	2.566	19.738	51.575	2.519	19.377	47.686
3	2.249	17.303	68.878	2.249	17.303	68.878	2.465	18.962	66.648
4	1.834	14.106	82.984	1.834	14.106	82.984	2.124	16.336	82.984
5	0.81	6.229	89.213						
6	0.485	3.728	92.941						
7	0.437	3.359	96.3						
8	0.197	1.514	97.814						
9	0.151	1.161	98.976						
10	0.085	0.656	99.632						
11	0.022	0.168	99.8						
12	0.019	0.143	99.942						
13	0.007	0.058	100						

旋转后变量与公因子之间的关系和经济意义都较清晰，选取的四个因子之间具有不相关性，且每个因子所含的变量之间有高度相关性。通过表 3 – 6 旋转后的因子载荷矩阵可以看到，第一个公因子中载荷较高的指标有资产报酬率

（X_1）、总资产净利率（X_2）、净资产收益率（X_3）、营业净利率（X_4），这些指标能反映企业的盈利能力，所以将第一个因子命名为盈利能力因子（F_1）；第二个公因子中载荷较高的指标有总资产增长率（X_{11}）、营业收入增长率（X_{12}）、所有者权益增长率（X_{13}），这些指标能反映企业的成长能力，所以将第二个因子命名为成长能力因子（F_2）；第三个公因子中载荷较高的有流动比率（X_5）、速动比率（X_6）、现金比率（X_7），这三个财务指标能反映企业的偿债能力（F_3），所以将第三个因子命名为偿债能力因子（F_3）；第四个公因子中载荷较高的有存货周转率（X_8）、流动资产周转率（X_9）、应收账款周转率（X_{10}），这些指标能反映企业的营运能力，所以将第四个因子命名为营区能力因子（F_4）。本书将各因子的经济解释汇总于表 3-7 中。

表 3-6　　　　　　　　　　　旋转后的因子载荷矩阵

指标	成分			
	1	2	3	4
X_1	0.955	0.167	0.053	0.082
X_2	0.968	0.145	0.045	0.061
X_3	0.953	0.113	-0.009	0.098
X_4	0.921	0.049	-0.024	0.036
X_5	0.078	-0.006	0.941	-0.064
X_6	-0.015	-0.02	0.957	0.021
X_7	0.008	0.033	-0.767	-0.046
X_8	0.014	-0.012	0.043	0.919
X_9	0.088	0.016	0.147	0.889
X_{10}	0.101	-0.065	-0.151	0.675
X_{11}	0.147	0.91	-0.146	-0.063
X_{12}	0.133	0.97	0.014	-0.03
X_{13}	0.105	0.825	0.05	0.011

表 3-7　　　　　　　　　　　各因子经济解释命名

因子命名	F_1	F_2	F_3	F_4
	盈利能力因子	成长能力因子	偿债能力因子	营运能力因子
各因子所代表的指标	X_1 资产报酬率	X_{11} 总资产增长率	X_5 流动比率	X_8 存货周转率
	X_2 总资产净利率	X_{12} 营业收入增长率	X_6 速动比率	X_9 流动资产周转率
	X_3 净资产收益率	X_{13} 所有者权益增长率	X_7 现金比率	X_{10} 应收账款周转率
	X_4 营业净利率			

因子得分系数矩阵如表3-8所示，根据成分得分系数矩阵能够得到各个因子的得分，再运用标准化后的指标值进行运算，就能得出偏远地区企业各个公因子的得分。四个因子的得分函数为：

$$F_1 = 0.264X_1 + 0.272X_2 + 0.269X_3 + 0.269X_4 + 0.014X_5$$
$$- 0.018X_6 + 0.013X_7 - 0.051X_8 - 0.031X_9$$
$$- 0.002X_{10} - 0.039X_{11} - 0.053X_{12} - 0.05X_{13} \qquad (3-1)$$

$$F_2 = -0.017X_1 - 0.029X_2 - 0.041X_3 - 0.068X_4 + 0.007X_5$$
$$+ 0.013X_6 - 0.004X_7 + 0.026X_8 + 0.032X_9 - 0.017X_{10}$$
$$+ 0.371X_{11} + 0.403X_{12} + 0.346X_{13} \qquad (3-2)$$

$$F_3 = 0.01X_1 + 0.007X_2 - 0.016X_3 - 0.022X_4 + 0.383X_5$$
$$+ 0.389X_6 - 0.311X_7 + 0.007X_8 + 0.049X_9$$
$$- 0.072X_{10} - 0.042X_{11} + 0.024X_{12} + 0.036X_{13} \qquad (3-3)$$

$$F_4 = -0.013X_1 - 0.024X_2 - 0.006X_3 - 0.036X_4 - 0.047X_5$$
$$- 0.001X_6 - 0.013X_7 + 0.443X_8 + 0.424X_9 + 0.32X_{10}$$
$$- 0.006X_{11} + 0.011X_{12} + 0.027X_{13} \qquad (3-4)$$

表 3-8 因子得分系数矩阵

指标	因子			
	1	2	3	4
X_1	0.264	-0.017	0.010	-0.013
X_2	0.272	-0.029	0.007	-0.024
X_3	0.269	-0.041	-0.016	-0.006
X_4	0.269	-0.068	-0.022	-0.036
X_5	0.014	0.007	0.383	-0.047
X_6	-0.018	0.013	0.389	-0.001
X_7	0.013	-0.004	-0.311	-0.013
X_8	-0.051	0.026	0.007	0.443
X_9	-0.031	0.032	0.049	0.424
X_{10}	-0.002	-0.017	-0.072	0.320
X_{11}	-0.039	0.371	-0.042	-0.006
X_{12}	-0.053	0.403	0.024	0.011
X_{13}	-0.050	0.346	0.036	0.027

根据因子得分系数矩阵，如表3-8所示，本书已经得到了各个因子的得

分,再将各个因子根据对应的权重汇总后即可得到综合绩效的得分。而各个因子的权重由对应的旋转载荷平方和方差百分比与累计方差数之比来确定。由此可得各个因子的权重分别为 0.3411、0.2335、0.2285、0.1969,因此,偏远地区企业公司绩效的综合得分函数为:

$$F = 0.3411F_1 + 0.2335F_2 + 0.2285F_3 + 0.1969F_4 \qquad (3-5)$$

3.3.2   政府补贴对偏远地区企业绩效的整体影响结果

本书搜集了 27 家上市公司的相关数据,并且按照前面设置的指标体系从盈利能力、成长能力、偿债能力和营运能力四个方面资产报酬率、总资产净利率、净资产收益率、营业净利率、总资产增长率、营业收入增长率、所有者权益增长率、流动比率、速动比率、现金比率、存货周转率、流动资产周转率和应收账款周转率 13 个财务指标,将这几家公司 2014~2018 年的企业绩效进行评分。得分情况如表 3-9 所示,得分最高的是 2016 年的藏格控股,当年获得了 2.0307 的综合得分,同时当年藏格控股获取了在 0~1% 档的政府补贴;2015 年合金控股的综合得分为 -1.8389,是所有数据之中的最低得分,而其当年获取了 1%~2% 档的政府补贴。盐湖股份的评分一直不太理想,2014~2018 年的综合得分一直为负数,并且得分有逐年下降的趋势。海螺型材、合金投资和洛阳钼业的评分也一直为负数,但是其得分逐年比较来看有上升趋势,可见其公司绩效正在逐步改善。除了亚太实业,其他公司在 2014~2018 年都获取过政府补贴,政府补贴也对其公司绩效产生了影响。接下来本书将从参与程度以及参与时间等方面来对政府补贴对企业绩效的影响进行分析。

表 3-9   偏远地区企业的公司绩效情况

股票简称	2014 年	2015 年	2016 年	2017 年	2018 年
	综合得分	综合得分	综合得分	综合得分	综合得分
藏格控股	-0.8233	-0.8086	2.0307	0.3283	0.2205
广安爱众	-0.2434	0.0157	0.0337	-0.0065	0.0133
贵州百灵	0.1502	0.1713	0.1581	0.1836	0.2516
海螺型材	-0.2809	-0.3985	-0.0019	-0.0977	-0.0767
合金投资	-1.4884	-1.8389	-1.8063	-0.8064	-0.1890
华斯股份	-0.0611	-0.1480	-0.5821	-0.3334	-0.2248
金河生物	0.0230	0.1642	0.2226	0.0732	0.0932
景峰医药	1.1822	0.4375	0.1387	-0.0361	0.0178

续表

股票简称	2014 年	2015 年	2016 年	2017 年	2018 年
	综合得分	综合得分	综合得分	综合得分	综合得分
兰石重装	0.3604	0.3018	− 0.1902	− 0.1162	− 0.8885
羚锐制药	0.0439	0.0897	0.3481	0.2667	0.2241
岷江水电	0.6116	0.8767	1.0849	0.6654	1.0676
三峡水利	0.0677	0.1019	0.0529	0.1272	0.0420
同德化工	0.1303	− 0.1234	− 0.0930	0.0063	0.0462
文山电力	0.3241	0.3881	0.5052	0.4568	0.5833
信邦制药	0.3143	0.0453	0.0160	− 0.0294	− 0.5424
云南锗业	0.0687	− 0.0558	− 0.4118	− 0.1085	− 0.1302
凤凰光学	− 0.5999	− 0.0716	− 0.5809	0.018	− 0.1503
恒康医疗	0.5409	0.1897	0.1751	0.0338	− 0.6783
红星发展	− 0.0891	− 0.5274	− 0.0209	0.0820	0.1086
华英农业	− 0.1367	− 0.1581	− 0.0682	− 0.0718	0.010
罗平锌电	− 0.0432	0.0116	0.0978	0.1851	0.4287
洛阳钼业	− 0.2253	− 0.1772	− 0.0020	− 0.0261	− 0.0635
盘江股份	− 0.0170	− 0.1275	− 0.0530	0.2172	0.1833
青青稞酒	0.1899	0.0619	0.1389	− 0.3326	− 0.0595
三毛派神	− 0.0450	− 0.6884	− 0.0328	0.3784	0.5674
亚太实业	− 1.2964	0.3237	− 0.1299	− 0.3423	− 0.0765
盐湖股份	− 0.0001	− 0.1208	− 0.1621	− 0.4414	− 0.3321

资料来源：笔者整理。

3.3.2.1　连续五年获取政府补贴企业的公司绩效

如表 3 – 10 所示，有 10 家企业在 2014～2018 年连续 5 年获取了政府补贴，这 10 家企业中有 7 家企业的综合绩效得分在 2018 年得到了提升，有 4 家企业综合得分绩效的排名和上年水平持平，有些企业的排名呈现大幅的上涨的趋势，其中，上涨幅度最大的是三毛派神，虽然在 2015 年和 2016 年公司绩效有所下滑，但企业的公司绩效明显好于未获取政府补贴时，并且在后续年份的排名之中一直名列前茅，由初始的第 17 位上升至 2018 年的第 3 位。值得注意的是罗平锌电、红星发展、盘江股份的公司绩效在获取政府补贴之后逐年上涨，在样本企业中的排名也得到了进一步的提升。总体来说，在这 10 家连续 3 年获取了政府补贴的企业中，有 6 家企业的公司绩效相比于未获取政府补贴时得到了明显的提升，说明企业获取政府补贴对公司绩效是有积极作用的。

表 3 – 10　　　　　　连续五年获取政府补贴企业的公司绩效情况

股票简称	2014 年		2015 年		2016 年		2017 年		2018 年	
	综合得分	排名	综合得分	排名	综合得分	排名	综合得分	排名	综合得分	排名
凤凰光学	− 0.5999	24	− 0.0716	16	− 0.5809	25	0.0180	13	− 0.1503	21
恒康医疗	0.5409	3	0.1897	6	0.1751	6	0.0338	12	− 0.6783	26
红星发展	− 0.0891	19	− 0.5274	24	− 0.0209	16	0.0820	10	0.1086	9
华英农业	− 0.1367	20	− 0.1581	21	− 0.0682	19	− 0.0718	19	0.0100	15
洛阳钼业	− 0.2253	21	− 0.1772	22	− 0.0020	15	− 0.0261	16	− 0.0635	17
罗平锌电	− 0.0432	16	0.0116	14	0.0978	10	0.1851	7	0.4287	4
青青稞酒	0.1899	7	0.0619	11	0.1389	8	− 0.3326	23	− 0.0595	16
盘江股份	− 0.0170	15	− 0.1275	19	− 0.0530	18	0.2172	6	0.1833	8
三毛派神	− 0.0450	17	− 0.6884	25	− 0.0328	17	0.3784	3	0.5674	3
盐湖股份	− 0.0001	14	− 0.1208	17	− 0.1621	22	− 0.4414	26	− 0.3321	24

资料来源：笔者整理。

3.3.2.2　未连续获取政府补贴企业的公司绩效

未连续获取政府补贴企业的公司绩效如表 3 – 11 所示，在 27 家样本企业中有 16 家企业未连续获取政府补贴，其中一家企业是景峰医药，该企业在 2014 ~ 2017 年获取了政府补贴，而 2018 年均未获取政府补贴，藏格控股在 2016 ~ 2018 年获取了政府补贴，2014 年和 2015 年未获取政府补贴。可以看到，藏格控股在 2016 年获取政府补贴后公司绩效上涨到了 2.0307，从初始排名的 25 名排至 2018 年的第 7 名，在 27 家企业中排名靠前；而景峰医药的公司绩效表现较不稳定，2014 年在 27 家企业中企业绩效得分排名第 1，2015 年排名第 2，而 2016 年至 2018 年排名跌至 10 名开外，接近 20 名的位置。金河生物在 2014 年的排名处于中游位置，在 2014 年至 2016 年开始获取政府补贴以后排名开始逐步上升，其得分数也由 0.0230 增加至 0.2226。但是在 2017 年和 2018 年未获取政府补贴，其排位和得分也略有下降，但是与 2014 年相比已经有了提升。

表 3 – 11　　　　　　未连续获取政府补贴企业的公司绩效情况

股票简称	2014 年		2015 年		2016 年		2017 年		2018 年	
	综合得分	排名	综合得分	排名	综合得分	排名	综合得分	排名	综合得分	排名
藏格控股	− 0.8233	25	− 0.8086	26	2.0307	1	0.3283	4	0.2205	7
广安爱众	− 0.2434	22	0.0157	13	0.0337	12	− 0.0065	15	0.0133	14

续表

股票简称	2014 年		2015 年		2016 年		2017 年		2018 年	
	综合得分	排名	综合得分	排名	综合得分	排名	综合得分	排名	综合得分	排名
贵州百灵	0.1502	8	0.1713	7	0.1581	7	0.1836	8	0.2516	5
海螺型材	- 0.2809	23	- 0.3985	23	- 0.0019	14	- 0.0977	20	- 0.0767	19
合金投资	- 1.4884	27	- 1.8389	27	- 1.8063	27	- 0.8064	27	- 0.1890	22
华斯股份	- 0.0611	18	- 0.1480	20	- 0.5821	26	- 0.3334	24	- 0.2248	23
金河生物	0.0230	13	0.1642	8	0.2226	5	0.0732	11	0.0932	10
景峰医药	1.1822	1	0.4375	2	0.1387	9	- 0.0361	18	0.0178	13
兰石重装	0.3604	4	0.3018	3	- 0.1902	23	- 0.1162	22	- 0.8885	27
羚锐制药	0.0439	12	0.0897	10	0.3481	4	0.2667	5	0.2241	6
岷江水电	0.6116	2	0.8767	1	1.0849	2	0.6654	1	1.0676	1
三峡水利	0.0677	11	0.1019	9	0.0529	11	0.1272	9	0.0420	12
同德化工	0.1303	9	- 0.1234	18	- 0.0930	20	0.0063	14	0.0462	11
文山电力	0.3241	5	0.3881	3	0.5052	3	0.4568	2	0.5833	2
信邦制药	0.3143	6	0.0453	12	0.0160	13	- 0.0294	17	- 0.5424	25
云南锗业	0.0687	10	- 0.0558	15	- 0.4118	24	- 0.1085	21	- 0.1302	20

资料来源：笔者整理。

可以看出，未连续获取政府补贴的企业在总样本中占 1/2 以上，大多数企业在获取政府补贴的年份公司绩效呈现上涨的趋势，还有少数企业的公司绩效表现不稳定，浮动较大且甚至有下降的趋势。总体来说，连续获取政府补贴的企业表现得比未连续获取的企业更加稳定，效果也更加明显，说明未连续获取政府补贴的企业公司绩效表现没有连续获取政府补贴的企业好。

3.3.2.3　从未获取政府补贴企业的公司绩效

从表 3 - 12 中可以看出，未连续参与精准扶贫的企业只有亚太实业一家，亚太实业的公司绩效在 2015 年陡然上升，排名升至第 4，但是在 2016 年又急速下降，综合得分排名下降了 17 名，2016 年至 2018 年排名始终在下游位置摇摆。亚太实业的排名在绝大多数年份都处于末端，公司绩效在 2016 年至 2018 年表现并不理想，未获取政府补贴的偏远地区企业公司绩效与连续获取政府补贴的偏远地区企业公司绩效表现形成了明显的对比。

表 3 - 12　　　　　从未获取政府补贴企业的公司绩效情况

股票简称	2014 年		2015 年		2016 年		2017 年		2018 年	
	综合得分	排名	综合得分	排名	综合得分	排名	综合得分	排名	综合得分	排名
亚太实业	- 1.2964	26	0.3237	4	- 0.1299	21	- 0.3423	25	- 0.0765	18

资料来源：笔者整理。

3.3.2.4 不同政府补贴强度下的公司绩效

企业从获得政府补贴资金到获得利润、提高财务绩效需要经历一定的时间，公司治理情况、研发能力和产品性质等因素也会影响政府补贴的效率，延长其发挥效用的期限，使政府补贴存在滞后现象。为了研究政府补贴对企业绩效的影响，本书对 27 家企业利用因子分析法对数据计算企业在获得 0 ~ 1% 的政府补贴、补助 1% ~ 2%、补助 2% 以上、无补助四种情况下的各自公司绩效的分值，如表 3 - 13 所示。

表 3 - 13   2014 ~ 2018 年政府补贴强度对偏远地区企业绩效的影响

补贴强度	企业绩效综合得分					
	2014 年	2015 年	2016 年	2017 年	2018 年	平均得分
0 ~ 1%	0.0363	0.0471	0.1364	0.0289	0.0207	0.0580
1% ~ 2%	0.0693	- 0.2579	- 0.0840	- 0.3326		- 0.1206
2% 以上	- 0.0540	0.1447	- 0.1150	0.3784		0.0114
无补助	- 1.0599	- 0.2425	- 0.1299	- 0.0041	0.0132	- 0.0742
总计	- 0.0497	- 0.0765	0.0321	0.0101	0.0165	- 0.0135

资料来源：笔者整理。

从表 3 - 13 中可以看出，2014 ~ 2018 年偏远地区企业获得政府补贴在 0 ~ 1% 的得分都是正值；补贴强度在 1% ~ 2% 的时候，2015 ~ 2017 年的数据得分都是负值；补贴强度在 2% 及以上的时候，2014 年和 2016 年的得分都是负值，但是最后的平均值得分是正值；当没有补贴的时候，2014 ~ 2017 年的得分都是负值，最后的绩效平均值得分也是负值。通过分析可以看到，当补助在 0 ~ 1% 时，企业的绩效得分是在这四种情况里得分最高；当企业获得补助在 1% ~ 2% 时，得分绩效最低，比没有获得补助得到的得分 - 0.0742 还要低；在政府补贴为 2% 及以上时，企业的得分为 0.0114。从上述得分中可以看出，不是所有的政府补贴助都能促进企业绩效的提升，有时候甚至会造成相反的效果，政府补贴的强度只有合适的范围内才能发挥最大的效益。

3.4 政府补贴对偏远地区企业绩效影响的典型案例

政府补贴作为国家宏观调控的重要手段之一，也是财政支出的重要组成部分，起着调节市场失灵的重要作用。政府通过直接或间接方式向微观经济主体提供无偿资金转移的方式来实现调节经济运行、促进产业升级等宏观调控目标。当前，中国正在进行财政分权改革，政府行为直接关系到一个国家或地区的发展前景，而政府要想保证其所辖地区各项指标均符合标准，则必须通过一定的手段来干预当地企业的经济活动。例如，政府可以改变对产权的保护力度、办事效率以及工作人员服务态度等来对企业的决策和行为产生一定的影响。自党的十八大以来，在以习近平同志为核心的党中央的带领下，着眼于"四个全面战略"布局，全面推进从严治党，中国打响"反腐败之风"，在净化党内政治生态，打造风清气正的政治面貌方面，取得了显著性的效果，促进了政府公共治理效率的提升，政府补贴得到显著改善。企业获得的政府补贴由于寻租行为而备受诟病，政府补贴的改善是否对政府补贴的创新绩效具有积极的影响？进一步来说，其背后更为深层次的作用机理是什么，值得我们进一步去探索。

地处中国大西北——新疆的 ABC 公司是一家从事农业机械研发和军工研发融合的创新型企业，政府补贴每年高达 1 000 万元左右。ABC 公司的地理位置（偏远地区）、融资方式（依赖政府补贴）和企业类型（创新企业）等特点使其成为本书研究适合的案例。

3.4.1　ABC 公司简介及代表性分析

3.4.1.1　ABC 公司简介

ABC 公司于 2009 年在新疆组建，是一家集农机生产、研发、销售于一体的高新技术企业。它的前身是 1960 年的新疆机械研发所。进入改革开放时期，该企业积极寻求公司制改造，组建了机械研发企业。2011 年，ABC 公司在深圳证券交易所创业板上市，目前已经拥有一个研发中心、两个营销中心和三个销售中心。其中，技术研发中心和总部坐落于新疆，拥有科研人员 1 800 名，拥有国家特殊待遇人员 8 名，拥有高级以上职称人员 40 名。2015 年，ABC 公司寻求更大的发展，吞并了明日宇航，成为集农业机械研发和航空零部件研发于一体的新型技术企业。目前，ABC 公司大力发展明日宇航的航空器材生产和研发业务，已成为我国某大型飞机的原料供应商。在国家扶持农业供给侧改革以及我国高新技术企业创新型发展战略背景下，依靠"一带一路"政策环境，ABC公司抓住企业发展机遇，不断寻求技术创新和业务拓展，在内蒙古、山东等地建立分厂，以期实现中国制造 2025 的目标。

ABC 公司在 2012~2016 年基本财务数据情况如表 3-14 所示，可以看出，在总资产有逐年增加趋势的同时，总负债也呈现出逐年增加的趋势，所有者权益有总体增长的趋势，其中 2015 年和 2016 年较 2014 年的增长幅度，呈现出直线增加的趋势。从主营业务收入情况来看，2012 ~ 2016 年呈现出总体增长的趋势，应付职工薪酬呈现出 2012 ~ 2015 年上涨，2016 年有所下降的趋势。财务费用水平来看，2012 年、2013 年、2014 年都是负水平，说明财务费用花费较少，2015 年和 2016 年有大幅度上涨。从营业利润水平来看，呈现出总体上涨趋势，但 2016 年较 2015 年有所下降。从主营业务收入及其构成与增长情况来看，2008 ~ 2016 年主营业务呈现总体增长的趋势，但 2014 年出现了下降。增长幅度来看，2015 年的增长幅度最高为 150%。

表 3 - 14   2012 ~ 2016 年 ABC 公司财务数据

财务数据	2012 年	2013 年	2014 年	2015 年	2016 年
总资产	10.31	11.73	12.75	75.27	80.60
总负债	0.7	1.422	1.441	18.76	21.57
所有者权益	9.546	10.31	11.31	56.51	59.03
主营业务收入	4.105	5.72	5.60	14.01	17.91
应付职工薪酬	0.05	0.09	0.07	0.24	0.21
财务费用	− 0.14	− 0.98	− 0.10	0.11	0.36
营业利润	0.81	1.05	1.22	3.34	2.61

资料来源：ABC 公司 2012 ~ 2016 年企业年报。

主营业务收入的构成情况来看，如表 3 - 15 和表 3 - 16 所示，专用设备制造在 2014 年占营业收入的比重为 100%，2015 年专用设备制造占营业收入的比重下降到 57.34%，2016 年下降到 39.55%，专用设备制造和航空航天飞行领域飞行零部件制造占营业收入的比重逐年增长，2015 年占营业收入的 42.66%，2016 年占营业收入的 60.45%，说明 ABC 公司营业收入比重在逐渐向技术先进型转型。

表 3 - 15   2008 ~ 2016 年 ABC 公司营业收入及其增长率

项目	2008 年	2009 年	2010 年	2011 年	2012 年	2013 年	2014 年	2015 年	2016 年
主营业务收入（万元）	7 507	9 760	25 318	37 747	41 052	57 234	56 091	140 104	179 141
主营业务收入增长率	1.078	0.30	0.99	0.49	0.08	0.39	− 0.02	1.49	0.27

资料来源：ABC 公司 2008 ~ 2016 年企业年报。

表 3 – 16   2014 ~ 2016 年 ABC 公司营业收入构成及变动

项目	2014 年		2015 年		2016 年	
	金额	占营业收入比重（%）	金额	占营业收入比重（%）	金额	占营业收入比重（%）
专用设备制造（农牧及农副产品加工机械）	560 911 399.79	100	803 364 403.23	57.34	708 439 592.11	39.55
专用设备制造（航空航天飞行器零部件）			597 674 458.21	42.66	1 082 970 874.78	60.45
营业收入合计	560 911 399.79	100	1 401 038 861.4	100	1 791 410 466.89	100

资料来源：ABC 公司 2014 ~ 2016 年企业年报。

3.4.1.2 代表性分析

ABC 公司地处偏远的新疆，并且近几年也在内蒙古等偏远地区建厂。ABC 公司是偏远地区较为典型的上市公司，它代表了企业所处的地理位置当中的人才局限以及存在的基础设施限制。因此，ABC 公司对于研究地处偏远地区企业的创新绩效有非常典型的作用。ABC 公司作为我国首批转制的企业，在公司制经营过程中也发挥了先锋作用。

从 ABC 公司获得的政府补贴情况来看，在行业内排名靠前，这主要体现出供给端政策对重点企业进行针对性补助。政府针对 ABC 公司的政府补贴在 2015 年达到了 15 495 784.12 万元，补贴力度非常大。从整体农机和宇航器材行业来看，ABC 公司作为农机和宇航器材领域最大的企业，收获到的政府补贴水平非常高，因而在整个行业内具有代表性。除此之外，ABC 公司作为在新技术领域的一个重要代表，政府补贴对该企业的影响也具有非常重要的研究价值。

3.4.2 ABC 公司政府补贴案例介绍

3.4.2.1 ABC 公司的融资约束问题

从表 3 – 17 可以看出，ABC 公司的融资约束指标情况中销售净利率出现波动性，2015 ~ 2016 年出现大幅度下降。产权比率情况来看，有逐年增长的趋势。资产负债率情况来看逐渐增加，说明负债比例越来越高。从流动比率来看，有逐年减少的趋势，说明存在短期的偿债风险。从净资产收益率情况来看，有逐年下降的趋势，可以看出 ABC 公司存在融资约束的问题，有融资的需求。

表 3 – 17   2014～2016 年 ABC 公司融资约束指标

指标	2014 年	2015 年	2016 年
销售净利率（%）	19.99	21.46	14.01
产权比率（%）	12.74	33.19	36.54
资产负债率（%）	11.30	24.91	26.76
流动比率	8.16	2.91	2.88
净资产收益率（%）	10.38	8.86	4.34

资料来源：ABC 公司 2014～2016 年企业年报。

从 ABC 公司在 A 股募集资金情况来看，分别出现了 2010 年的公开首发新股 69 293.18 万元。2015 年增发新股 321 807.28 万元。2017 年增发配套募集资金 97 185.24 万元，如表 3 – 18 所示。分别将资金用于新疆农牧机械产品制造及科技成果转化基地项目、永久性补充公司流动资金、航空航天大型复杂结构件智能数字化车间建设、使用部分超募资金投资建设产业化基地二、三期项目、配套资金用于支付现金对价、成立吉林 ABC 牧神机械制造有限公司及购买相关资产项目、成立山东海山机械制造有限公司及购买相关资产项目、购买明日宇航 100% 股权、中高端农机和宇航器材展示与交易中心项目、新疆农牧机械产品制造及科技成果转化基地（二期）等项目，如表 3 – 19 所示。

表 3 – 18   ABC 公司 A 股募集资金情况

募资时间	发行类别	实际募集资金净额（万元）	证券名称	证券类别
2017 年	增发（配套募集）	97 185.24	ABC 公司	A 股
2015 年	增发新股	321 807.28	ABC 公司	A 股
2010 年	首发新股	69 293.18	ABC 公司	A 股

资料来源：ABC 公司 2010～2017 年企业年报。

表 3 – 19   ABC 公司 A 股募集资金使用情况

项目名称	截止日期	计划投资（万元）	已投入募集资金（万元）	建设期（年）	收益率（税后）	投资回收期（年）
新疆农牧机械产品制造及科技成果转化基地项目	2018 年 1 月 19 日	20 160	18 584.66	2	0.214	6
永久性补充公司流动资金	2018 年 1 月 19 日	2 238.16	—	—	—	—
航空航天大型复杂结构件智能数字化车间建设	2017 年 8 月 10 日	55 025.24	49 703.32			

续表

项目名称	截止日期	计划投资（万元）	已投入募集资金（万元）	建设期（年）	收益率（税后）	投资回收期（年）
使用部分超募资金投资建设产业化基地二、三期项目	2017 年 8 月 10 日	16 392.68	15 380.9	2	0.1689	5
配套资金用于支付现金对价	2016 年 10 月 25 日	42 160	42 160	—	—	—
成立吉林 ABC 牧神机械制造有限公司及购买相关资产项目	2016 年 10 月 25 日	15 000	15 011.51	—	—	—
成立山东海山机械制造有限公司及购买相关资产项目	2016 年 10 月 25 日	13 000	13 002.44	—	—	—
购买明日宇航 100% 股权	2015 年 12 月 23 日	363 967	—	—	—	—
中高端农机和宇航器材展示与交易中心项目	2015 年 5 月 30 日	15 000	—	—	—	—
新疆农牧机械产品制造及科技成果转化基地（二期）	2015 年 5 月 30 日	5 000	3 612.74	—	—	—

资料来源：ABC 公司 2015 ~ 2018 年企业年报。

3.4.2.2　ABC 公司的政府补贴情况

从表 3 - 20 中可以看出，从 ABC 公司的政府补贴情况来看，2009 ~ 2015 年出现先增长后下降再增长的趋势。其中 2009 ~ 2011 年出现增加趋势，2012 年有所下降，2013 年有所上涨，2014 年有所下降，2015 年出现大幅度增长。从图 3 - 1 中可以清晰地看出这一特点。从补贴的方向来看，收到的与资产相关的政府补贴要显著低于收到的与收益相关的政府补贴。因此，我们可以发现，政府对 ABC 公司的补贴主要与收益相关，进行收益性补助。

表 3 - 20　　　　　2009 ~ 2015 年 ABC 公司收到政府补贴的规模　　　　单位：元

规模	2009 年	2010 年	2011 年	2012 年	2013 年	2014 年	2015 年
（1）收到的与资产相关的政府补贴	974 117	1 557 929	2 322 729	4 677 804	3 052 667	2 752 019	5 163 473
（2）收到的与收益相关的政府补贴	3 320 554	5 644 022	9 762 235	4 231 483	5 740 158	5 181 911	10 332 310
合计	4 294 672	7 201 951	12 084 965	8 909 287	8 792 826	7 933 930	15 495 784

资料来源：ABC 公司 2009 ~ 2015 年企业年报。

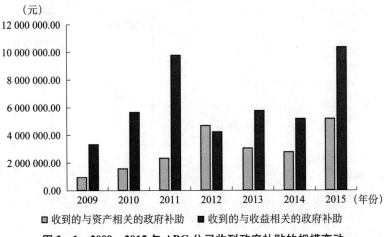

图 3 – 1   2009 ~ 2015 年 ABC 公司收到政府补贴的规模变动

从每一年补助的项目来看，2009 年主要用于的项目如表 3 – 21 所示。其中收到的与资产相关的政府补贴项目为 6 项，收到的与收益相关的政府补贴项目为 14 项。补助主要用于科技经费、研发和项目建设。

表 3 – 21   2009 年 ABC 公司收到的政府补贴项目及规模   单位：元

补贴项目	规模
（1）收到的与资产相关的政府补贴	974 117.63
新技术新机具研究经费	16 470.58
重大科技专项	347 647.05
玉米收获机项目	120 000.00
乌市科技局三项费	50 000.00
4YZB – 2600 玉米联合收割机拨款	200 000.00
财政部 2008 产业技术成果转化资金预算	240 000.00
（2）收到的与收益相关的政府补贴	3 273 888.13
中小企业创新基金	160 000.00
昌吉财政技术改造	326 086.95
贷款贴息安全金项目	250 000.00
科技成果转化基金	225 000.00
新市区发展和改革委员会工业专项	450 000.00
项目挂钩经费	200 000.00
2009 年自治区科技支疆专项经费	6 250.00
番茄机、辣椒机研制	107 142.85

续表

补贴项目	规模
科技成果转化基地项目	50 000.00
科技厅基础条件平台建设项目	325 000.00
新市区发展和改革委员会工业专项	300 000.00
"十一五"重大科技专项	145 208.33
高技术研发经费	60 000.00
技术开发类院所保留经费	669 200.00
合计	4 248 005.76

资料来源：锐思数据库。

如表 3 - 22 所示，ABC 公司 2010 年收到的与资产相关的政府补贴 1 557 929.40 元，共 8 个项目；收到的与收益相关的政府补贴为 5 644 022.15 元，共 24 个项目。

表 3 - 22　　　　2010 年 ABC 公司收到的政府补贴项目及规模　　　　单位：元

补贴项目	规模
（1）收到的与资产相关的政府补贴	1 557 929.40
新技术新机具研究经费	28 235.29
重大科技专项	465 294.11
玉米收获机项目	120 000.00
乌市科技局三项费	50 000.00
4YZB - 2600 自走式全幅穗茎兼收玉米联合收割机中试项目拨款	200 000.00
财政部 2008 年产业技术成果转化资金预算	240 000.00
开发区新建基地基础设施扶持基金	396 900.00
新疆农牧机械产品制造及科技转化基地项目	57 500.00
（2）收到的与收益相关的政府补贴	5 644 022.15
昌吉财政技术改造	782 609.15
科技成果转化基金	75 000.00
新市区发展和改革委员会工业专项	450 000.00
项目挂钩经费	200 000.00
2009 年自治区科技支疆专项经费	13 750.00
番茄机、辣椒机研制	128 214.30
科技厅基础条件平台建设项目	75 000.00
"十一五"重大科技专项	142 847.19

续表

补贴项目	规模
面向区域设计	46 666.67
项目挂钩经费	400 000.00
科技发展自主创新基金	100 000.00
多功能果园机作业中试	400 000.00
先进制造技术集成与应用示范	460 000.00
2BMF – 24 分体式免耕施肥播种机研制（2010 年农机和宇航器材化新技术新机具研发）	33 333.33
2BMF – 24 分体式免耕施肥播种机研制（2010 年高技术研究计划项目）	50 000.00
自走式辣椒机产业化	88 235.29
多功能果园作业机中试	150 000.00
动力旋转耙生产线	20 000.00
新疆农牧机械科技成果转化基地	300 000.00
中小企业专项补助资金	475 000.00
4YZ – 2600 型自走式全幅穗茎兼收玉米联合收割机中试（农业科技成果转化资金项目）	525 000.00
自走式辣椒收获机中试及推广应用（中小企业创新基金）	46 666.22
自走式辣椒收获机中试及推广应用（科技局应用于科技开发）	12 500.00
技术开发类院所保留经费	669 200.00
合计	7 201 951.55

资料来源：锐思数据库。

如表 3 – 23 所示，ABC 公司 2011 年收到的与资产相关的政府补贴 2 322 729.41元，共 9 个项目；收到的与收益相关的政府补贴 9 762 235.70 元，共 27 个项目。

表 3 – 23　　　　2011 年 ABC 公司收到的政府补贴项目及规模　　　　单位：元

补贴项目	规模
（1）收到的与资产相关的政府补贴	2 322 729.41
新技术新机具研究经费	28 235.30
重大科技专项	465 294.11
玉米收获机项目	120 000.00
乌市科技局三项费	50 000.00
4YZB – 2600 玉米联合收割机拨款	200 000.00
财政部 2008 年产业技术成果转化资金预算	240 000.00
开发区新建基地基础设施扶持基金	529 200.00
新疆农牧机械产品制造及科技转化基地项目	690 000.00

续表

补贴项目	规模
（2）收到的与收益相关的政府补贴	9 762 235.70
中小企业创新基金	391 304.37
贷款贴息安全金项目	13 333.29
项目挂钩经费	100 000.00
科技发展自主创新基金	66 666.67
2BMF-24 分体式免耕施肥播种机研制（2010 年高技术研究计划项目）	100 000.00
自走式辣椒机产业化	211 764.70
多功能果园作业机中试	1 425 000.00
4YZ-2600 型自走式全幅穗茎兼收玉米联合收割机中试（农业科技成果转化资金项目）	175 000.00
自走式辣椒收获机中试及推广应用（中小企业创新基金）	560 000.00
自走式辣椒收获机中试及推广应用（科技局应用于科技开发）	212 500.00
技术开发类院所保留经费	
2010 年乌鲁木齐上市企业补助资金	2 400 000.00
2009~2010 年知识产权及品牌扶持资金	24 000.00
开发区 2010 年科技创新奖	100 000.00
2010 年度工业十强奖	50 000.00
2010 年度最具成长力工业企业奖	50 000.00
2010 年自治区优秀新产品	50 000.00
项目挂钩经费	400 000.00
改革与发展专项经费	210 000.00
科技成果转化基金	140 000.00
分体式免耕机	150 000.00
2011 年乌鲁木齐市第一批工业财政专项	75 000.00
农机和宇航器材地方标准工作经费	11 000.00
自治区企业上市补助费用（上市费用补助实施细则）	800 000.00
自治区企业上市补助费用（关于加快乌鲁木齐经济技术开发区企业上市工作的意见）	2 000 000.00
科技局应用技术与开发	46 666.67
合计	12 084 965.11

资料来源：锐思数据库。

如表 3-24 所示，ABC 公司 2012 年收到的与资产相关的政府补贴 4 677 804.23 元，共 10 个项目；收到的与收益相关的政府补贴 4 231 483.70 元，22 个项目。

表 3 – 24　　　　　　　2012 年 ABC 公司收到的政府补贴项目及规模　　　　　单位：元

补贴项目	规模
（1）收到的与资产相关的政府补贴	4 677 804.23
新技术新机具研究经费	28 235.30
重大科技专项	465 294.12
玉米收获机项目	120 000.00
乌市科技局三项费	57 017.61
4YZB – 2600 玉米联合收割机拨款	200 000.00
财政部 2008 年产业技术成果转化资金预算	240 000.00
开发区新建基地基础设施扶持基金	529 200.00
新疆农牧机械产品制造及科技转化基地项目	938 057.20
2011 年区战略性新兴产业专项资金	2 100 000.00
技术设施扶持基金	
（2）收到的与收益相关的政府补贴	4 231 483.70
中小企业创新基金	373 333.33
自走式辣椒收获机中试及推广应用（科技局应用于科技开发）	325 000.00
技术开发类院所保留经费	90 000.00
科技成果转化基金	60 000.00
分体式免耕机	225 000.00
农机和宇航器材地方标准工作经费	350 000.00
科技局应用技术与开发	43 076.92
新技术新机具研究经费	80 000.00
2011 年财政扶持农机和宇航器材化发展专项	210 000.00
财政部新产品	300 000.00
2012 年自治区科研机构创新发展专项资金	228 571.43
商标奖励资金	50 000.00
头区财政局自主创新	500 000.00
知识产权扶持资金	188 000.00
2012 年自治区科技兴新计划	50 000.00
新疆著名商标奖励奖	200 000.00
其他支持中小企业发展和管理支出	165 789.46
最具成长力奖励资金	300 000.00
2012 年第一批工业财政专项资金	300 000.00
采棉头研制	110 526.32
2012 年自主创新资助扶持资金	76 923.08
"十二五"新疆制造业信息化科技示范工程专项资金	5 263.16
合计	8 909 287.93

资料来源：锐思数据库。

如表 3 – 25 所示，ABC 公司 2013 年收到的与资产相关的政府补贴 3 052 667.20 元，共 14 个项目。收到的与收益相关的政府补贴 5 740 158.94 元，共 24 个项目。在研发补助的同时还增加了对于人才的补助，以及对高新技术的商标品牌补助、大学生社保补贴款。补助的方向有了新的转变。

表 3 – 25 　　　　　2013 年 ABC 公司收到的政府补贴项目及规模 　　　　单位：元

补贴项目	规模
（1）收到的与资产相关的政府补贴	3 052 667.20
新技术新机具研究经费	12 156.87
重大科技专项	401 803.92
玉米收获机项目	8 000.00
乌市科技局三项费	126 315.86
4YZB – 2600 自走式全幅穗茎兼收玉米联合收割机中试项目拨款	133 333.40
财政部 2008 产业技术成果转化资金预算	160 000.00
技术设施扶持基金	529 200.00
政策性补贴	142 857.14
科技成果转化基金	300 000.00
2012 年战略性新兴产业扶持资金	900 000.00
2013 年财政扶持农机和宇航器材化资金	83 333.34
2013 年科技支撑计划	200 000.00
技术创新成果转化应用资金	31 666.67
专利奖励资金	24 000.00
（2）收到的与收益相关的政府补贴	5 740 158.94
科技成果转化基金	690 000.00
2011 年财政扶持农机和宇航器材化发展专项	248 057.16
2012 年自治区科研机构创新发展专项资金	571 428.55
头区财政局自主创新	600 000.00
2012 年自治区科技兴新计划	100 000.00
其他支持中小企业发展和管理支出	284 210.53
采棉头研制	189 473.68
2012 年自主创新资助扶持资金	461 538.46
"十二五"新疆制造业信息化科技示范工程专项资金	63 157.89
科技局应用于科技开发	716 923.08
科技发展自主创新基金	76 000.00

续表

补贴项目	规模
优秀科技创新企业奖励金	150 000.00
优秀青年科技人才奖	20 000.00
大型自走式青贮机技术	19 230.77
商标奖励资金	150 000.00
2012 年战略性新兴产业扶持资金	300 000.00
2013 年自治区国际科技合作经费	68 181.82
2012 年度进口贴息资金	121 300.00
科技兴新计划辣椒机产业化基地建设	50 000.00
2013 年创新发展专项资金	80 000.00
2012 年工业十强奖励金	100 000.00
开发区经济贸易发展局	50 000.00
大学生社保补贴款	580 657.00
高新技术企业奖励	50 000.00
合计	8 792 826.14

资料来源：锐思数据库。

从表 3-26 可以看出，ABC 公司非经常性损益影响数有逐年增加的趋势。政府补贴有先增加再下降再增加的趋势。政府对 ABC 公司的补助不是固定性增长，而是根据不同年份有所变化。其中补助力度最大的年份是 2011 年、2015 年和 2016 年。从净利润情况来看，ABC 公司的净利润呈现出逐年增长的趋势，但2016 年较 2015 年有所下降。扣除非经常性损益后的净利润，有逐年增长的趋势，但 2016 年较 2015 年有所下降。从政府补贴占净利润的比重来看，整体呈现下降的趋势，但 2016 年较 2015 年有所增长。从规模情况来看，政府补贴占净利润的比重从 2007 年的 38.92% 下降到 2015 年的 5.15%，说明 ABC 公司有较好的盈利水平，并不需要靠政府补贴获取利润来源。

表 3-26　　　　　　　　　　ABC 公司政府补贴依赖度

项目	2007 年	2008 年	2009 年	2010 年	2011 年	2012 年	2013 年	2014 年	2015 年	2016 年
非经常性损益影响数（万元）	582	321	463	696	1 149	821	869	662	1 443	2 557
营业外收入——政府补贴（万元）	397	403	429	720	1 208	890	879	793	1 549	3 342
净利润（万元）	1 022	1 333	2 367	5 166	7 919	8 006	10 175	11 217	30 075	25 093

续表

项目	2007 年	2008 年	2009 年	2010 年	2011 年	2012 年	2013 年	2014 年	2015 年	2016 年
扣除非经常性损益后的净利润（万元）	440	1 012	1 904	4 470	6 770	7 185	9 306	10 554	28 632	22 535
政府补贴占净利润的比重（%）	38.92	30.24	18.14	13.94	15.26	11.13	8.64	7.07	5.15	13.32

资料来源：ABC 公司 2007 ~ 2016 年企业年报。

基于 DEA 模型的原理，本书探讨政府补贴的投入产出效率，并且选定了通过企业绩效来反映效率的变化，在此背景下就需要构建具体的评价体系。选择输入输出指标时要选能直观表达评价目的有代表性的指标，输入指标与输出指标在逻辑上要有联系，但两个指标的最终得数是不能相关的。

投入变量由学者金春宇的《基于三阶段 DEA 型的我国区域旅游业效率评价》一文可知，由 DEA 模型本身的特点决定投入变量，通常选取资本和劳动力方面的变量。企业想做强做大，就需要有足够的资本做支撑，本书认为，将政府补贴率（X_1）作为投入变量是恰当的，而劳动力一般可以用职工人数或者支付的职工薪酬作为衡量标准，本书选取应付职工薪酬（X_2）作为投入变量。

产出变量本书参考 2016 年国务院颁布的《企业绩效评价标准值 2016》中所发布的经营情况、债务风险四个方面。另外，本书还分别选取这四个方面的几个指标来反映这四方面的能力，具体如下。一是净资产收益率（Y_1），等于净利润除以平均净资产，这是一个综合性很强的指标，体现了运用资本的效率。二是总资产周转率（Y_2），是主营业务收入与平均资产总额的比值，能够反映出企业的资产利用效率以及企业资产质量。三是资产负债率（Y_3），是负债总额与资产总额的比值，能够反映出企业的负债水平和偿债能力。四是主营业务收入（Y_4），这是最直接反映经营状况的指标，上述两个投入指标和四个产出指标总结如表 3 - 27 所示。

基于前面的 DEA 模型指标体系，从投入产出的角度具体来看 ABC 公司企业创新绩效情况，如表 3 - 27 所示。首先，将各年指标进行梳理，列示在 Excel 表格中；其次，运用 DEAP 软件进行效率分析，冗余分析和参考单元分析，得到分析结果；最后，进行结果分析。

表 3 - 27   2010 ~ 2016 年 ABC 公司技术创新绩效

年份	综合绩效	纯技术创新绩效	规模绩效
2010	1	1	1
2011	1	1	1
2012	0.956	0.987	0.969
2013	1	0.984	1.016
2014	0.957	0.985	0.971
2015	0.985	0.997	0.988
2016	1	1	1
平均值	0.966	0.988	0.986

资料来源：笔者整理。

由表 3 - 27 的分析可以看出，2010 ~ 2016 年 ABC 公司的综合绩效等于 1 或接近 1，代表政府补贴效率较高，也表明了政府补贴的投入有很明显地改善企业的纯技术绩效和规模绩效，说明政府补贴可以促进企业的创新绩效。

3.4.2.3　ABC 公司的研发投入问题

2009 ~ 2016 年 ABC 公司的研发投入呈现出逐年增长的趋势，其中占营业收入的比重也有逐年增加的总体趋势（如表 3 - 28 所示），说明 ABC 公司的研发投入在逐年增长。从研发费用的结构分布来看（如表 3 - 29 所示），2016 年情况显示农机和宇航器材板块净额的研发费用占营业收入的比重为 2.56%，明日宇航的板块研发费用占营业收入的比重 5.12%，说明 2015 年投入明日宇航项目中的费用要多于农机和宇航器材板块儿部分的比例，但是从整体规模来看，投入农机和宇航器材板块金额的数额要大于明日宇航项目。

表 3 - 28   2009 ~ 2016 年 ABC 公司研发费用及其占营业收入的比例

项目	2009 年	2010 年	2011 年	2012 年	2013 年	2014 年	2015 年	2016 年
研发费用（万元）	578	801	1 203	1 265	1 728	1 905	6 127	9.270
占营业收入比例（%）	4.56	3.16	3.19	3.08	3.02	3.40	4.37	5.18

资料来源：ABC 公司 2009 ~ 2016 年年报。

表 3 - 29   2015 年 ABC 公司研发费用去向

项目	农机和宇航器材板块金额	明日宇航金额	研发费用合计
研发人工（元）	7 595 387.66	11 568 132.39	19 163 520.05
研发材料（元）	10 099 038.78	17 114 942.83	27 213 981.61
研发设备折旧（元）	435 785.40	10 671 554.34	11 107 339.74

续表

项目	农机和宇航器材板块金额	明日宇航金额	研发费用合计
无形资产摊销（元）	1 649 682.66	1 249 069.29	2 898 751.95
差旅费（元）	252 410.18	43 353.00	295 763.18
专利费（元）	87 770.00	32 880.00	120 650.00
中介费用（元）	77 770.00	–	77 770.00
设计费（元）	197 970.00	–	197 970.00
其他（元）	199 466.51	542.00	200 008.51
合计（元）	20 595 281.19	40 680 473.85	61 275 755.04
2015 年度营业收入（元）	803 364 403.23	794 309 636.11	1 401 038 861.44
研发费用占营业收入比例（％）	2.56	5.12	4.37

资料来源：ABC 公司 2015 年年报。

通过多年以来持续加大的研发投入力度，公司产品技术得到持续发展。2016 年，公司在积累了较长时间的技术经验后，不断对产品结构进行优化，使产品的兼容能力和稳定性得到了较大幅度的提升，产品竞争力持续提高，这为产品转型升级提供了可能。最近几年中，ABC 公司多次申请并获得专利，截至目前，ABC 公司已拥有授权专利 44 项，其中包含 12 项自主研发专利。

从研发人员数量情况来看，2014～2016 年研发人员数量出现了大幅度增长趋势，从 2014 年的 61 人增长到 2016 年的 274 人。其中研发人员数量占比也出现了明显的增长，从 2014 年的 8.76% 上涨到 2016 年的 14.44%，如表 3－30 所示。

表 3－30　　　　　　　2014～2016 年 ABC 公司研发人员及其占比

项目	2014 年	2015 年	2016 年
研发人员数量（人）	61	191	274
研发人员数量占比（％）	8.76	9.57	14.44

资料来源：ABC 公司 2014～2016 年年报。

3.4.2.4　ABC 公司的创新绩效情况分析

从表 3－31 中的数据可以看出，2006～2016 年 ABC 公司新产品销售收入从 33 百万元增长到 1 652.4 百万元。新产品产值率由 2006 年的 56% 增长到 2016 年的 96%。无论新产品的销售收入还是新产品产值率都有了大幅度提升，说明 ABC 公司整体上创新绩效在提升，但是值得关注的是创新绩效的提升过程中存在一定程度的波动性。

表 3 – 31　　　　2006～2016 年 ABC 公司新产品销售收入和新产品产值率

项目	2006 年	2007 年	2008 年	2009 年	2010 年	2011 年	2012 年	2013 年	2014 年	2015 年	2016 年
新产品销售收入（百万元）	33	80.3	111.1	159.6	286.4	562.3	436.9	489.6	457.4	1 169.3	1 652.4
新产品产值率（%）	56	62	65	61	62	78	70	68	65	80	96

资料来源：ABC 公司 2006～2016 年年报。

从表 3 – 32 中可以看出，ABC 公司在 2006～2016 年发明专利数量有逐年增长的趋势，从 2006 年的 0 增长到 2016 年的 15 件，从累计专利数量来看，由 2006 年的 28 件增长到 2016 年的 67 件。

从具体情况来看，2006～2016 年专利总数稳步增长，但发明专利占比较小，多为实用型专利。如图 3 – 2 所示。

表 3 – 32　　　　　　　　2006～2016 年 ABC 公司专利情况　　　　　　单位：项

项目	2006 年	2007 年	2008 年	2009 年	2010 年	2011 年	2012 年	2013 年	2014 年	2015 年	2016 年
发明专利	0	2	2	0	3	4	6	8	12	14	15
累计专利数	28	43	50	50	71	75	71	69	53	56	67

资料来源：ABC 公司 2006～2016 年年报。

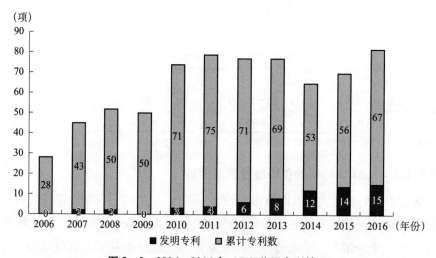

图 3 – 2　2006～2016 年 ABC 公司专利情况

3.4.3　案例结果分析

3.4.3.1　政府补贴可缓解融资约束促进创新绩效提升

2006～2016 年，ABC 公司农机和宇航器材获得政府补贴的项目呈现出波动增加的趋势，说明政府对 ABC 公司补贴的种类在不断地增加，该公司获得政府补贴的项目非常多。ABC 公司农机和宇航器材的政府补贴，呈现出不断增长的趋势。在政府补贴力度逐渐增大的情况下，ABC 公司农机和宇航器材的净利润均表现为正值，并且政府补贴在净利润中的比例逐渐降低。如果没有政府补贴，正常情况下，ABC 公司的净利润仍然逐年上涨，说明补贴效率较高。

通过对 ABC 公司政府补贴项目的研究发现，所增加的补贴项目，主要来源于当地政府的补贴。当地政府对 ABC 公司农机和宇航器材的补贴，不但可以拉动 ABC 公司业绩好转，而且还可以使政府从 ABC 公司农机和宇航器材公司获得更多的政府的业绩，从报表上体现出来。因此，ABC 公司农机和宇航器材所获得的补贴项目增加，主要原因是政府想通过对 ABC 公司农机和宇航器材的补贴，获得政府利益，同时也给 ABC 公司农机和宇航器材的发展带来收益。然而，政府的资金来源于纳税人，政府资金的运用需要有严格的法律依据，需要有规范的法律程序，需要对补贴的信息进行公开和透明化。

进一步对 ABC 公司政府补贴项目的研究发现，很多项目政府在连续数年中都在进行补贴，说明对于一些研发项目，政府已经形成了补贴的惯性，但 ABC 公司也已经摆脱了政府补贴的拉动。ABC 公司不需要依赖政府的补贴也可以生存，无论业绩是好还是坏，无论是亏损还是盈利，都会由国家进行资产和收益方面的补贴，有了国家的收益补贴，ABC 公司农机和宇航器材就可以在证券市场中持续存在。虽然偏远地区行业的兴起，刚开始的风险比较大，需要国家进行一定的扶持，然而扶持的手段并不是只有政府补贴一种，尤其是政府采取的收益补贴，会让企业没有危机感，缺乏危机感，会造成企业发展动力不足，竞争能力下降。但是 ABC 公司的补贴有很好的促进效果，说明补贴偏远地区企业可以提升效率。

3.4.3.2　政府补贴对创新绩效的作用

分析 ABC 公司政府补贴对企业创新绩效的作用，剔除其他因素的影响，主要以 2010～2016 年 ABC 公司政府补贴与新产品销售收入、新产品产值率和专利数量的变动趋势来进行描述性统计分析。如图 3-3 所示，以年度数据进行衡量，发现 ABC 公司政府补贴规模与新产品销售收入之间有相同的变动关系。2010~2014 年，政府补贴与新产品销售收入同时增加和减少，2014 年之前新产品销售收入居于政府补贴之下，2014 年之后政府补贴居于新产品销售收入之下，即新产品销售收入的增长速度超过政府补贴的增长速度，说明 2015~2016 年 ABC 公司新产品销售收入的增长快于政府补贴的增长。说明政府补贴对企业创新绩效有非常积极的作用，并且 2015 年之后这种积极作用更加显著。ABC 公司企业创新绩效对政府补贴的依赖程度减弱，而创新能力却有所增强。

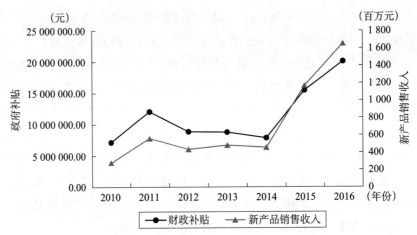

图 3 - 3   2010~2016 年 ABC 公司技政府补贴与新产品销售收入的关系

资料来源：ABC 公司 2010~2016 年年报。

从 ABC 公司政府补贴与新产品产值率的变动关系来看，如图 3 - 4 所示，新产品产值率与政府补贴有相同的变化趋势，说明政府补贴可以促进新产品产值率的变动，并且政府补贴对新产品产值率的提升有很强的拉动作用。

从 ABC 公司 2010~2016 年政府补贴规模与专利数量情况来看，政府补贴规模与专利数量之间有相同的变动趋势，但也呈现出补贴规模与专利数量变动之间没有相同的比例关系。政府补贴增长使专利数量也会增长；政府补贴下降，专利数量也会下降，但是，并不会呈现出同规模的增长和下降，如图 3 - 5 所示。

政府补贴对 ABC 公司研发绩效有很强的推动作用，究其原因，主要是 ABC 公司存在很强的融资约束，其实从企业外部融资会增强企业的融资成本，而政府补贴是成本比较低的费用，所以可以在一定程度上缓解 ABC 公司的融资约束。由于 ABC 公司的销售净利率由 2015 年的 21.47% 下降到 2016 年的 14%，

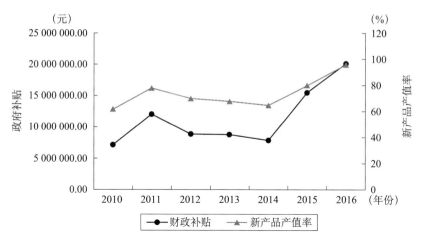

图 3-4　2010～2016 年 ABC 公司政府补贴与新产品产值率的关系

资料来源：ABC 公司 2010～2016 年年报。

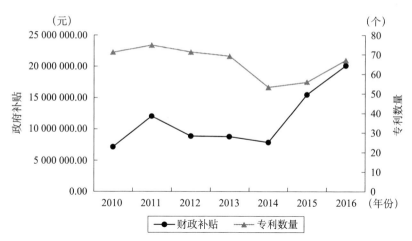

图 3-5　2010～2016 年 ABC 公司政府补贴与专利数量的关系

资料来源：ABC 公司 2010～2016 年年报。

产权比率由 2015 年的 33% 上升到 2016 年的 36%，资产负债率由 2015 年的 24.92% 上升到 2016 年的 26.76%，流动比率由 2015 年的 2.91% 下降到 2016 年的 2.89%，净资产收益率由 2015 年的 8.87% 下降到 2016 年的 4.34%，说明 2016 年 ABC 公司出现了较强的融资约束。与此同时，2016 年政府对 ABC 公司的政府补贴增速有所下降。2014～2015 年，政府对 ABC 公司的政府补贴增长了 1 倍之多，2016 年的增长幅度则不到 30%。而 2015 年 ABC 公司的各项融资约束指标都很低，说明政府补贴对融资约束有缓解作用。同时，政府补贴又可以起到减少研发外部性，让企业获取更多专利，维持企业高效发展。政府补贴能让 ABC 公司进一步增强研发信心。又由于 ABC 公司作为西部地区企业，在国家支持上市公司方面以及对公司的选取方面受到更多条件限制，并没有对西部地区的企业给予特殊照顾，而 ABC 公司作为农机行业的佼佼者，受到了国家更多的关注和补助。因此，ABC 公司在获取国家补贴方面有很强的优势，也获得了大份额的政府补贴，这对于进一步促进研发的投入以及研发效果都起到了很好的作用。

3.4.3.3   政府补贴对研发投入的平滑的作用

企业的研发支出可以促进企业利润的提升，随着我国企业投资支出的增长，研发支出在 GDP 当中所占的比例越来越多，同时表现为工业企业利润与 GDP 的比重呈现同方向增加，这说明研发支出促进了整体经济绩效的提升。随着我国企业技术先进性的发展，调节结构的政策背景，企业需要不断调整内部的投资结构，投资结构的调整就会使企业面临诸多的财务冲突，此时内部资金需求会造成资金成本的上升，让企业面临较高的成本（鞠晓生，2011）。此时的政府补贴可以对高成本进行平滑，让企业的研发投入能够在政府资金支持之下有更强的作用，能缓解企业由于外部资金的成本过高以及内部资金需求增加的矛盾。从政府补贴与研发费用情况来看，ABC 公司 2012～2015 年研发费用有上涨的趋势，说明内部资金需求不断增加。政府补贴在这几年期间则表现出波动性，当前一年的政府补贴增加时，下一年的企业研发费用增长就有所回落。由此可见，ABC 公司政府补贴对于研发投入具有平滑作用。放之全国市场，政府补贴边远地区企业的做法，在我国非常常见，主要的原因是政府想通过行政干预的手段对相关企业进行扶持，然而关于扶持的效率并没有过多的理论支撑。政府补贴会造成对证券市场反映信息的干扰，从 ABC 公司的例子中可以看出，ABC 公司本身已经发生了亏损，但是在财务报表中仍然表现为业绩增长，这些业绩增长的主要原因是政府补贴所造成的虚假业绩。如果投资者对这些政府补贴没有过多的关注，就会误以为 ABC 公司自身的发展能力非常强。政府补贴行为，对证券市场的信息披露产生了扭曲，市场信息被扭曲就会增加市场当中信息的不对称，信息不对称会造成有信息优势一方的道德风险行为。企业掌握的经营信息更多，投资者所掌握的经营信息非常少。如果收到政府补贴对证券市场信息的干扰造成投资者错误投资，会让投资者蒙受损失，使整个证券市场的运行缺乏效率。因为对个别企业的补贴，而造成的对整个证券市场的影响，从全局的角度来看，这种由于政府补贴而带来的对某一个企业的正面效应和对全体，其他企业对全社会其他企业的负面效应，会相互抵消甚至会带来负的外部效应。证券市场的脆弱，不利于长久地进行融资，不利于社会上大多数企业尤其是上市公司的长远发展，一个稳健、有效的证券市场，整个国家经济的稳定和繁荣，对于企业融资环境改善都有至关重要的作用。偏远地区金融市场的不完善使得政府补贴尤其重要。

ABC 公司地处偏远的新疆，并且在内蒙古等边远地区建厂。ABC 公司是偏远地区较为典型的上市公司，它代表了企业所处的地理位置当中的人才局限以及存在的基础设施限制。因此，ABC 公司作为偏远地区企业的代表，我们对其技术研发成果进行研究具有重要的战略意义。ABC 公司作为我国首批转制的企业，在公司制经营过程中也起到了先锋和前提的作用。如图 3 - 6 所示，政府针对 ABC 公司的政府补贴在 2015 年达到了 15 495 784.12 万元，补贴力度非常大。从整体农机和宇航器材行业来看，ABC 公司作为农机和宇航器材领域最大的企业，收获到的政府补贴水平非常高，因此，在整个行业内具有代表性。除此之外，ABC 公司作为在新技术领域的一个重要代表，政府的补助对其影响也具有非常重要的研究价值。

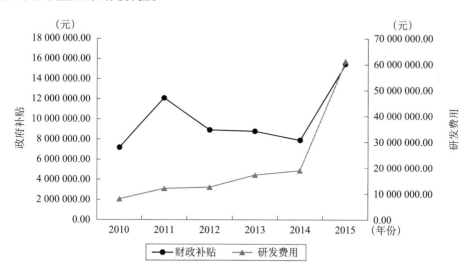

图 3 - 6　2010～2015 年 ABC 公司政府补贴与研发费用的关系

资料来源：ABC 公司 2010～2016 年年报。

研究结果显示，ABC 公司政府补贴对企业创新绩效具有促进作用。政府补贴与企业的创新绩效之间呈现出同方向的变动关系。政府补贴与企业的专利数量之间也呈现出同方向的变动关系。政府补贴对研发投入具有平滑作用，当企业的研发费用一直处于持续增长的趋势时，前一年企业收到国家政府补贴增加，下一年的企业自主研发费用投入就会减少。政府补贴在政府补贴对创新绩效的关系中具有强化作用。由此，得出两点启示：政府补贴可缓解融资约束促进创新绩效提升，政府补贴对政府补贴和创新绩效之间的关系有强化作用。对此，提出两点对策：增加对偏远地区企业政府补贴，提升偏远地区政府补贴。

3.5　基于特殊案例的进一步研究

3.5.1　XYZ 公司案例简介

3.5.1.1　XYZ 公司案例概况

XYZ 公司组建于 1996 年，以自来水生产和供应、污泥处理、中水利用、污水处置、垃圾渗滤液的处理及垃圾焚烧发电为主要业务，系中国大型水务环保综合服务商，囊括投资、研发、设计、建设、运营等一体，XYZ 公司为寻求公司制变革，于 1996 年 5 月 29 日在深圳证券交易所主板上市，公司业务已扩散至中国各大省份、直辖市、自治区，目前，XYZ 公司已拥有近 20 座自来水厂、20 余座污水处置厂、多个垃圾焚烧发电厂、渗滤液处理厂及污泥污水治理厂，每日运营及在建供排水规模达 730 万吨，服务超 3 000 万人口。该公司运营团队结构完整，团队有近 3 000 人的专业人才，自建了各专业系统，超过行业平均水平，处于领先地位，如大数据搜集与监管系统、供水管网地理位置信息系统、管网水力模型系统。XYZ 紧随国家"一带一路"倡议，在"走出去"的路上，迈出坚定的步伐，积极推进境外相关投资项目，不断推进与各发达及发展中国家的合资合作，稳步形成了以成都为中心、辐射至全国、拓展至海外，多点、多极协作发展的良好势态和业务版图。XYZ 公司未来 5～10 年，全力以打造全球同行业知名企业为奋斗目标，牢牢抓住中国国企改革机遇，加强加快现代企业制度建设、优化管理，保障供水、排水、环保项目的安全运行，极力加大创新水平，开拓新兴市场。

从表 3-33 展示的 2010～2017 年 XYZ 公司基本财务数据情况来看，总资产有逐年增加的趋势，总负债基本也呈现出逐年增加的趋势，所有者权益有总体增加的趋势，其中 2014～2016 年较 2013 年的增长幅度呈现出直线增加的趋势，增加数额较大。从营业收入情况来看，XYZ 公司营业收入 2010～2015 年呈稳步增长趋势，2016 年有所下降，但基本与 2015 年持平，2017 年在 2016 年基础上有所上涨，应付职工薪酬基本稳定在 0.72 亿元，从财务费用水平来看，占比较低，说明财务费用花费较少。

表 3-33　　　　　　　2010~2017 年 XYZ 公司财务数据　　　　单位：亿元

项目	2010 年	2011 年	2012 年	2013 年	2014 年	2015 年	2016 年	2017 年
总资产	61.92	70.90	83.46	104.03	121.51	142.02	169.19	187.55
总负债	28.63	33.63	39.90	36.02	46.60	58.87	77.66	85.70
所有者权益	33.29	37.27	43.56	68.01	74.91	83.15	91.53	101.84
营业收入	16.10	19.18	21.52	24.17	27.24	30.62	30.58	37.31
应付职工薪酬	0.53	0.68	0.67	0.68	0.72	0.95	0.65	0.70
财务费用	1.01	0.67	0.43	0.31	0.73	1.19	0.70	0.70
营业利润	4.51	6.78	8.35	8.67	8.10	8.60	8.61	10.93

资料来源：XYZ 公司 2010~2017 年年报。

如图 3-7 所示，从营业利润变化趋势图可以看出，2010~2017 年 XYZ 公司营业利润总体呈现上涨趋势，但在 2014 年呈现小幅下降趋势，2015 年迅速恢复到 2013 年水平，并在 2017 年呈直线上涨趋势，说明 XYZ 公司抓住国企改革契机，呈现出良好的发展态势。

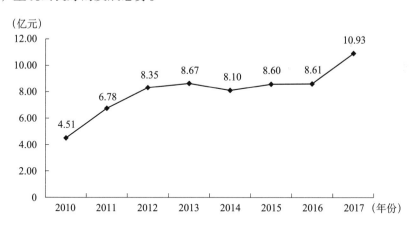

图 3-7　2010~2017 年 XYZ 公司营业利润变化趋势

3.5.1.2　XYZ 公司迎合性创新识别

（1）XYZ 公司发明与非发明专利

阅读现有文献，创新活动因为创新的动机不同而有所不同，找寻定义企业创新活动的指标极难获得，并能恰当反映企业创新行为的指标更是少之又少，因此，借鉴现有文献，将企业的创新活动依据发明专利与非发明专利划分为实质性创新与迎合性创新，由于专利申请数据更稳定、可靠、及时，以专利数量衡量企业的创新能力，将推动技术进步的发明专利统计数定义为实质性创新，将非发明统计数定义为迎合性创新，将专利申请年度作为公司创新产出的年度。

由 XYZ 公司 2009～2017 年发明与非发明统计数（如表 3 - 34 所示）中可以看出，发明专利数量总计 5 个，非发明统计数量为 53 个，非发明专数量显著高于发明专利数量。从公开网站获取的发明专利申请人可知，XYZ 公司 2017 年 5 项发明专利均由公司与某大学共同申请，而企业仅从 2017 年与大学共同成立技术联合研发中心，与以前年度无关，不存在以前年度技术积累的情况，根据前述定义，说明 XYZ 公司存在迎合性创新行为。

表 3 - 34　　　　　2009～2017 年 XYZ 公司发明与非发明统计数一览　　　单位：个

年份	发明统计数	非发明统计数
2009	0	0
2010	0	15
2011	0	4
2012	0	2
2013	0	3
2014	0	19
2015	0	3
2016	0	21
2017	5	1
合计	5	53

（2）XYZ 公司年报文本情感度

文本情感度能够反映企业的未来业绩，本书利用 Python 开放源 "Jieba" 对 XYZ 公司 2009～2017 年年报数据中含有 "创新" "研发" "创新投资项目" 等与企业创新活动相关词语的段落进行文本自动分词，将所有词语人工划分为正面情感词语和负面情感词语，然后，对正面和负面情感词语进行词频统计，借鉴现有文献，建立如下模型反映 XYZ 公司文本情感度：

$$\text{sentiment} = \frac{\text{pospct} - \text{negpct}}{\text{pospct} + \text{negpct}}$$

其中，pospct 反映的是 XYZ 公司某一年年报中涉及的与创新活动相关的正面情感词语占总词语的比例；negpct 反映的是 XYZ 公司某一年年报中涉及的与创新活动相关的负面情感词语占总词语的比例；sentiment 反映的是 XYZ 公司与创新活动相关的文本情感度，sentiment 介于 -1 与 1 之间，正面情感词语比负面情感词语多，sentiment 越大，说明对 XYZ 公司创新活动的词语用法更积极、更容易夸大创新效果，从而可能隐藏企业通过迎合性创新获取政府补贴的行为。

利用 Jieba 分词技术对 XYZ 公司与创新活动有关的正面情感和负面情感词频统计如表 3 - 35 所示，可以看出，XYZ 公司正面情感词频大于负面情感词频，说明企业可能会利用正面情感词语夸大创新效果，隐藏公司可能存在的迎合性创新行为；从各年度来看，XYZ 公司在 2010 年、2014 年和 2016 年正面情感词频显著大于负面情感词，说明 XYZ 公司于 2010 年、2014 年和 2016 年夸大创新效果、隐藏迎合性创新行为的可能性越高。

表 3 - 35　　　　2009 ~ 2017 年 XYZ 公司正面与负面情感词词频统计数　　　　单位：个

年份	正面情感词频	负面情感词频
2009	18	15
2010	53	17
2011	36	24
2012	42	21
2013	21	13
2014	67	16
2015	9	5
2016	31	2
2017	9	13
合计	286	126

经模型进一步验证，各年份文本情感本如表 3 - 36 所示，可以看出，除 2017 年 sentiment 为负值之外，其他年份均大于 0，说明 XYZ 公司夸大创新效果的可能性较大，但由折线图 3 - 8 可以看出，在 2010 年、2014 年与 2016 年的 sentiment 均大于 0.5，接近于最大值 1，因此，可以推断出 XYZ 公司于 2010 年、2014 年与 2016 年存在夸大创新效果、迎合性创新行为的可能性越高。

表 3 - 36　　　　　　　　2009～2017 年 XYZ 公司文本情感度

年份	pospct	negpct	sentiment
2009	0. 55	0. 45	0. 09
2010	0. 76	0. 24	0. 51
2011	0. 60	0. 40	0. 20
2012	0. 67	0. 33	0. 33
2013	0. 62	0. 38	0. 24
2014	0. 81	0. 19	0. 61
2015	0. 64	0. 36	0. 29
2016	0. 94	0. 06	0. 88
2017	0. 41	0. 59	- 0. 18

资料来源：笔者整理。

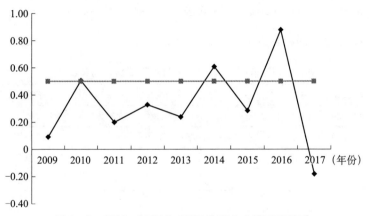

图 3 - 8　2009～2017 年 XYZ 公司文本情感度波动

（3）XYZ 公司年报文本复杂度

文本复杂度是反映企业是否隐瞒迎合性创新的重要指标之一，文本复杂度主要采用的是文本中是否含有逆接程度副词，文本复杂度越高，会使得文本更难理解，就 XYZ 公司而言，对公司年报附注创新文本中涉及的包含"但是"等逆接程度副词的文本，利用 Python + Jieba 进行分词，然后对各程度副词进行词频统计，使用的逆接词频率越高，说明企业越可能存在通过逆接词语来扰乱读者对年报的理解，从而达到隐藏的目的。

如表 3 - 37 所示，由 XYZ 公司年报中有关创新的逆接词词频统计可以看出，企业 2010 年、2014 年及 2016 年是逆接词使用频率较高的三年，说明 XYZ 公司在这三年中可能存在通过逆接词来扰乱理解，构成理解障碍的行为，从而达到隐藏公司迎合性创新行为的效果。2009～2017 年 XYZ 公司文本复杂度波动如图 3－9 所示。

表 3－37	2009～2017 年 XYZ 公司逆接词词频统计 单位：个
年份	逆接词词频统计
2009	11
2010	29
2011	9
2012	16
2013	18
2014	48
2015	15
2016	37
2017	14

资料来源：笔者整理。

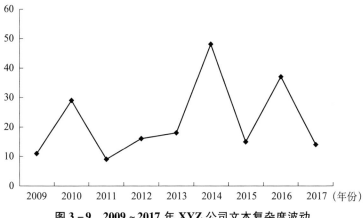

图 3－9　2009～2017 年 XYZ 公司文本复杂度波动

（4）XYZ 公司年报文本相似度

为全面了解 XYZ 公司是否存在迎合性创新行为，除运用传统的发明与非发明专利数衡量、文本情感度及文本复杂度方法外，可以从文本相似度角度进行分析。结合 XYZ 公司情况，本书将 XYZ 公司某一年度的创新投资项目与该年度公开网站公布的政府补贴项目进行相似性分析，并手工统计相似项目个数，相似项目个数越多，说明企业采取的迎合性创新的意图更加明显，更容易为获取政府补贴而进行迎合性创新。统计结果如表 3－38 所示。

表 3 - 38　　　　　　　　　　**2009 ~ 2017 年 XYZ 公司文本相似度**

年份	文本相似程度
2009	0
2010	0
2011	0
2012	0
2013	1
2014	4
2015	1
2016	5
2017	0

资料来源：笔者整理。

　　由图 3 - 10 中可以看出，XYZ 公司 2013 ~ 2016 年创新投资项目与公开网站公布的政府补贴项目存在相似性，说明 XYZ 公司可能会因公司发展需要获取更多的政府补贴而进行迎合性创新活动，同时在 2014 年与 2016 年相似程度较高，这说明该公司的迎合性创新意图更加明显。

图 3 - 10　**2009 ~ 2017 年 XYZ 公司相似度波动**

　　（5）XYZ 公司迎合性创新行为判别

　　本书从发明专利与非发明专利数、文本情感度、文本复杂度及文本相似度四个方面对企业迎合性创新行为进行分析，但由于所挖掘的数据发明专利与非发明专利数、文本复杂度及文本相似度不属于同一特征数据，因而对数据通过公式进行归一化处理：

$$X_{normalization} = \frac{X - min}{max - min}$$

在此基础上，运用层次分析法对企业迎合性创新行为进行分层分析，构建层次结构模型，如表 3 - 39 所示。

表 3 - 39   层次结构模型

目标层	识别企业迎合性创新行为（A）
判断层	发明专利与非发明专利数（B1）
	文本情感度（B2）
	文本复杂度（B3）
	文本相似度（B4）
方案层	迎合性创新水平（C）

其中：

迎合性创新指标（C）= 权重 1 × B1 + 权重 2 × B2 + 权重 3 × B3 + 权重 4 × B4

$$B1 = \frac{某年非发明专利数量 - 所有年度非发明专利数量最小值}{所有年度非发明专利数量最大值 - 所有年度非发明专利数量最小值}$$

$$B2 = 某年度 \text{ sentiment } 数值$$

$$B3 = \frac{某年逆接词词频数量 - 所有年度逆接词词频数量最小值}{所有年度逆接词词频数量最大值 - 所有年度逆接词词频数量最小值}$$

$$B4 = \frac{某年文本相似数量 - 所有年度文本相似数量最小值}{所有年度文本相似数量最大值 - 所有年度文本相似数量最小值}$$

借鉴肖芬模糊层次分析法，建立 B 层次与 A 层次的矩阵关系，并对各项指标进行打分，如表 3 - 40 所示。

表 3 - 40   层次各项指标打分

A	B1	B2	B3	B4
B1	1	0.2	3	3
B2	5	1	5	5
B3	1/3	0.2	1	3
B4	1/3	0.2	1/3	1

再利用求和法将最大特征值的特征向量作为目标，其在四项指标中的权重：

$$\{0.25, 0.61, 0.08, 0.08\}$$

对该打分指标进行一致性检验，以确保打分表不会出现逻辑错误。一致性检验方式为，首先，通过计算得出矩阵的最大特征值；再运用公式计算一致性指标 CI，为衡量 CI 大小，引入随机一致性指标 RI，通过 Saaty 计算出的随机一致性指标 RI 结果如表 3-41 所示；最后定义一致性比率 CR，一般认为当 CR 小于 0.1 时，认为该矩阵的不一致程度在容许范围之内。

$$CI = \frac{\lambda - n}{n - 1}$$

$$CR = \frac{CI}{RI}$$

表 3-41   随机性一致性指标 RI

n	RI
1	0.00
2	0.00
3	0.58
4	0.90
5	1.12
6	1.24
7	1.32

对本书构建的层次矩阵进行一致性检验，计算结果为 $\lambda = 4.08$，进一步地，一致性指标计算结果为 $CI = 0.026$，通过表 3-41 可以得知，当 $n = 4$ 时，$RI = 0.9$，由此，计算得出 $CR = 0.028$，$CR < 0.1$，证明该打分矩阵合理。

现将该模型运用到 XYZ 公司，计算 2009~2017 年各年度 B1~B4 的值，如表 3-42 所示。

表 3-42   XYZ 公司 2009~2017 年各年度 B1~B4 值

项目	2009 年	2010 年	2011 年	2012 年	2013 年	2014 年	2015 年	2016 年	2017 年
B1	0.00	0.71	0.19	0.10	0.14	0.90	0.14	1.00	0.05
B2	0.09	0.51	0.20	0.33	0.24	0.61	0.29	0.88	-0.18
B3	0.05	0.51	0.00	0.18	0.23	1.00	0.15	0.72	0.13
B4	0.00	0.00	0.00	0.00	0.00	0.80	0.20	1.00	0.00

资料来源：笔者整理。

通过迎合性创新指标计算得出 XYZ 公司在 2009~2017 年各年度迎合性创新水平值，通过表 3-43 可以看出，XYZ 公司于 2010 年、2014 年与 2016 年迎合性创新水平显著高于其他年度，因此，XYZ 公司 2010 年、2014 年与 2016 年存在高水平的迎合性创新行为。

表 3 - 43　　　　　　　　　　XYZ 公司迎合性创新水平得分

年份	C
2009	0. 06
2010	0. 52
2011	0. 17
2012	0. 24
2013	0. 21
2014	0. 72
2015	0. 24
2016	0. 90
2017	- 0. 09

资料来源：笔者整理。

（6）XYZ 公司迎合性创新判别模型可靠性检验

为识别该模型的可靠性，现将公认创新水平国际领先的格力电器与财政部公布的骗补企业之一的深圳五洲龙运用该模型进行检验，如通过该模型计算出格力电器迎合性创新水平较低且深圳五洲龙迎合性创新水平较高，则说明该模型可靠。由于深圳五洲龙成立时间为 2013 年，骗补全面整顿时间为 2016 年，为更好地对比，选取 2013 ~ 2016 年格力电器与深圳五洲龙数据进行迎合性创新水平计算，现对格力电器与深圳五洲龙 2013 ~ 2016 年的发明专利与非发明专利数、文本情感度、文本复杂度及文本相似度归一化处理后的数据进行打分，格力电器与深圳五洲龙 2013 ~ 2016 年各年度 B1 至 B4 值计算结果如表 3 - 44、表 3 - 45 所示。

表 3 - 44　　　　　　　格力电器 2013 ~ 2016 年各年度 B1 ~ B4 值

项目	2013 年	2014 年	2015 年	2016 年
B1	0. 05	1. 00	0. 02	0. 15
B2	- 0. 29	- 0. 19	0. 01	- 0. 13
B3	1. 00	0. 07	0. 05	0. 21
B4	0. 02	0. 06	1. 00	0. 20

资料来源：笔者整理。

再对 B1 ~ B4 各值与相对应的权重相乘，计算得出格力电器与深圳五洲龙 2013 ~ 2016 年迎合性创新水平，计算结果如表 3 - 46 所示。

表 3 – 45　　　　　　深圳五洲龙 2013 ~ 2016 年各年度 B1 ~ B4 值

项目	2013 年	2014 年	2015 年	2016 年
B1	0. 89	1. 00	0. 94	0. 95
B2	0. 78	0. 88	0. 88	0. 91
B3	0. 79	0. 72	0. 72	1. 00
B4	0. 82	1. 00	0. 95	0. 89

资料来源：笔者整理。

表 3 – 46　　格力电器与深圳五洲龙 2013 ~ 2016 年迎合性创新水平计算结果

年份	格力电器	深圳五洲龙
2013	– 0. 08	0. 81
2014	0. 12	0. 90
2015	0. 09	0. 89
2016	– 0. 01	0. 92

资料来源：笔者整理。

　　从表 3 – 46 中的计算结果可以看出，格力电器迎合性创新指标数值均较小，说明格力电器迎合性创新水平较低，相反，深圳五洲龙迎合性创新指标较大，说明深圳五洲龙迎合性创新水平较高，格力电器创新水平在国际上的领先地位得到公认，深圳五洲龙则属于财政部公布的典型骗补企业。因此，计算结果与公认水平适当，证明该模型可靠。

3.5.2　XYZ 公司政府补贴情况分析

3.5.2.1　XYZ 公司的融资约束问题

　　呈现企业融资约束的指标较多，本书选取了销售净利率、产权比率、资产负债率和流动比率作为 XYZ 公司的融资约束指标。如表 3 – 47 所示，从 2010 ~ 2017 年 XYZ 公司融资约束指标表来看，销售净利率呈现波动态势，2010 ~ 2015 年呈现下降趋势，且下降趋势明显；从产权比率情况来看，有逐年增长的趋势；从资产负债率情况来看，逐渐增加，说明 XYZ 公司负债比率越来越高，企业债务越来越多；从流动比率来看，有逐年减少的趋势，且在 2015 ~ 2016 年下降幅度明显，说明企业存在短期偿债风险，由以上数据分析可以得知，XYZ 公司存在融资约束的问题，从公司长远发展来说，存在融资需求。

表 3 – 47 2010 ~ 2017 年 XYZ 公司融资约束指标　　　　　单位:%

指标	2010 年	2011 年	2012 年	2013 年	2014 年	2015 年	2016 年	2017 年
销售净利率	39.99	37.35	36.79	35.89	29.72	28.10	28.15	29.30
产权比率	51.24	51.99	52.60	52.97	62.20	70.80	84.85	84.15
资产负债率	32.23	33.43	33.81	34.63	38.35	41.45	45.70	45.90
流动比率	121.32	120.18	117.84	117.00	116.00	110.00	86.00	85.58

数据来源:XYZ 公司 2010 ~ 2017 年年报。

如表 3 – 48 所示,从 XYZ 公司募集资金情况可以看到,2009 ~ 2018 年,XYZ 公司持续采用中期票据、公司债券、企业债券、短期融资券等融资方式进行融资,总融资规模达 56.00 亿元。

表 3 – 48 XYZ 公司募集资金情况

募集资金时间	实际募集资金金额（亿元）	证券类别	期限
2018 年	5.00	中期票据	5 年
2017 年	3.00	中期票据	5 年
2016 年	11.00	公司债券	5 年
2015 年	5.00	短期融资券	270 天
2014 年	11.00	公司债券	5 年
	1.00	短期融资券	365 天
2010 年	10.00	中期票据	3 年
2009 年	10.00	企业债券	6 年

资料来源:国泰安数据库。

如表 3 – 49 所示,从 XYZ 公司募集资金使用情况可以看到,XYZ 公司在 2009 ~ 2010 年融资近 20.00 亿元,资金分别用于成都市自来水六厂五期工程项目,成都市第一城市污水污泥处理厂工程项目,补充流动资金,成都市中心城加（减）压站、调峰水池及服务网点工程项目,成都市锦江区、武侯区输配水管网建设项目及成都市锦江区、武侯区排水工程等项目建设;在以后年度共融资 36.00 亿元,主要用于补充总部及下属子公司营运资金、偿还下属公司存量融资本息及置换银行存款等,为企业整体持续良好发展做补充。

表 3 – 49 XYZ 公司募集资金使用情况

项目名称	截止时间	计划投资金额（亿元）	建设期（年）
成都市自来水六厂五期工程项目	2010 年	7.50	

续表

项目名称	截止时间	计划投资金额（亿元）	建设期（年）
成都市第一城市污水污泥处理厂工程项目	2010 年	2.40	3 年
补充流动资金		0.10	
成都市中心城加（减）压站、调峰水池及服务网点工程项目	2018 年	3.50	3 年
成都市锦江区、武侯区输配水管网建设项目	2018 年	2.00	10 年
成都市锦江区、武侯区排水工程	2018 年	4.50	10 年
补充营运资金		11.00	
补充总部和下属公司营运资金		2.36	
偿还下属公司偿还存量融资本息		0.64	
偿还下属公司存量融资本息		3.69	
补充下属子公司安科公司营运资金		1.31	
置换银行借款		1.00	

资料来源：国泰安数据库。

　　一方面，XYZ 公司一直以来采用中期票据、公司债券、企业债券、短期融资券等各种融资方式进行融资，说明 XYZ 公司存在融资需求；另一方面，从 XYZ 公司资金使用情况看，企业将募集资金大多用于污水处理、水管网建设等项目，说明企业创新投资项目较好，急需大量资金进行投资，为达到缓解融资约束的效果，最直接的方式就是最大限度地获取政府补贴。

3.5.2.2　XYZ 公司的政府补贴现状

　　为了解决企业创新意愿不足和资源制约的问题，政府出台了一系列的政策支持，其中最常见的方式是对企业进行政府补贴，但实施过程中也出现一些不足，例如，我国政府补贴没有对补贴的行业和企业等作出明确的规定，补贴对象不明晰等。而企业又往往根据自身发展状况，结合政府公开网站上公布的各大补助项目，对政府补贴进行申报，这就可能会产生有针对性的申报，并且企业在获取政府补贴之后，往往不会按照申报时的资金使用用途来使用资金，进而导致政府补贴资金缺少必要的监管。在补贴对象不明晰、发补过程不透明、资金缺少监管的背景下，XYZ 公司政府补贴规模及公司对政府补贴的依赖度情况到底如何？本书对政府补贴规模表及项目分类情况表进行归纳整理。

　　从表 3－50 中 XYZ 公司收到的政府补贴规模来看：2010～2017 年政府补贴规模呈现波动状态，其中 2014 年与 2016 年波动幅度较大，政府补贴最低值位于 2012 年。从政府补贴的方向来看，除 2014 年外其他年份收到的与资产相关的政府补贴要明显低于收到与收益相关的政府补贴。由此可以发现，政府对 XYZ 公司的补贴主要与收益相关，进行收益性补助，如图 3－11 所示。

表 3－50 　　　　2010～2017 年 XYZ 公司收到政府补贴的规模 　　　　单位：万元

项目	2010 年	2011 年	2012 年	2013 年	2014 年	2015 年	2016 年	2017 年
（1）收到的与资产相关的政府补贴	0.00	0.00	311.34	16.00	8 290.16	60.00	100.18	1 198.04
（2）收到的与收益相关的政府补贴	4 163.03	1 602.94	742.10	1 258.00	2 040.91	1 941.86	12 476.56	26.10
合计	4 163.03	1 602.94	1 053.44	1 274.00	10 331.07	2 001.86	12 576.74	1 224.14

资料来源：XYZ 公司 2010～2017 年年报。

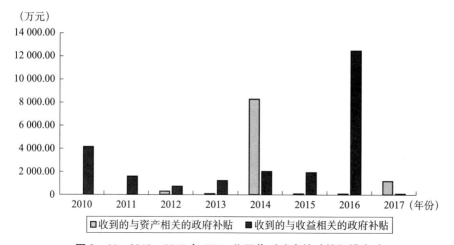

图 3－11 　2010～2017 年 XYZ 公司收到政府补贴的规模变动

将 XYZ 公司政府补贴项目按公司主营业务自来水制售、供排水管网工程、垃圾渗沥液处理、污泥处置及中水及与企业发展相关的项目补助分类汇总，从 2010～2017 年 XYZ 公司政府补贴项目分类汇总表中可以看出，XYZ 公司政府补贴大部分来源于企业发展补助，如表 3－51 所示。

表 3－51 　　　　2010～2017 年 XYZ 公司政府补贴项目分类汇总 　　　　单位：万元

年份	自来水制售	供排水管网工程	垃圾渗沥液处理	污泥处置及中水	企业发展补助	其他	合计
2010	0.00	0.00	0.00	0.00	4 163.03	0.00	4 163.03

续表

年份	自来水制售	供排水管网工程	垃圾渗沥液处理	污泥处置及中水	企业发展补助	其他	合计
2011	0.00	0.00	0.00	0.00	1 602.94	0.00	1 602.94
2012	231.34	40.00	30.00	30.00	722.10	0.00	1 053.44
2013	0.00	80.00	0.00	0.00	1 178.00	16.00	1 274.00
2014	2 227.20	50.00	1 676.42	5 730.00	0.00	647.45	10 331.07
2015	0.00	0.00	285.28	50.00	312.82	1 353.76	2 001.86
2016	186.24	0.00	0.00	40.00	11 286.00	1 064.5	12 576.74
2017	668.04	0.00	0.00	15.00	13.21	527.89	1 224.14
合计	3 312.82	170.00	1 991.70	5 865.00	19 278.10	3 609.60	34 227.22

资料来源：XYZ 公司 2010～2017 年年报。

由前述数据分析可知，XYZ 公司存在融资约束问题、存在融资需求，但通过中期票据、公司债券、企业债券、短期融资券等方式所获得的融资存在一定的会增加企业的偿债压力，并且前期准备资料会花费大量的人力物力财力，之后通过 XYZ 公司年报发现，其通过政府补贴获取了一部分资金，现使用政府补贴占扣除非经常性损益后的净利润比重分析企业对政府补贴的依赖程度，通过计算得出 XYZ 公司政府补贴依赖度，如表 3 - 52 所示。从表 3 - 52 中可以看出，政府补贴占净利润的比重整体波动幅度较大，2010 年、2014 年及 2016 年尤为突出，从整体规模来看，政府补贴占净利润比重从 2011 年的 2.36% 上升至 2016 年的 14.61%，说明 XYZ 公司依靠政府补贴来提高利润的程度逐渐升高。

表 3 - 52   **XYZ 公司政府补贴依赖度**   单位：万元

项目	2010 年	2011 年	2012 年	2013 年	2014 年	2015 年	2016 年
政府补贴	0.42	0.16	0.11	0.13	1.03	0.20	1.26
净利润	4.51	6.78	8.35	8.67	8.10	8.60	8.61
政府补贴占净利润比重（%）	9.24	2.36	1.26	1.47	12.76	2.33	14.61

资料来源：XYZ 公司 2010～2016 年年报。

3.5.3 案例结果分析

3.5.3.1 政府补贴对企业创新行为的影响

（1）政府补贴易于诱发企业迎合性创新行为

分析 XYZ 公司政府补贴与创新行为的关系，剔除影响政府补贴金额的其他因素，以 2010 ~ 2017 年 XYZ 公司政府补贴和利用分层分析法计算得出的存在迎合性创新行为的可能性来进行描述性统计分析。从图 3 - 12 中可以看出，以年度数据进行衡量，发现 XYZ 公司政府补贴与存在迎合性创新综合指标之间有相同的变动关系。由图 3 - 12 可知，XYZ 公司 2010 年、2014 年、2016 年存在迎合性创新水平值高于 0.5，说明 XYZ 公司存在迎合性创新水平较高；结合图表分析政府补贴与用分层分析法计算得出的存在迎合性创新综合指标之间有相同的变动关系，进一步说明企业通过迎合性创新可以获取更多的政府补贴，更多的政府补贴易于诱发企业的迎合性创新行为。

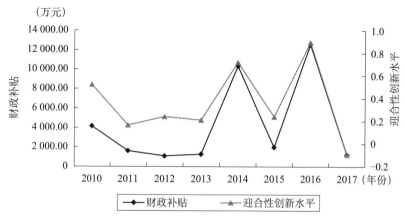

图 3 - 12　政府补贴与存在迎合性创新行为的波动变化

（2）政府补贴金额对企业创新行为影响

为分析政府补贴金额对企业创新行为的影响，对政府补贴金额进行分组，将政府补贴金额高于 4 000.00 万元划分为高政府补贴金额组，将政府补贴金额介于 0 至 4 000.00 万元划分为低政府补贴金额组。从图 3 - 12 中可以发现，高政府补贴金额组更容易使企业进行迎合性创新，而低政府补贴金额组使企业进行迎合性创新的可能性较小，这说明企业进行迎合性创新可能是存在界限的，当可获取的政府补贴金额达到 4 000.00 万元时企业进行迎合性创新的可能性更大。

通过对 XYZ 公司创新行为以及创新行为与政府补贴的关系分析可知：当存在迎合性创新行为时，其政府补贴数额比企业不采取迎合性创新来获取政府补贴时所获得的政府补贴金额大，由此说明企业在"实质性创新"与"迎合性创新"之间更容易选择迎合性创新，通过迎合性创新可以获取更多的政府补贴，但更多的政府补贴容易诱发企业的迎合性创新行为。

3.5.3.2　政府补贴对企业绩效的影响

企业绩效的评价方法较多，包括模糊评价、层次分析等方法，但是由于本书侧重于案例分析，且数据的可获得性和综合性存在不足，目前企业绩效评价体系指标中主要以净利润以及在净利润基础上计算出的指标为主。本书采用的是指标评价法，主要由净利润率指标与资产收益率指标来体现企业绩效：净利润率与资产收益率指标越高说明企业绩效越好，获得的回报越多。因此，本书运用净利润率指标与资产收益率指标的数值及变动情况对企业绩效进行评价，采用净利润率指标与资产收益率指标，易于从企业财务报表上进行查找和计算。

2010~2017年XYZ公司迎合性创新水平与净利润率表反映的是XYZ公司迎合性创新水平与净利润率的变化。从表3－53中可以看出，XYZ公司2014年迎合性创新水平在2013年基础上扩大了近3倍，然而，净利润率却在2013年的基础上下降了近4个百分点。结合前述分析得知，2014年XYZ公司政府补贴金额数量较大，采用利润率作为企业绩效的评价方法，并结合表格计算分析得知企业通过迎合性创新活动获取的政府补贴在某种程度上来说可能会削弱政府补贴对财务绩效的促进作用。

表3－53　　　　2010~2017年XYZ公司迎合性创新水平与净利润率表

年份	迎合性创新水平	净利润率（%）
2010	0.52	26.03
2011	0.17	30.65
2012	0.24	33.75
2013	0.21	31.05
2014	0.72	27.96
2015	0.24	27.83
2016	0.90	28.50
2017	-0.09	24.55

资料来源：XYZ公司2010~2017年年报。

从2013~2014年的XYZ公司迎合性创新水平与资产收益率的变化可以看出，XYZ公司2014年迎合性创新水平在2013年的基础上扩大了近3倍，如表3－54所示。然而，资产收益率却在2013年的基础上下降了近1.5个百分点，通过对XYZ公司净利润率和资产收益率计算分析可以发现，企业通过迎合性创新活动来获取政府补贴在某种程度上来说可能会削弱政府补贴对财务绩效的促进作用。

表 3 – 54　　　　　　2010 ~ 2017 年 XYZ 公司迎合性创新水平与资产收益率

年份	迎合性创新水平	资产收益率（% ）
2010	0. 52	7. 28
2011	0. 17	9. 56
2012	0. 24	10. 00
2013	0. 21	8. 34
2014	0. 72	6. 66
2015	0. 24	6. 06
2016	0. 90	5. 09
2017	– 0. 09	5. 83

资料来源：XYZ 公司 2010 ~ 2017 年年报。

　　XYZ 公司净利润处于稳定状态，属于盈利性较好企业。虽政府补贴多对企业绩效起到促进作用，但就 XYZ 公司而言，大量的政府补贴可以通过迎合性创新活动获取，从某种程度上来说，政府补贴对企业绩效的促进作用可能会被削弱。同时，企业通过采取迎合性创新获得了政府补贴，但是由于企业没有对政府补贴进行实质性创新而是采取迎合性创新，大大弱化了政府补贴对财务绩效的促进作用。

3. 6　本章小结

　　通过本章的分析我们可以看到，在对 27 家获得政府补贴的偏远地区企业绩效影响进行数据分析后，发现有 10 家企业在 2014 ~ 2018 年连续五年获取了政府补贴，这 10 家企业中有 7 家企业的综合绩效得分在 2018 年得到了提升，有 4 家企业综合得分绩效的排名和上年水平持平甚至是得到了大幅度的上涨，值得注意的是，罗平锌电、红星发展、盘江股份的公司绩效在获取政府补贴之后逐年上涨，在样本企业中的排名也得到了进一步的提升。总体来说，在这 10 家连续三年获取了政府补贴的企业中，有 6 家企业的公司绩效相比于未获取政府补贴时得到了明显的提升，说明企业获取政府补贴对公司绩效是有积极作用的。但是从最后的得分矩阵中我们也可以看到，不是所有的政府补贴助都能促进企业绩效的提升，有时候甚至会造成相反的效果，只有在合适的程度内才能让政府补贴发挥最大的效用。

3.6.1   政府补贴对偏远地区企业绩效具有促进作用

从 ABC 公司的研究结果来看，ABC 公司作为我国首批转制的企业，在公司制经营过程中也发挥了先锋作用。政府针对 ABC 公司的政府补贴在 2015 年达到了 15 495 784.12 万元，补贴力度非常大。从整体农机和宇航器材行业来看，ABC 公司作为农机和宇航器材领域最大的企业，收获到的政府补贴水平非常高，因而在整个行业内具有代表性。除此之外，ABC 公司作为在新技术领域的一个重要代表，政府的补助对其影响也具有非常重要的研究价值。研究结果显示，ABC 公司政府补贴对企业创新绩效具有促进作用。政府补贴与企业的创新绩效之间呈现出同方向变动关系。政府补贴与企业的专利数量之间也呈现出同方向的变动关系。政府补贴对 ABC 公司研发绩效有很强的推动作用，究其原因主要是 ABC 公司存在很强的融资约束，其实从企业外部融资会增强企业的融资成本，而政府补贴是成本比较低的费用，所以可以一定程度上缓解 ABC 公司的融资约束。此外，政府补贴对研发投入具有平滑作用，当企业的研发费用一直处于持续增长的趋势时，前一年企业收到国家政府补贴增加，下一年的企业自主研发费用投入就会减少。政府补贴在政府补贴对创新绩效的关系中具有强化作用。由此，得出两点启示：政府补贴可缓解融资约束从而促进创新绩效提升，政府补贴还对政府补贴和创新绩效之间的关系有强化作用。

3.6.2   迎合性创新行为可能削弱政府补贴的积极作用

通过前述对 XYZ 公司创新行为以及创新行为与政府补贴的关系分析可知：当存在迎合性创新行为时，其政府补贴数额比企业不采取迎合性创新来获取政府补贴时所获得的政府补贴金额大，由此说明企业在"实质性创新"与"迎合性创新"之间更容易选择迎合性创新，通过迎合性创新可以获取更多的政府补贴，更多的政府补贴很容易诱发企业的迎合性创新行为。在 2009～2017 年，XYZ 公司获得的政府补贴规模呈现波动状态，其中 2014 年与 2016 年获得的政府补贴金额较其他年份较多，波动幅度较大，说明政府对 XYZ 公司的补贴在增加，XYZ 公司的净利润一直是正值，并且公司的净利润一直随着政府补贴的波动而波动，表明 XYZ 高度依赖政府补贴，获取的政府补贴有利于缓解企业的融资约束，促进企业的发展。

通过对 XYZ 公司进行分析可以看出，XYZ 公司是盈利较好的企业，并且其财政补助的资金主要来源于当地政府，当地政府分配政府补贴时不仅可以提升 XYZ 公司的绩效，还可以满足政府绩效评价指标。因此，政府在分配资源时，对各大企业进行评估是很有必要的，只有这样，才能使政府补贴发挥最大的作用，有利于企业的发展。然而，政府与企业之间信息不对称，地方政府无法在第一时间判断企业的发展状况，并且，在选择补助对象时没有明确的标准，因此，在选择补贴对象时可能达不到资源最大化的状态，使得政府非常被动。进一步来看，结合对 XYZ 公司的创新行为的分析，该企业进行的是迎合性创新，迎合政府需求且最大限度地满足企业发展。对于包括 XYZ 在内的大多数上市公司而言，可能会通过迎合政府的想法来获取财政补助。政府补贴对企业来说，特别是融资约束严重的企业，无疑是雪中送炭，建立了良好的政企关系，从而削弱当地政府信息不对称程度，更容易获取更多的政府补贴，缓解企业的融资约束水平。关于成立 XYZ 有限公司水务先进技术联合研究中心，公司董事长指出，将在关键技术研发、成果推广和转型、创新平台建设等方面开展多元化合作，努力实现实质性技术研发成果，增强企业核心竞争力，特别强调实质性技术研发成果，说明企业对创新行为十分重视，XYZ 公司作为技术型企业，政府补贴对其影响具有非常重要的研究价值。研究结果显示，XYZ 公司存在融资约束问题，因此，采用政府补贴来补充营运资金，对政府补贴依赖程度大，政府补贴与用分层分析法计算得出的存在迎合性创新行为的可能性之间具有相同的变动关系，因此，可以得出这样一个结论，政府补贴易于诱发企业的迎合性创新行为，通过迎合性创新获取政府补贴可缓解融资约束，但是企业通过迎合性创新活动获取的政府补贴在某种程度上来说可能会削弱政府补贴对企业绩效的促进作用。

总之，政府要合理地选择政府补贴对象，加大对融资约束程度较高企业的补贴力度。对于融资约束程度较高的企业来说，企业难以从外部获得企业所需的资金，企业没有足够的资金去发展自己的技术或进行市场的投资。相反，政府补贴可以加大企业的资金流入，可以有效地提高企业的现金持有，提高企业绩效。在当前特殊战略的影响下适合政府采取补贴政策，但政府还需关注政府补贴对企业绩效带来的长期影响。我国当前要总结政府补贴对企业绩效影响的效果，借鉴政府补贴对企业绩效起到良好作用的案例，合理高效地制定政府补贴的政策，避免资源的错配和浪费，从而提高我国政府补贴的效率。

第4章 精准扶贫对政府补贴和偏远地区企业绩效的影响

4.1 精准扶贫政策简述

国家为了鼓励企业参与精准扶贫，推出了各项优惠政策，同时为了防止企业滥用资金，利用扶贫开展寻租活动，甚至进行贪污腐败，也出台了相应的措施，对扶贫企业进行监督和约束。

4.1.1 资金扶持政策

政府对积极参与精准扶贫、带动偏远地区脱贫致富并符合信贷条件的企业给予贷款支持，由政府提供担保，为扶贫企业提供贷款，降低企业的贷款成本，改善企业的负债结构，让企业集中使用贷款，提高了企业的资金流动性；除了给予贷款支持，有关部门还对偏远地区的企业开通了 IPO 绿色通道，只要企业的注册地在偏远地区且符合相关条件，那么企业申请 IPO，就适用"即报即审、审过即发"政策；对注册地在偏远地区的企业发行公司债，同样适用该政策，并减免相关的挂牌费用。此外，国家还鼓励企业参与产业精准扶贫，支持企业对贫困地区的企业开展并购重组，从而带动区域的产业发展，实现脱贫效果的可持续性，对偏远地区上市公司的并购重组项目和符合条件的农业龙头企业的并购重组项目加快审核过程，并减免企业的相关费用。

4.1.2 政府监管政策

政府对企业参与精准扶贫给予大力支持的同时，为了防止企业滥用资金、利用扶贫开展寻租活动甚至进行贪污腐败，也出台了一系列措施，对扶贫企业进行跟踪检查。具体来说，中央有关部门制定政策，对扶贫资金的下达、扶贫制度的建设进行监督考核，同时省级扶贫领导小组对扶贫工作的成效负责。中央纪委提出，要严肃查处贪污腐败、挪用扶贫资金、冒领扶贫资金等行为，聚焦突出问题，精准监督发力，各级纪委监察机关要贯彻落实中央纪委的要求，明确自身职责，找准自身定位，以实现偏远地区脱贫为目标，强化在扶贫领域的问责机制，要做到真正解决问题，不能只处理表面问题，要深入挖掘问题出现的根源，既然是精准扶贫，对待在精准扶贫过程中发现的问题也要做到精准发现、精准惩处、精准治理，这为偏远地区的脱贫事业提供强有力的纪律后盾。据统计，2016 年，纪委监察机关查处扶贫领域问题超过 1.5 万个、处理问题人员超过 2 万人；2017 年，进一步加大了检查和惩处力度，据统计，2018 年上半年，纪委监察机关查处扶贫领域问题近 5 万个，处理问题人超过 6 万人；① 2018年下半年，中央纪委为了震慑住有潜在问题的人员，还在其官方网站开辟了"扶贫领域腐败曝光专区"。正是因为有了以上政策的保障，精准扶贫工作才得以顺利开展。

4.1.3　宣传推广政策

政府鼓励参与扶贫的企业利用主流媒体和自有媒体平台，通过线上与线下相结合的方式，大力宣传企业在扶贫方面取得的重大成就，及时对先进扶贫企业进行采访宣传。此外，国务院扶贫开发领导小组每年都会举行一次"脱贫攻坚奖"表彰大会，有关地区和部门按规定开展扶贫表彰工作，对积极参与扶贫并取得重大成就的企业作为典型予以表彰，充分发挥企业的引领作用，让参与精准扶贫的企业收获政治上的荣誉，同时赢得良好的口碑，助力企业的发展；政府帮助参与精准扶贫的企业培育高知名度商标，发展品牌经济，保护企业的商标专用权，严厉打击侵权行为，同时帮助企业制定偏远地区特色产业发展规划，加强培育偏远地区龙头企业，通过展销会、发布会等形式对企业的产品进行推广和支持，帮助企业扩大销量。

4.2　精准扶贫对偏远地区企业绩效影响文献回顾

4.2.1　精准扶贫对公司绩效的影响

布克（Bock，1984）认为，企业参与扶贫的核心目标就是创造收入和获取

---

① 甘肃纪检监察网. 全国上半年共查处扶贫领域腐败和作风问题 4.53 万个处理 6.15 万人 [EB/OL]. (2018 - 08 - 29) [2022 - 08 - 28]. http://www.gsjw.gov.cn/content/2018 - 08/25009.html.

利润，这是由企业本质属性所决定的，但这一目标与扶贫的核心目标是一致的。正是因为核心目标的一致性，企业才能实现与偏远地区共同发展的目标。学者们经过研究已经证实，企业参与扶贫对其公司绩效是有正面的影响的，王书斌（2018）以工业企业全要素生产率为研究角度，发现融入国家扶贫开发政策有助于提升偏远地区工业企业的全要素生产率，增强了企业在市场中的竞争力。值得注意的是，企业参与扶贫具有履行社会责任和社会交换的双重性质，而大量学者研究发现，企业履行社会责任对公司绩效也会产生影响。目前越来越多的企业也意识到积极履行社会责任能够提升企业的声誉和口碑，进而可以影响到公司的绩效，大多数企业已把履行社会责任与企业发展紧密连接在一起。现有针对企业社会责任与公司绩效的研究，国内外学者还没有形成一致的研究结论，其中很多学者的研究结论显示，企业扶贫对公司绩效存在着积极影响，哈菲兹（Hafiz，2020）在他的研究中明确提出，企业通过履行社会责任能在利益相关者之间拥有好的口碑，从而对公司绩效产生重大影响；西斯托·罗德里格兹（Rodriguez，2016）对西班牙企业进行了实证研究，研究的结果显示，企业履行社会责任与公司绩效之间会形成积极反馈的良性循环；丹尼尔等（Daniel et al，2014）以世界 500 强企业为研究对象，发现企业履行社会责任能够增强雇员对企业的归属感，使雇员对企业更忠诚，进而提升公司绩效；崔登峰、邵伟（2018）的研究也发现，企业履行社会责任能够提升其盈利能力，对公司绩效也有正向促进作用；崔也光、李博（2018）认为，企业履行社会责任与公司绩效呈现正相关关系，并且研发投入越多的企业，这一积极影响会越明显；蔡月祥、孙振华（2015）研究了企业履行社会责任与公司声誉和公司绩效之间的关系，研究结果显示，企业履行社会责任对企业的知名度有积极的影响，从而能降低企业经营成本，提升公司绩效。也有学者的研究结论显示，企业履行社会责任不利于公司绩效的提升，学者们研究发现过度专注于社会责任（黄林、朱芳阳，2018），或是采取非共享商务模式（傅鸿震等，2014）的企业履行社会责任都不利于公司绩效的提升。

我国现有的扶贫方略以精准扶贫政策为指导依据，随着精准扶贫的深入推进，越来越多的企业在国家政策的引导下加入了精准扶贫，企业参与精准扶贫逐渐成为我国学者研究的热门话题。张玉明、刑超（2019）以中国 A 股上市公司为样本进行的实证结果表明，产业精准扶贫投入水平对企业的财务绩效具有一定的影响，且在不同的内外部因素下具有不同的表现。产业精准扶贫投入能够正向促进企业的财务绩效，即随着产业精准扶贫投入水平的提高，企业绩效也会相应提高，企业加大产业精准扶贫投入，对其扩大企业规模、改善政商关系、促进品牌宣传、强化形象搭建均起到了正面作用，因此，产业精准扶贫不仅在缩短贫富差距、促进社会和谐方面有重要意义，也在经济层面被市场所认可。杨滨键等（2019）以 2010～2017 年 33 家农业上市公司为研究对象，探索在精准扶贫的大背景下政府补贴与公司绩效的关系，结果表明，对于参与精准扶贫的农业上市公司，政府补贴提升公司绩效的幅度更大。对于国有企业和非国有企业参与精准扶贫对企业绩效造成的影响，部分学者认为，不同性质的企业拥有不同的优势和局限，精准扶贫对企业绩效的影响会有显著差别，还有一部分学者进行研究后发现，国有企业参与精准扶贫与非国有企业参与精准扶贫有显著的绩效效应差异。

4.2.2　公司绩效的一般性影响因素

国内外学者从不同的角度对影响公司绩效的因素进行了分析和研究。这些因素大致可以分成企业内部因素和企业外部因素：其中关于企业内部因素的研究中钱红光、刘岩（2019）以我国中央上市企业为研究对象，发现混合所有制改革能有效提升公司绩效；朱丹、周守华（2018）对战略变革与公司绩效的关系进行了研究，研究结果显示，适度的战略变革能够对公司绩效产生正面的影响；还有学者研究发现，第一大股东持股比率的多少对公司绩效也会有影响（岳华，2019）；王玲、李秀枝等（2019）通过研究发现，内部控制越好的企业，研发投入越能提高公司绩效，宫义飞（2017）也得出了这样的结论，企业收到的政府补贴会通过研发投入对公司绩效产生影响（王维等，2017）；也有学者研究研发投入和政府补贴对公司绩效的直接影响，郑海元、李兴杰（2018）以创业板上市公司为研究对象，发现企业的研发投入对公司绩效有正向的影响；陆少秀、冯树清等（2016）研究发现，政府补贴对制造业企业的公司绩效有显著的促进作用；张辉铭（2014）也发现，政府补贴能够有效促进公司绩效的提升，但也有学者认为，政府补贴不利于公司绩效的提升（胡锦率，2019）；邓沛等（2019）以我国 2013～2017 年汽车行业的上市公司为研究对象，发现高管团队的平均年龄、任职届次异质性都会对公司绩效产生影响，并且高管接受教育的程度越高公司绩效变现越好；除了上述因素以外，定向增发新股引入投资者（章卫东等，2020）、董事会成员的多元化（Raj Aggarwal，2019）、企业规模（陈德萍和曾智海，2012）等因素都会对公司绩效产生影响。

外部因素中关于宏观政策对公司绩效的影响研究较多，众多学者已证实其广泛存在性，本书紧扣研究命题，在国内文献中重点梳理宏观政策对公司绩效的影响和宏观政策对不同地区公司绩效的影响。关于宏观政策影响公司绩效的研究中，货币政策是学者们研究的重点领域，有学者通过研究发现，货币政策可以通过短期借款的占比（刘海明、李明明，2020）、投融资期限错配（徐尧、洪卫青等，2017）等因素影响公司绩效。关于产业政策对公司绩效的影响（寇蔻，2019）研究也较多，此外，学者们的研究发现，财政政策（李苗苗；肖洪钧，2014）、税收政策（张明，2017）、制度环境（魏婧恬、葛鹏等，2017）、环境规制（龙小宁和万威，2017）等都会对公司绩效产生影响。在宏观政策对不同地区公司绩效影响的研究方面，陈强远、钱学锋等（2016）通过对我国大城市企业的生产效率进行研究，发现大城市企业的生产效率较高主要是由集聚效应和竞争效应导致的；武增海、李涛（2013）对我国高新技术开发区的企业进行了研究，发现东部沿海地区发展较为迅速，而中西部地区发展较为迟缓；黄志忠和谢军（2013）通过研究发现，区域金融市场发展程度越高，宏观货币政策对企业融资约束的缓解效应就越好，与此同时，也有学者对江苏（叶蓁，2010）、上海（王森薇和郝前进，2012）分地区进行研究。梳理发现，宏观政策对不同区域企业公司绩效的影响存在显著差异，这些地域性特征启示我们，宏观政策对偏远地区企业公司绩效的影响因素，理应与其他区域表现有所不同。

4.2.3　融资约束对公司绩效的影响

大部分学者都认为，融资约束是不利于公司绩效提升的，这主要是因为当企业面临良好的投资机会时，由于存在融资约束，企业会丧失投资机会，产生投资不足的问题，不利于公司绩效的提升。我国学者梁晓琳、江春霞（2019）发现，高新技术企业融资约束对公司绩效的提升有显著的负向影响；桑德拉（Sandra，2016）指出，当企业存在融资约束的问题时，会因为没有充足的资金投入研发活动，而产生投资不足的问题；吴俊（2019）发现，中国民营企业面临的融资约束会更高，由此在研发方面受到了限制，阻碍了企业的成长，从而抑制公司绩效的提升；张英明和张精（2017）研究发现，我国中小企业普遍面临着融资约束程度高和投资不足的问题；邱静和刘芳梅等（2016）认为，由于外部融资成本高，导致大部分企业都面临融资约束的情况，企业很难发挥财务杠杆对公司绩效的积极影响，阻碍了企业的成长（David，2018），抑制了公司绩效的提升；安娜莉萨（Annalisa，2018）研究了欧洲企业的财务结构，发现融资约束抑制了全要素生产率的提升，这种现象在中小企业中更明显，说明融资约束是不利于公司绩效提升的。

由此可见，融资约束对企业的投资行为是有显著影响的（刘飞和王开科，2014），当企业不存在融资约束的时候，可能会产生过度投资的问题，这是不利于公司绩效的提升的；但当企业存在融资约束时，由于无法获取足够的投资资金，管理者会对投资项目进行仔细的筛选，确保有限的资金都能投入高回报的项目中，由此避免了非效率投资，最终提升了公司绩效。有部分学者的研究都反映了这一结论：张兆国和刘永丽（2011）认为，政治关联较强的企业更容易获得债务融资，但也更容易导致过度投资的问题；张跃龙和谭跃（2011）也认为，债务融资能够缓解企业的融资约束，但同时引发了企业过度投资的问题；翟淑萍和顾群（2014）以高新技术企业为研究对象，发现融资约束程度高的企业比融资约束程度低企业投资效率高，说明当企业存在融资约束时，管理者会更谨慎、更高效地利用有限的资金；马理和张越（2016）认为，当企业面临融资约束时会更谨慎，研发支出也会更有效，对公司绩效具有显著的促进作用；叶建木、陈峰（2015）、顾雷雷等（2018）分别以高新技术企业和京津冀地区的企业为研究对象，也得出了这样的结论；王月溪（2015）研究发现，企业存在融资约束的情况下，公司的投资效率会越高。

4.2.4　寻租活动对公司绩效的影响

关于寻租对公司绩效的影响，学者们持有不同的观点。部分学者认为，寻租有助于公司绩效的提升：在中国现行的制度环境下，企业往往通过寻租的方式与政府建立良好的关系，以此来获取稀缺的资源、得到政府的支持，带动企业的发展。杨德明和赵璨（2017）从产权性质的角度对寻租与公司绩效的关系进行了探索，发现寻租活动是有助于国有企业和民营企业获得政府补贴的，但徐雷等（2015）认为，民营企业通过寻租规避了所有制歧视、获得了更多的稀缺资源，政府的管制政策也相对放松，从而有利于公司绩效的提升；国外学者通过研究也得到类似的结论，法克（Faccio，2006）研究发现，企业的寻租行为可以获得政府补贴，从而有助于公司绩效的提升。

还有一部分学者认为，寻租抑制了公司绩效的提升，即使企业通过寻租获得了更多的政府补贴，政府补贴的效率也是低效的（秦夷飞等，2016），不利于公司绩效的提升，这主要是由于企业将大部分精力投入寻租上，忽视了生产效率的提升；崔贤奕（2017）认为，寻租有利于企业获得政府补贴，但对公司绩效没有呈现出应有的提升作用；余明桂等（2010）研究发现，民营企业通过寻租获得的政府补贴抑制了公司绩效的提升；胡浩志、黄雪（2016）发现，民营企业通过寻租能够获得更多的政府补贴，但是政府补贴的使用效率却不高，从而抑制了公司绩效的提升；寻租不利于公司绩效提升的原因还可以能由于企业是被迫进行寻租的，腐败程度越高的企业所受的约束就会越大；张淼（2018）从省份平均值的角度研究寻租与公司绩效的关系进行研究，发现寻租支出越多，企业的劳动生产率就会越低，并且寻租活动抑制了企业的创造性生产性活动，从而降低企业绩效。

近年来，随着反腐力度的进一步加大，反腐倡廉成为全党的重大政治任务和全社会的共同责任，有部分学者研究了在这样的背景之下企业寻租与公司绩效会是怎样的关系，党力等（2015）指出，企业的寻租行为损害了企业的经营效益，反腐倡廉行动的开展增加了企业与政府建立政治关联的成本，由此抑制了企业的寻租动机和寻租支出，让企业管理层能够更专注于治理的公司和内部控制的强化，提高了公司的绩效。同样，偏远地区的企业由于资源的缺乏，大多需要向政府寻租以获取资源，而因为参与精准扶贫，企业受到了更多外部的监督，所以可以推测，偏远地区企业参与精准扶贫有利于其降低寻租水平，提升公司绩效。

4.2.5　市场关注度对公司绩效的影响

现有学者对市场关注度与公司绩效关系的研究往往以公司治理为切入点，李培功等（2010）认为，市场关注度越高的企业，越能有效地防范自身出现违规行为；戴克（Dyck，2008）和乔·阿尔文等（Joe et al.，2009）认为，市场关注度还可以通过影响企业高管的声誉，实现公司治理的改善，进而提升公司绩效。

还有学者直接研究市场关注度与公司绩效的关系。姚益龙等（2011）认为，市场关注度能通过提升企业经营效益、提高公司治理能力、改善企业与市场之间的信息不对称，从而对公司绩效产生显著的影响效果；约瑟夫（Joseph，2011）也认为，市场关注度的提高使得企业能向市场传递更多、更充分的信息，有助于缓解消费者和投资者与企业之间的信息不对称程度。布拉德（Brad，2008）认为，投资者购买股票时，会倾向于选择市场关注度更高的股票。因为投资者更容易注意到获得更高市场关注的股票，因而被购买的概率也会更大。还有学者发现，市场关注度高对当日的股票收益率有明显的促进作用，但对一日以后的股票收益率会有显著的抑制作用；有的学者从履行社会责任的角度进行研究，许楠和闫妹姿（2013）以我国沪深两市的上市公司为研究样本，研究发现企业履行社会责任能有效提升其市场关注度，从而对公司绩效产生显著的提升作用。可见，虽然有少部分学者认为市场关注度在一些条件下会抑制公司绩效的提升，但大部分的学者都认为市场关注度的提升能改善投资者、消费者与企业的信息不对称，说明在这个信息化的时代，企业可以通过参与精准扶贫等积极的行动，引导媒体和公众对企业的适度关注，使消费者了解到更多企业的相关信息，从而增强对企业的信心，是有助于提升公司绩效的。

4.2.6 小结

上述研究为我们客观、准确地认识和理解企业绩效的影响因素及其衡量，以及参与精准扶贫对于企业绩效所起的作用及作用机理提供了有益经验。

企业绩效的影响因素多、范围广，大致能够分为企业内部因素和外部因素，其中公司的治理结构、企业的规模、员工的薪酬、内部控制、第一大股东持股比率等内部因素都会对公司绩效产生影响；外部因素方面宏观政策因素与本书联系最紧密，大量研究证明了货币政策、产业政策、税收政策、财政政策等宏观政策会对公司的绩效会产生影响，也有学者以大城市、农村地区、东部沿海城市和中西部地区的企业为样本进行研究，研究发现，地理位置和经济环境的不同，导致宏观政策对公司绩效的影响也会有所不同。偏远地区企业大多地理位置条件和经济发展水平都很相似，并且与其他地区形成了较为明显的差异，可以将偏远地区划分为一类地区，但现在还没有关于宏观政策对偏远地区企业会产生什么样影响的研究。

对企业创新绩效的影响是不可忽视的，影响企业创新绩效的因素较为多面。从外部因素来看，外部环境中的市场化水平、法治环境、知识产权保护制度、金融市场化建设以及地方司法保护主义都会对企业创新绩效产生影响；而从政策来看，R&D 税收优惠、政府补贴等也会对企业创新绩效产生或好或坏的影响。内部因素中的 R&D 投入会显著促进创新绩效；而股权激励、高管薪酬、企业文化等对于创新绩效的影响则各有不同。对于创新绩效的衡量主要有创新投入、投入—产出以及产出衡量等模式，目前学术界采用的衡量模式大部分都是基于创新产出的视角。基于此，本书在后续部分分析基于创新产出视角，对偏远地区企业上市公司绩效做出界定。

已有文献表明，履行社会责任会对企业产生不同的影响，具体表现在不仅仅是简单的线性影响，还会出现倒 U 形影响，且影响有好有坏，不能一概而论。其中，好的影响表现在会促使企业和政府之间建立密切联系，获得资源倾斜，从而获得更为充裕的创新源；不好的影响表现在，企业履行社会责任，特别是在政治关联的条件下，可能会出于维护自身和政府之间联系的目的，花费大量人力、物力，占用企业资金，因而对企业创新投入产生挤占效应，从而不利于创新绩效的提升。

现有对精准扶贫与公司绩效关系的研究呈现以下特点：首先，绝大多数学者还是倾向于采用规范研究法或实证研究法，还没有学者以案例研究为主要方式来研究精准扶贫对微观企业公司绩效的影响；其次，学者们研究的对象往往是市场上的所有公司，仅有的少数分类研究，也集中于国有企业和非国有企业，缺乏基于不同行业、不同地区企业特点的研究，本书以偏远地区企业为研究对象，通过理论与案例相结合的研究方式，从偏远地区企业的整体情况，深入具体企业的个案进行研究，希望能完善现今对精准扶贫与公司绩效关系的研究。

关于融资约束对公司绩效的影响，大部分学者都认为这种影响是消极的，表现在由于创新自身高投入、周期长、风险高的固有特点，因此，当企业因面临融资约束而无法获得资金来源时，发展以及后期创新投入得不到支撑，产生投资不足的问题，不利于企业绩效的提升，从而对公司绩效产生负面的影响。但也有部分学者认为，融资约束高的企业由于无法获取足够的投资资金，企业为了节约成本，管理者会对投资项目进行仔细的筛选，确保有限的资金都能投入高回报的项目，由此避免了非效率投资，会减少资金的滥用，从而更加谨慎，研发支出也会更有效，最终提升了公司绩效；学者们对于寻租与公司绩效关系的研究也呈现出不同的看法，一部分学者认为寻租有利于企业建立政治联系，企业更容易获得稀缺资源和政府的保护，从而获得资源倾斜，所以公司发展源得到了保障，提升了企业绩效，有助于公司绩效提升；还有一部分学者认为，企业寻租带来的资金占用对企业发展过程中的投入产生了挤出效应，而寻租获得的政府补贴等资源也没有真正投入企业发展活动，因此，对企业绩效反倒有着抑制作用。企业将大部分精力用于寻租，忽视了生产效率的提升，也抑制了公司绩效的提升；关于市场关注度对公司绩效的影响方面，虽然有少部分学者认为市场关注在一些条件下会抑制公司绩效的提升，但大部分的学者都认为市场关注度的提升能使消费者了解到企业更多的信息、缓解信息不对称、增强对企业的信任程度，从而拉动企业的外部需求，提升公司绩效。可以看到，对于融资约束、寻租程度和市场关注度这三个作用机制究竟会对公司绩效产生正面的影响还是负面的影响，学者们还没有统一的意见，这也是本书将要进一步验证的地方。

从目前已有的文献来看，现有对精准扶贫与企业绩效关系的研究呈现以下特点：首先，学者们均采用了大样本实证研究法，没有学者以案例研究的形式来深入阐述精准扶贫对微观企业绩效的影响以及作用机理；其次，偏远地区企业融资约束和寻租问题较之经济发达地区更为严重，学者们的大样本研究又决定了无法根据地区进行针对性研究，因此，本书聚焦偏远地区企业，通过案例研究的方式，借助理论作为支撑，从偏远地区上市公司的整体情况入手得出大致结论，再选择代表性案例进行研究，希望能够发现精准扶贫与偏远地区的企业绩效之间的关系。

4.3　偏远地区企业面临的困境及精准扶贫参与情况

4.3.1　偏远地区企业面临的困境

4.3.1.1　外部融资渠道受限

众所周知，创新是一项高风险、周期长、投入需求量大的投资活动。因此，对于创新来说，充足资金的获得必不可少，单一的融资渠道风险较高，只有资金来源渠道的扩展，才能使得企业在维持正常经营的同时寻求自身创新发展壮大，而企业本身的经济收益往往是有限的，外部融资的寻求能为企业发展注入新的活力。我国市场经济起步较晚，这就决定了市场反应信息较为不完整，且质量不高，而相较于经济发达地区的企业来说，偏远地区上市公司由于地理位置的特殊性，面临的市场环境更为严峻，这也决定了其对外融资时面临着更多的困难，融资约束程度也更为严重，在这样的情况下，企业创新步履维艰。

但随着大量偏远地区企业积极参与精准扶贫，相关政府部门为了表示支持与认可，同时助力企业发展，会相应提供诸多优惠政策，例如，税收优惠、政府补贴等，在一定程度上缓解企业融资约束；而不少企业由于积极参与精准扶贫配合当地政府部门的工作，和政府展开合作，银行等金融信贷机构也会增加对企业的信贷力度。另外，按照证监会的相关规定，企业会按要求在年报中披露精准扶贫情况，并且由于参与精准扶贫，企业在网络、新闻、报刊等媒体上的出现频率会高很多，相对于未参与精准扶贫的企业来说，投资者能够了解更多参与了精准扶贫的企业的信息，企业也能通过参与精准扶贫来为投资者留下自身经营状况良好、有担当的印象。投资者对企业正面信息的了解更多，由此使得企业能够通过较低的融资成本获得外源融资，一定程度上缓解企业的融资约束。

4.3.1.2 内源融资能力不足

优序融资理论指出，企业在考虑融资顺序时，会首选内源融资，这是因为内源融资所需融资成本最低，内源融资很大一部分来源于企业的内部积累、留存收益等，这就需要企业具备较强的产销能力，快速获得利润。但是对于偏远地区上市公司来说，由于环境的闭塞，与外界联系少，外部市场拓展不足，当地居民消费能力又十分有限，由此导致偏远地区企业即使具备较强的生产能力，也难以销售产品。在面临着外部融资渠道不畅的情况下，内源融资能力的不足无疑是雪上加霜，这又进一步限制了企业的研发创新。

企业参与精准扶贫带来的不仅是外源融资渠道的扩展：政府为了鼓励企业积极参与精准扶贫，借助新闻媒体、网络、报刊等工具，对企业参与精准扶贫的行为进行宣传，由此向外部市场传递企业正面信息，提升了企业的市场关注度。除此之外，政府还采取一系列措施，积极鼓励当地龙头企业进行产业扶贫，加强和企业之间的合作，促使企业扩展产业链条，带动企业提升生产能力的同时还通过发布会等形式对企业产品进行推广，支持企业发展品牌经济，为企业带来经济收益，提高利润水平，增强内源融资能力。

4.3.1.3 创新资源的匮乏

虽然政府部门为了激励企业创新发展提供诸多优惠政策，提供企业创新的资金来源，取得了一定成效。但是"巧妇难为无米之炊"，即使有着充足的资金，创新资源的不可获得，包括人才、原料、土地等方面都会限制企业创新发展。我国市场经济起步较晚，资源较多掌握在政府手中，而偏远地区由于地理环境较为封闭，更是形成了闭塞的人情社会，在相较于经济发达地区资源更为有限的情况下，企业不得不花费大量人力、物力和政府建立联系，甚至不惜寻租来获取有限的资源。而中央对精准扶贫政策的贯彻落实高度重视，同时加强外部监管，确保扶贫资金用在实处，在这样的环境下，企业寻租行为得到了有效遏制；对于那些积极投入精准扶贫的企业，政府也相应提供了一定的资源倾斜，缓解企业创新压力。

4.3.2　偏远地区上市公司参与精准扶贫情况

4.3.2.1　偏远地区上市公司的基本情况

本书通过国务院扶贫开发领导小组办公室发布的国家级偏远地区名单，对照国泰安数据库中统计的上市公司注册地，剔除 ST 的上市公司和财务数据不完整的公司，筛选出 27 家 2014～2018 年财务信息连续、完整，且注册地在偏远地区的上市公司，偏远地区上市公司是否参与精准扶贫具体情况如表 4 - 1 所示。通过查阅这 27 家企业公布的年报，发现这 27 家偏远地区上市公司中有 17 家企业从 2016 年开始连续三年参与了精准扶贫，有 8 家企业未参与精准扶贫，剩下的 2 家企业未连续地参与精准扶贫，其中，三毛派神在 2018 年参与了精准扶贫，而 2016 年和 2017 年均未参与精准扶贫；青青稞酒在 2017 年参与了精准扶贫，2016 年和 2018 年未参与精准扶贫。

表 4 - 1　　　　　　　偏远地区上市公司是否参与精准扶贫情况

参与精准扶贫情况	公司简称			
连续三年参与	藏格控股	盐湖公司	罗平锌电	恒康医疗
	华英农业	同德化工	信邦制药	贵州百灵
	洛阳钼业	凤凰光学	三峡水利	岷江水电
	盘江公司	E 公司	红星发展	广安爱众
	文山电力			
未参与	海螺型材	云南锗业	华斯公司	景峰医药
	金河生物	合金投资	亚太实业	兰石重装
未连续三年参与	三毛派神	青青稞酒		

资料来源：国泰安数据库。

4.3.2.2　偏远地区企业参与精准扶贫的行业分布

虽然从 2013 年起，精准扶贫就已经成为了国家扶贫方略。但在 2016 年，证监会发布了《关于发挥资本市场作用，服务国家脱贫攻坚战略的意见》，对上市公司履行社会责任、服务国家脱贫攻坚战略给予支持和鼓励，上交所和深交所也分别发布相关文件，鼓励上市公司积极参与精准扶贫并及时披露相关扶贫信息，在这之后，企业才开始普遍参与到了精准扶贫当中来，大部分上市公司也才开始披露精准扶贫的实施情况，因此，本书统计企业参与精准扶贫情况选取的时间区间为 2016~2018 年。经过筛选，有 17 家注册地在偏远地区的上市公司在 2016~2018 年连续三年参与了精准扶贫，其行业分布状况如表 4-2 所示。

表 4-2　　　　　　参与精准扶贫的偏远地区上市公司基本情况

行业名称		股票代码	股票简称	注册所在地
重工业	化学原料及化学制品制造业	600367	红星发展	贵州省镇宁县
		002360	同德化工	山西省河曲县
		000408	藏格控股	青海省格尔木市
		000792	盐湖公司	青海省格尔木市
	有色金属矿采选业	002114	罗平锌电	云南省罗平县
		603993	洛阳钼业	河南省栾川县
	煤炭开采和洗选业	600395	盘江公司	贵州省盘州市
	电力、热力生产和供应业	600116	三峡水利	重庆市万州区
		600131	岷江水电	四川省汶川县
		600979	广安爱众	四川省广安区
		600995	文山电力	云南省文山市
医药制造业		600285	羚锐制药	河南省新县
		002390	信邦制药	贵州省罗甸县
		002424	贵州百灵	贵州省西秀区
		002219	恒康医疗	甘肃省康县
农业		002321	华英农业	河南省潢川县
仪器仪表制造业		600071	凤凰光学	江西省上饶县

资料来源：国泰安数据库。

从表 4-2 中可以看到，这 17 家企业的行业分布大致可以划分为四类：由于能源（电力、石油、煤炭、天然气等）、化学及化学制品等工业都属于重工业，所以本书将包括三峡水利、同德化工、红星发展等在内的 11 家企业划分为第一类——重工业；第二类是医药制造业，包括的企业有 4 家，分别是羚锐制药、信邦制药、贵州百灵和恒康医疗；属于第三类农业企业的是华英农业；而从事仪器仪表制造业的凤凰光学则作为第四类企业。

根据分类的情况来看，行业的分布状况可能与参与精准扶贫的上市公司注册地在偏远地区有较大的关系,偏远地区受区域资源禀赋和经济社会发展水平的限制,能够选择的主营业务范围较窄,很难开展高科技的研发活动和大型的商贸活动,企业只能根据偏远地区有限的资源条件来选择其经营的业务范围。可以看到,由于贵州省位于我国的云贵高原,当地的地理条件和气候条件,十分适宜药材的种植和生产,这样得天独厚的优势使得贵州成为了我国四大中药材产地之一,所以有两家位于贵州省的偏远地区企业主营业务都是医药制造业,并且主要是中药草制药,而同样位于我国四大中药材产地的还有河南省,所以处于河南省的羚锐制药也以医药制造为主营业务;位于云南、四川、山西、青海等地的偏远地区企业则是利用当地热力、水力和矿产等自然资源,以重工业为主营业务。总体来说,偏远地区企业的业务范围较大地受到了当地资源条件和经济条件的影响,没有高科技企业,也没有金融类企业,大多是从事传统行业的企业,且多为资源依赖性企业。

4.3.2.3　偏远地区企业参与精准扶贫的投入水平和具体方式

近年来,注册地在偏远地区的上市公司在参与精准扶贫的过程中,充分发挥自身各项优势,围绕产业扶贫、就业扶贫等重点,扶贫方式逐渐呈现出了多元化的特点。为了保持数据的连续性,本书剔除了在 2016～2018 年这三年间没有连续参与精准扶贫也暂无后续精准扶贫计划的企业,或精准扶贫披露不完整、数据不全的企业,最终筛选出了 17 家注册地在国家级偏远地区,且自 2016 年开始至 2018 年连续三年参与了精准扶贫的企业,如表 4-3 所示,详细地分析这 17 家企业精准扶贫的投入水平和分布情况。

表 4-3　　　　　　　　偏远地区上市公司精准扶贫投入情况

股票简称	捐赠物资（万元）	捐赠物资占比（%）	产业扶贫（万元）	产业扶贫占比（%）	其他项目（万元）	其他项目占比（%）	总投入金额	营业收入（万元）	投入水平（‰）
红星发展	2.71	1.58	109.19	63.75	59.39	34.67	171.29	410 008.50	0.41
同德化工	12.51	12.06	70.55	68.04	20.63	19.90	103.69	225 279.60	0.46
藏格控股	32.10	99.27	0	0	0.23	0.73	32.33	845 663.10	0.03
盐湖公司	19.16	9.25	150.38	72.60	37.59	18.15	207.13	3 995 328.08	0.05
罗平锌电	43.20	58.14	0	0	31.10	41.86	74.30	369 640.70	0.02
洛阳钼业	281.00	3.16	2 760.00	31.08	5 840.00	65.76	8 881.00	5 705 999.20	1.56
盘江公司	50.60	1.33	3 354.00	88.13	401.00	10.54	3 805.60	1 217 150.75	3.12
三峡水利	2.40	0.30	382.40	48.41	405.12	51.29	789.92	377 360.10	2.10
岷江水电	4.52	1.48	155.00	50.60	146.80	47.92	306.32	307 935.60	1.00

续表

股票简称	捐赠物资（万元）	捐赠物资占比（%）	产业扶贫（万元）	产业扶贫占比（%）	其他项目（万元）	其他项目占比（%）	总投入金额	营业收入（万元）	投入水平（‰）
广安爱众	52.50	0.72	3 919.53	53.99	3 288.00	45.29	7 260.00	61 3267.30	11.8
文山电力	54.64	32.30	25.74	15.21	88.80	52.49	169.18	589 626.30	0.29
羚锐制药	488.69	31.25	370.21	23.68	704.70	45.07	1 563.60	534 095.10	2.92
信邦制药	1 093.70	28.43	1 380.10	35.88	1 372.90	35.69	3 846.77	1 773 978.20	2.17
贵州百灵	0	0	6013.84	98.44	95.12	1.56	6 108.96	794 287.10	7.69
恒康医疗	792.05	27.77	0	0	2 060.14	72.23	2 852.19	941 293.75	3.03
华英农业	0	0	6 128.64	75.14	2 027.60	24.86	8 156.20	1 198 546.30	6.81
凤凰光学	0	0	11.00	66.55	5.53	33.45	16.53	232 180.50	0.07

资料来源：国泰安数据库。

通过企业年报中披露的"上市公司精准扶贫工作统计表"可以看到，企业参与精准扶贫的投入主要集中于以下领域：捐赠物资、产业扶贫、教育扶贫及生态保护扶贫、社会扶贫投入。以精准扶贫现金投入的相对水平来衡量企业精准扶贫的投入情况，具体计算公式为：企业精准扶贫的现金投入总额/营业收入总额×100%。

在精准扶贫投入的分布情况方面，可以看到，17家企业中有14家参与了产业扶贫，有14家企业捐赠了物资，而教育扶贫、转移就业与易地搬迁扶贫等其他扶贫方式，企业只会有选择性的参加。

在精准扶贫投入金额方面，有10家企业精准扶贫上的投入占营业收入的比例超过了1‰，有9家企业在产业扶贫上投入的金额，占总投入金额的比例在50%以上，其中广安爱众和华英农业投入的总金额在这17家企业中排前三位，值得一提的是，这两家企业精准扶贫的投入水平分别为11.84‰和6.81‰，且将几乎全部的投入集中在了产业精准扶贫方面，说明产业精准扶贫是偏远地区上市公司参与精准扶贫投入的重点领域。而企业在直接捐赠物资方面虽然参与度比较高，但投入的力度相对较小，同时从17家企业的总体情况来说，企业参与教育扶贫、易地搬迁扶贫等其他扶贫项目的积极性不是很高，这可能是由于传统的企业扶贫方式大多以物资捐赠、教育扶贫、生态环保扶贫等以企业单方面捐赠为主的方式，企业通过这些方式参与扶贫主要是为了履行社会责任，扶贫行为可能会在提高企业的市场关注度、降低信息不对称从而缓解企业的融资约束等方面给企业带来利益，但同时精准扶贫还创新了企业扶贫的方式，企业通过参与产业精准扶贫，直接影响了自身的主营业务，特别是偏远地区企业，有些偏远地区企业甚至将扶贫产业做成了主业，通过参与精准扶贫，提升了自身的公司绩效，因而企业参与产业精准扶贫的积极性会更高一些。

4.4　精准扶贫对偏远地区企业绩效影响的整体分析

4.4.1　连续三年参与精准扶贫企业的公司绩效

基于因子分析法，对参与精准扶贫的公司按综合得分进行排名（具体方法在第3章已介绍，此处不再叙述，下同），这17家企业的公司绩效综合得分如表4-4所示，有17家企业在2016~2018年连续三年参与了精准扶贫，可以看到，这17家企业中有11家企业的综合绩效得分在2016年得到了提升，有10家企业综合得分绩效的排名和上年水平持平甚至是得到了大幅的上涨，其中，上涨幅度最大的是藏格控股，虽然2017年和2018年该企业公司绩效有所下滑，但明显好于未参与精准扶贫时的公司绩效，并在所有样本中还是位于前列。值得注意的是，罗平锌电、红星发展、同德化工、贵州百灵的公司绩效在参与精准扶贫之后逐年上涨，在样本企业中的排名也得到了进一步的提升。总体来说，在这17家连续三年参与了精准扶贫的企业中，有12家企业的公司绩效相比于未参与精准扶贫时得到了明显的提升，说明企业参与精准扶贫对公司绩效是有积极作用的。

表4-4　　　　　　　　连续三年参与精准扶贫企业的公司绩效

股票简称	2014 年		2015 年		2016 年		2017 年		2018 年	
	综合得分	排名	综合得分	排名	综合得分	排名	综合得分	排名	综合得分	排名
藏格控股	-0.8233	25	-0.8086	26	2.0307	1	0.3283	4	0.2205	7
罗平锌电	-0.0432	16	0.0116	14	0.0978	10	0.1851	7	0.4287	4
红星发展	-0.0891	19	-0.5274	24	-0.0209	16	0.0820	10	0.1086	9
华英农业	-0.1367	20	-0.1581	21	-0.0682	19	-0.0718	19	0.0100	15
洛阳钼业	-0.2253	21	-0.1772	22	-0.0020	15	-0.0261	16	-0.0635	17
羚锐制药	0.0439	12	0.0897	10	0.3481	4	0.2667	5	0.2241	6
岷江水电	0.6116	2	0.8767	1	1.0849	2	0.6654	1	1.0676	1
盘江股份	-0.0170	15	-0.1275	19	-0.0530	18	0.2172	6	0.1833	8
文山电力	0.3241	5	0.3881	3	0.5052	3	0.4568	2	0.5833	2
广安爱众	-0.2434	22	0.0157	13	0.0337	12	-0.0065	15	0.0133	14

续表

股票简称	2014 年		2015 年		2016 年		2017 年		2018 年	
	综合得分	排名	综合得分	排名	综合得分	排名	综合得分	排名	综合得分	排名
三峡水利	0.0677	11	0.1019	9	0.0529	11	0.1272	9	0.0420	12
凤凰光学	− 0.5999	24	− 0.0716	16	− 0.5809	25	0.0180	13	− 0.1503	21
同德化工	0.1303	9	− 0.1234	18	− 0.0930	20	0.0063	14	0.0462	11
盐湖股份	− 0.0001	14	− 0.1208	17	− 0.1621	22	− 0.4414	26	− 0.3321	24
恒康医疗	0.5409	3	0.1897	6	0.1751	6	0.0338	12	− 0.6783	26
信邦制药	0.3143	6	0.0453	12	0.0160	13	− 0.0294	17	− 0.5424	25
贵州百灵	0.1502	8	0.1713	7	0.1581	7	0.1836	8	0.2516	5

资料来源：笔者整理。

4.4.2　未连续参与精准扶贫企业的公司绩效

未连续参与精准扶贫企业的公司绩效如表 4 – 5 所示，在 27 家样本企业中有两家企业未连续参与精准扶贫，其中一家企业是三毛派神，该企业在 2018 年参与了精准扶贫，而 2016 年和 2017 年均未参与精准扶贫，另一家企业青青稞酒在 2017 年参与了精准扶贫，2016 年和 2018 年未参与精准扶贫。可以看到，三毛派神在 2018 年参与精准扶贫后公司绩效上涨到了 0.5674，在 27 家企业中排名第 3；而青青稞酒的公司绩效表现较不稳定，2016 年上升了之后 2017 年又大幅下降，2018 年再次得到了提升。总体来说，未连续参与精准扶贫的企业只有 2 家，样本量较小，但这 2 家企业中有 1 家企业公司绩效呈现上涨的趋势，还有 1 家企业的公司绩效表现不稳定，浮动较大且呈下降的趋势，说明未连续参与精准扶贫的企业公司绩效表现没有连续参与精准扶贫的企业好。

表 4 – 5　　　　　　　未连续参与精准扶贫企业的公司绩效

股票简称	2014 年		2015 年		2016 年		2017 年		2018 年	
	综合得分	排名	综合得分	排名	综合得分	排名	综合得分	排名	综合得分	排名
三毛派神	− 0.0450	17	− 0.6884	25	− 0.0328	17	0.3784	3	0.5674	3
青青稞酒	0.1899	7	0.0619	11	0.1389	8	− 0.3326	23	− 0.0595	16

资料来源：笔者整理。

4.4.3　未参与精准扶贫企业的公司绩效

未参与精准扶贫的企业有 8 家，这 8 家企业的公司绩效如表 4 – 6 所示，可以看到，其中有 6 家企业的公司绩效在 2016 年有所下降，所占的比率超过了该类企业的 70%，而且下降的幅度也很大，特别是亚太实业和兰石重装这两家企业，其综合得分的排名分别下降了 17 名和 18 名；此外，至 2018 年，有 4 家企业的公司绩效较 2014 年有了大幅的下降。这说明大部分未参与精准扶贫的偏远地区企业公司绩效在 2016～2018 年呈现下降的趋势，这与连续参与精准扶贫的偏远地区企业公司绩效表现形成了明显的对比。

表 4-6　　　　　　　　　　未参与精准扶贫企业的公司绩效

股票简称	2014 年		2015 年		2016 年		2017 年		2018 年	
	综合得分	排名	综合得分	排名	综合得分	排名	综合得分	排名	综合得分	排名
云南锗业	0.0687	10	-0.0558	15	-0.4118	24	-0.1085	21	-0.1302	20
亚太实业	-1.2964	26	0.3237	4	-0.1299	21	-0.3423	25	-0.0765	18
兰石重装	0.3604	4	0.3018	5	-0.1902	23	-0.1162	22	-0.8885	27
景峰医药	1.1822	1	0.4375	2	0.1387	9	-0.0361	18	0.0178	13
华斯股份	-0.0611	18	-0.1480	20	-0.5821	26	-0.3334	24	-0.2248	23
合金投资	-1.4884	27	-1.8389	27	-1.8063	27	-0.8064	27	-0.1890	22
金河生物	0.0230	13	0.1642	8	0.2226	5	0.0732	11	0.0932	10
海螺型材	-0.2809	23	-0.3985	23	-0.0019	14	-0.0977	20	-0.0767	19

资料来源：笔者整理。

4.4.4　小结

通过分析可以看到，17 家连续三年参与了精准扶贫的企业中有 11 家企业的综合绩效得分在 2016 年有所提升，有 8 家企业的排名得到了提升，其中藏格控股的排名提升得最快，在 2016 年位居第 1。值得注意的是，这 17 家企业中有 4 家企业综合绩效的得分在 2016～2018 年逐年增长，总体来说，到 2018 年，有 11 家参与了精准扶贫的企业综合绩效得分明显高于未参与精准扶贫时，这个比例达到了 60% 以上。而未参与精准扶贫的 8 家企业中，有 5 家企业的综合绩效呈现出明显下降的趋势，同行业的企业之间进行对比的话，可以看到，同属于重工业和医药制造业的企业，参与了精准扶贫企业的综合绩效表现得更好，经过同行业企业的绩效对比可以发现，即使处于同一行业，参与了精准扶贫的企业绩效表现也会好于未参与精准扶贫的企业。

综上所述，大部分的偏远地区企业在参与精准扶贫之后公司绩效都得到了提升，并且这个比例明显高于未参与精准扶贫的企业，这与现有学者所做的实证研究结果相符，说明偏远地区企业参与精准扶贫也是有助于企业绩效提升的。

4.5 精准扶贫对偏远地区企业绩效影响的进一步研究

4.5.1 创新绩效的衡量——层次分析法

通过大量阅读文献可以发现，目前对于企业创新绩效的衡量大概有以下几种方法：DEA 分析法、主成分分析法、密切值法以及层次分析法，其中前三种方法虽然都属于定量分析方法，数据较易获得，但是对于 DEA 分析法来说，具有它自身无法克服的局限性，即相对有效性，与实际评价要求不一致；而主成分分析法不便于企业横向纵向之间的比较，对于本书多案例研究方法来说不适用；密切值法缺乏对指标之间的权重估计，对于结果的客观性会有影响。基于上述考虑，本书采用层次分析法，并用专家打分的方式确定因子层各指标权重，最后计算出一个具体的得分，以此来反映公司的创新绩效。另外，运用层次分析法可以将企业间创新绩效进行纵向对比，因而通过层次分析法能对偏远地区上市公司在参与精准扶贫前后创新绩效的变化进行较为全面的评价和分析。

4.5.1.1 样本的选取和指标体系的建立

本书要分析的是参与精准扶贫对偏远地区上市公司创新绩效的影响，但是由于企业创新成效的呈现具有滞后性，因而仅仅按照企业开始参与精准扶贫的时间点，即 2016 年来进行划分，可能会有失客观。而不同地区、不同行业的偏远地区上市公司，在创新困境方面具有高度相似性。因此，本书把偏远地区上市公司划分为参与精准扶贫和未参与精准扶贫的两类样本进行研究，希望可以通过对比，详细分析精准扶贫对企业创新绩效的影响。

通过查阅相关权威文献可以发现，一般来说，创新绩效评价指标体系设计需要遵循如下原则。

其一，科学性原则。要想使得创新绩效评价指标体系客观、合理，首先要对企业的创新绩效内涵及其界定有一个科学、全面的认识；其次，在对企业创新绩效评价理论有了较为深刻的认识之后，结合企业创新绩效评价指标具体包括的内容，在此基础上选择指标，建立创新绩效评价指标体系。

其二，可操作性原则。这个原则意指企业创新绩效评价指标需要具备现实性：创新绩效评价需要结合企业具体案例才有价值。对于企业来说，在实际的生产工作中能够指导创新工作的顺利进行，并且确保企业长远发展，才是评价创新绩效的最终目的。因此，为了保证数据的真实性以及评价结果的客观性，我们尽可能从公开的统计资料和企业公布的各种会计资料中通过直接查询数据，或者间接计算，来获取资料；对于指标的筛选，也应该充分考虑到从方便获得的数据入手。

其三，综合性原则。企业的创新成果涉及无形资产、专利以及创新活动带来的经济收益等方方面面，单单从某一个方面来衡量是不客观的；而且企业的最终目标都是追求利润以及长远发展，而这些都会反映在企业的财务指标上。而创新绩效评价的指标选择也应该对以上内容有所考虑。

为了全面、细致、直观地了解偏远地区上市公司的创新绩效状况，笔者通过阅读大量文献，参考了权威文献中专家的做法，遵循创新绩效指标体系的设计原则，对企业创新绩效采取创新产出的衡量方式，选取了以下四个指标来构建企业创新绩效评价指标体系，并采用专家打分法的方式进行打分，借鉴模糊层次分析法确定各指标的权重。

其一，专利申请数量（韩美妮等 2016）：弗瑞姆和索菲特（Frame and Soete）认为，专利数量可以较为直观地反映公司对创新投入的使用效率，是公司创新活动产出最直接的反映，专利化的创新技术已处在市场的边缘，具有潜在的市场价值。由于专利的授权可能需要较长时间，用专利授权数无法衡量企业当期的创新产出，而当年专利申请数能够反映公司进行实际创新活动的时点；因此，本书采用专利申请数量来作为衡量企业创新绩效一个非常重要的指标。

其二，发明专利申请数量（张米尔等 2013）：专利法规定，企业可以申请发明专利、实用新型专利以及外观设计专利；不同的类别科技含量以及为企业带来的经济效益都不一样，因而有必要区分处理；一般认为发明专利带给企业的经济效益较多，受益期限也较长。因此，本书采用当期发明专利申请数量来衡量企业研发的质量。

其三，技术型无形资产占比（肖淑芳等 2020）：该指标的计算方式为技术型无形资产占总无形资产之比，由于部分企业不热衷于申请专利，因而只采用专利数量来衡量企业创新绩效难免会使得创新产出情况得不到真正的体现。而无形资产是以账面价值的表现形式来衡量企业的创新产出，可以较好地弥补只采用专利数量的缺陷，使指标体系更具全面性；无形资产不仅包括技术型，而且包括非技术型，其中技术型无形资产包括专利、专有技术、非专利技术、商标权、著作权、软件等，非技术型无形资产包括土地使用权、采矿权、特许使用权等，只有技术型无形资产才能更好地体现企业的创新价值。为了保证数据能够真实反应企业的创新产出情况，本书采用各上市公司无形资产扣除摊销和减值后的账面价值数据来进行计算。

其四，净资产收益率（周衍平等 2019）：该指标是反应企业盈利能力的通用性指标，创新经济理论指出，企业的一系列研发投入等创新活动只有通过销售环节创造出经济效益的增长，才具有相应的价值；因此，创新绩效不仅包括经历创新过程后积累的专利等技术，而且还应包括财务效益的增长；一般来说，和创新相关的财务效益指标包括新产品市场占有率、新产品销售收入以及成本降低程度等指标；然而笔者查阅数据库发现，对于微观研究对象即上市公司个体来说，以上指标相关数据无法精准获得，在企业财务报告中披露也非常少。净资产收益率具备综合能力强、会计可操作性小等特点，因此，可以作为衡量企业创新其他产出的指标。

确定了具体的创新绩效评价指标之后，在此基础上，运用层次分析法对企业创新绩效评价进行分层次分析，构建层次结构模型，如表 4 - 7 所示。

表 4 - 7   创新绩效评价指标体系

目标层	企业创新绩效评价（A）
判断层	专利申请数量（B1）
	发明专利申请数量（B2）
	技术型无形资产占总无形资产比（B3）
	净资产收益率（B4）
方案层	创新绩效水平（C）

由于净资产收益率、技术型无形资产占比、专利申请数量、发明专利申请数量等不属于同一特征数据，因此，需要按照如下方式进行归一化处理：

$$X_{normalization} = \frac{X - \min}{\max - \min}$$

4.5.1.2   一致性检验以及权重的确定

由于方案层目标数量过多，本书借鉴肖芬模糊层次分析法，采用专家打分法的方式咨询相关专家，发放创新绩效评价指标体系打分问卷共 7 份，最终收回 7 份问卷。这 7 名专家中，包括 3 名高新技术企业管理层人员，以及 4 名与高校研究创新相关课题的学者。他们或拥有丰富的实践经验或具备较高的理论水平。

收回的问卷打分结果利用 YAAHP 软件进行运算处理，其中有 5 位通过一致性检验；有效问卷 5 份，无效问卷 2 份，问卷有效性为 71.43%，这 5 位专家一致性检验结果如表 4 – 8 所示。

表 4 – 8　　　　　　　　　　　一致性检验结果

专家	CR	λ_{max}
专家 1	0.0172	4.0458
专家 2	0.0116	4.0310
专家 3	0.0039	4.0104
专家 4	0.0172	4.0458
专家 5	0.0266	4.0710

将通过一致性检验的赋值结果进行汇总，运用 YAAHP 软件中的群决策功能，各位专家赋值所占比重平均设定；采用算术平均法的方式，得到各个指标对于目标层，即企业创新绩效评价的权重，分别是 0.3318（B1），0.3234（B2），0.1354（B3）和 0.2094（B4）。

可以看到，对于企业创新绩效的衡量，各位专家的意见基本和现有权威文献的观点基本保持一致，即专利申请数量和发明专利对于企业来说，是衡量企业创新绩效非常重要的指标。因而可以认为，该指标体系权重较为合理，可以较为客观地衡量企业的创新绩效。因此，本书最终得出的偏远地区上市公司创新绩效水平（C）的计算方法为：

$$C = 0.3318 \times B1 + 0.3234 \times B2 + 0.1354 \times B3 + 0.2094 \times B4$$

4.5.2　精准扶贫对偏远地区企业绩效影响结果的分析

通过查阅国家知识产权局官方网站以及大为 Innojoy 专利搜索引擎可以发现，前述所列偏远地区上市公司中，有一部分公司创新活动并不活跃，研发投入与创新产出并不连续。这可能是因为偏远地区上市公司受区域资源约束和当地经济社会发展水平的限制，能够选择的主营业务范围较窄，较难开展高科技的研发活动，企业只能根据有限的资源条件来发展自身业务。例如，三峡水利、恒康医疗在 2014 ~ 2019 年研发投入和专利产出相关情况在年报以及数据库中均无体现，岷江水电、广安爱众和文山电力从 2019 年才开始披露研发数据，华英农业仅在 2016 年和 2019 年分别申报了 2 项实用专利和 1 项实用专利；华钰矿业分别于 2014 年、2019 年各申请了 1 项专利；高争民爆在 2014 ~ 2016 年均无专利申请，其余年度专利申请数量也较少。考虑到保持数据的连续性以及合理性，本书剔除 ST 企业以及金融行业企业，以 2014 年作为研究起始点，进一步剔除从 2014 年开始财务数据以及研发数据缺失的企业，最后得到 17 家企业，其中参与精准扶贫的公司 14 家，未参与精准扶贫的公司 3 家。结合前述得到的指标权重，对偏远地区上市公司 2014～2019 年的创新绩效水平进行打分。

4.5.2.1　参与精准扶贫企业的创新绩效

表 4-9 列举了 14 家参与精准扶贫的企业及其创新绩效，可以看到，这 14 家企业中有 6 家属于医药制造行业，其中有 2 家位于贵州，1 家位于河南，剩余 3 家位于西藏。这说明贫困地区天然的气候条件以及资源优势对于医药制造业来说可以因地制宜进行创新活动，而相比之下，其他企业则可能会受到较大限制。具体来看，凤凰光学、红星发展创新绩效水平从 2018 年开始有了大幅提升；西藏药业、洛阳钼业以及奇正藏药的创新绩效更是在较长时间段内有了持续提升，虽然后期有所回落，但是整体来说创新绩效水平高于精准扶贫之前；E 公司、贵州百灵、信邦制药的创新绩效 2017 年有所下降，但是从 2018 年开始都有了较大的提升，且高于精准扶贫之前；罗平锌电参加精准扶贫之后创新绩效就一直在较高水平线内徘徊；值得注意的是，盘江公司在 2016～2018 年的创新绩效没有什么变化，而 2019 年该企业创新绩效却有了攀升；总体来说，14 家企业中有 9 家企业参与精准扶贫之后创新绩效得到了较大提升，虽然少部分年度有所回落，但是总体来说高于精准扶贫之前，且有几家公司创新绩效的提升较为明显，这说明参加精准扶贫对企业创新绩效是有一定程度的正向作用的。

表 4-9　　　　　　　　　　参与精准扶贫企业的创新绩效

股票简称	2014 年	2015 年	2016 年	2017 年	2018 年	2019 年
盘江公司	0.0342	0.1988	0.1376	0.1697	0.0747	0.6883
贵州百灵	0.2135	0.7507	0.4224	0.0911	0.4165	0.4901
E 公司	0.2108	0.1075	0.2544	0.0629	0.6950	0.4754
奇正藏药	0.0555	0.0559	0.0424	0.2852	0.6938	0.0383
信邦制药	0.6731	0.0713	0.3782	0.0683	0.2565	0.3026
西藏药业	0.0284	0.0211	0.5664	0.7090	0.8282	0.1406
红星发展	0.1244	- 0.0355	0.0092	0.0179	0.6230	0.6715

续表

股票简称	2014 年	2015 年	2016 年	2017 年	2018 年	2019 年
海思科	0.7392	0.1567	0.1645	0.0508	0.0870	0.1155
河钢资源	0.2330	0.4969	0.1221	0.4767	0.0993	0.1781
同德化工	0.6873	0.1837	0.0190	0.1845	0.0287	0.0308
湖南黄金	0.0088	0.3336	0.0083	0.0143	0.0121	0.0068
罗平锌电	0.1516	0.0046	0.5649	0.5883	0.3336	0.5510
洛阳钼业	0.0301	0.2632	0.5399	0.6759	0.3344	0.2507
凤凰光学	− 0.0249	0.0150	− 0.0315	0.0368	0.5521	0.5387

资料来源：笔者整理。

另外一点很重要的是，对于参与精准扶贫的企业来说，除了盘江公司之外，积极投入产业扶贫后创新绩效都有所提升，这说明企业通过产业扶贫的方式可以结合自身业务进行创新。另外，结合前述企业参与精准扶贫的连续性以及投入强度可以看到，除了盘江公司之外，从表4－9中可以看出，前6家企业中有5家企业创新绩效提升作用较为显著，而这6家企业均是从2016年开始连续参与精准扶贫并且投入力度较大的企业；而剩下的企业是参与精准扶贫但是不连续的企业，并且投入力度较小，其创新绩效提升程度不如前6家企业明显，这说明企业参加精准扶贫提升了创新绩效，对于参与度较好的企业来说作用更为明显。这意味着精准扶贫对于企业创新绩效的作用机理在参与度较高的企业可能更为明晰。基于此，本书在对具体案例的选择时也从精准扶贫参与度较好的企业入手；值得注意的是，盘江公司兼具精准扶贫参与度和产业扶贫投入力度，在参加精准扶贫之后较长一段时间内却并没有提升创新绩效，直到2019年才有所攀升，其中原因引人深思。

4.5.2.2　未参与精准扶贫企业的创新绩效

表4－10反映的是未参与精准扶贫的偏远地区上市公司的创新绩效，剔除财务数据、研发数据不全的企业之后还剩3家，可以看到，这3家企业的创新绩效表现较为不稳定，没有出现时间段内上涨的趋势，只会在少部分年度出现创新绩效水平较高或者较低的情况；这与参与精准扶贫的企业形成明显的对比，未参与精准扶贫的偏远地区上市公司的创新绩效变化情况进一步印证了精准扶贫对企业创新绩效的作用。

表 4 - 10　　　　　　　　　未参与精准扶贫的企业创新绩效

股票简称	2014 年	2015 年	2016 年	2017 年	2018 年	2019 年
云南锗业	0.3463	0.2179	0.6653	0.0237	0.3507	0.0164
仟源医药	0.2418	0.0890	0.7540	0.0905	0.0787	0.2945
福瑞公司	0.4219	0.0789	0.0739	0.0478	0.7014	0.0464

资料来源：笔者整理。

4.5.3　小结

通过分析可以看到，14 家参与了精准扶贫的企业有 9 家企业的创新绩效水平得到了提升，这个比例达到了 60% 以上，但是可能由于创新滞后性的影响，提升的期间有先有后，其中相比较精准扶贫参与度较低的企业，参与度较好的企业创新绩效提升效果更为显著；而未参与精准扶贫的 3 家企业，其创新绩效变化较为不稳定，无规律可循；同行业企业之间进行对比，可以发现，两大类创新较为活跃的行业，即重工业和医药制造业的企业，参与了精准扶贫的企业的创新绩效提升明显。这说明即使处于同一行业，相比较未参与精准扶贫的企业，参与了精准扶贫的企业创新绩效表现也会更好。

总之，大部分的偏远地区上市公司在参与精准扶贫之后，其创新绩效都得到了一定程度的提升，并且和未参与精准扶贫的企业形成了较为明显的对比，这与现有学者所做的实证研究结果大致相符；但是由于创新滞后性的固有特点，提升的时间点有先有后，这说明一般情况下，偏远地区企业参与精准扶贫对于创新绩效的提升存在着一定的正向作用。

4.6　本章小结

首先，本章通过选取 2014～2018 年的偏远地区上市公司作为研究对象，基于因子分析法分析精准扶贫对企业绩效的影响，通过构建公司绩效评价综合指标，以连续参与精准扶贫、未参与精准扶贫和未连续参与精准扶贫来划分企业的参与程度，对其公司绩效进行整体分析，研究发现，在 17 家连续三年参与了精准扶贫的企业中，有 11 家企业的综合绩效得分在 2016 年有所提升，有 10 家参与了精准扶贫的企业综合绩效得分明显高于未参与精准扶贫时，这个比例达到了 60% 以上。而未参与精准扶贫的 8 家企业中，有 5 家企业的综合绩效呈现出明显下降的趋势，并且经过同行业企业的绩效对比可以发现，即使处于同一行业，参与了精准扶贫的企业绩效表现也会好于未参与精准扶贫的企业。可以看到，大部分偏远地区企业在参与精准扶贫之后公司绩效都得到了提升，并且这个比例明显高于未参与精准扶贫的企业，这与现有学者所做的实证研究结果相符，说明偏远地区企业参与精准扶贫也是有助于公司绩效提升的。

由于我国偏远地区企业与贫困地区的联系更加紧密，有着最真切的扶贫情怀和带贫优势，偏远地区企业可以把自身发展与贫困地区紧密连接在一起，将自身产业资源转化为扶贫资源。于是本书选取偏远地区企业作为研究对象，通过因子分析法综合评价了偏远地区企业的公司绩效并进行排名。结果显示，大部分偏远地区企业在参与精准扶贫之后公司绩效有了提升，并且这个比率远高于未参与精准扶贫的企业，说明参与精准扶贫有助于偏远地区企业公司绩效的提升。

其次，为了探究精准扶贫对企业绩效的深层次影响，为下面探究精准扶贫对公司绩效的影响的作用途径做铺垫，本书选取 2014～2019 年的偏远地区上市公司作为研究对象，采取层次分析法构建企业创新绩效评价指标体系，基于此，对偏远地区上市公司创新绩效进行了整体结果分析。总体来看，参与精准扶贫的企业比未参与精准扶贫的企业创新绩效表现要好；具体来说，14 家参与了精准扶贫的企业有 9 家企业的创新绩效水平在精准扶贫之后得到了提升，这个比例达到了 60% 以上；其中相比较精准扶贫参与度较低的企业，参与度较好的企业创新绩效提升效果更为显著。而未参与精准扶贫的 3 家企业，其创新绩效变化较为不稳定，无规律可循；进一步说，即使是同行业企业之间进行对比，参与了精准扶贫的企业的创新绩效提升也更为明显。以上结论与现有学者所做的实证研究结果相符，说明偏远地区上市公司参与精准扶贫对创新绩效存在着一定的正向作用，同时表明精准扶贫活动可以先对偏远地区企业的创新绩效产生影响进而提升企业绩效。

最后，2020 年 11 月 23 日，832 个国家级贫困县实现了脱贫“摘帽”，脱贫攻坚任务圆满完成。而企业作为其中不可或缺的力量，也积极响应国家政策、履行社会责任，作出了不容忽视的巨大贡献。对于地处偏远地区的企业，闭塞的环境以及资本市场的不发达，加剧了外界对自身的信息不对称程度，导致企业无论是资源获得、融资渠道还是产品外销都较为受限，从而导致了偏远地区企业面临着较为严重的融资约束和寻租问题，这些都是不利于创新绩效提升的。而精准扶贫具备自身独有的政策性，企业参与其中不仅可以获得媒体关注度，大量关于精准扶贫的正面报道可以提升自身形象，从而吸引外部投资者，为企业带来资金流；同时，精准扶贫带来的政策监管以及政府的资金支持、资源倾斜更是为偏远地区企业创新的有效发展提供了保障。因此，企业作为社会的一分子，应当主动参与精准扶贫，主动详细披露扶贫工作情况，还应健全规范企业的投资决策过程，防范过度投资，并且要加大研发投入的力度，提升企业竞争力，从而把自身创新、产业发展与履行社会责任相结合，形成一个正向的循环，实现双赢。但是对政府来说，在鼓励和引导企业参与扶贫工作、细化企业精准扶贫信息披露要求的基础上，还应完善和整治贫困地区的外部治理环境，防止出现企业的寻租行为；同时关注偏远地区企业对于资金的需求情况并及时作出相应调整，对资金需求较大的偏远地区企业加大加深扶持力度。

第5章 精准扶贫对偏远地区企业绩效影响的作用机制

　　偏远地区特殊的地理位置虽然使其拥有了丰富的自然资源，但同时也形成了偏远地区与外界相对隔绝的局面。国家为了充分调动企业参与扶贫攻坚的积极性，各地政府，特别是偏远地区政府，为了带动、鼓励当地的企业参与精准扶贫，纷纷推出各种政策，帮助企业进行融资，从而推动当地产业的发展。而政府为了吸引企业参与精准扶贫，对参与扶贫的企业进行大力宣传，并且指导培育高知名度商标，发展品牌经济，加大对偏远地区产品营销的支持力度，在这样的政策支持下，偏远地区的企业有了走出去的机会，提升品牌知名度，促进自身的发展。但从现实情况考虑，这三个问题在偏远地区是普遍存在的，也就是说，大部分的偏远地区企业都存在这三个问题中的至少一个问题。

　　为了研究精准扶贫对偏远地区企业公司绩效产生影响的作用机理，本书选取了 A、B、C、D、E 五家企业作为案例企业。这五家企业都位于偏远地区，并且都是精准扶贫参与度较好的上市公司，这五家企业以前年度分别存在着一定程度的融资约束以及寻租问题，在参与精准扶贫后企业绩效都得到了提升，但是提升企业绩效的作用路径略有不同。通过公司绩效影响因素的相关文献和精准扶贫的相关政策，我们可以推测精准扶贫可能是通过融资约束、寻租和市场关注度这三个方面来影响偏远地区企业的公司绩效。从偏远地区企业的特点来考虑，大多数的偏远地区企业都面临着这三个方面的问题，因此，这种推测是有理论支持、政策支持和现实支持的。

　　但由于样本量较少，很难在连续三年参与精准扶贫的偏远地区上市公司中找到一家这三个方面都存在较大问题的企业。因此，本书选择了几家存在特定问题的极具代表性的企业。例如，市场关注度的案例企业 E 公司的注册地在河南省的偏远地区 N 县，处于大山的腹地，地理位置十分封闭，导致企业和外部交流较少，存在市场关注度不高的问题；而融资约束的案例企业 A 公司的注册地也在河南省的偏远地区 X 县，X 县虽然由于我国金融资源配置过程中对弱势群体存在显著的金融排斥而经济发展较为落后，但却是河南省的交通枢纽，交通物流十分发达，并且通过百度搜索引擎的统计，精准扶贫后其市场关注度有提升，然而提升的幅度远远没有 E 公司明显。基于此种考虑，本书从扶贫参与度较好，且连续三年连续参与精准扶贫，扶贫数据也披露得较为完整的企业中选取了 5 家企业，这 5 家企业极具代表性，其问题较为突出，但在参与精准扶贫后得到了明显缓解。

同时，本书另选取 a、b、c、d、e 5 家同处于国家级偏远地区，也存在着寻租与融资约束问题但是未参与精准扶贫的企业作为对比组，希望可以进一步证实精准扶贫对企业创新绩效影响的作用机理，旨在通过对这些企业提升企业绩效路径的研究分析，给其他希望通过参与精准扶贫提升公司绩效、促进企业发展的偏远地区企业带来一定的借鉴意义，也能为偏远地区的政府部门制定出更合理的扶贫政策提供参考。

5.1　精准扶贫缓解融资约束的典型案例分析

5.1.1　政府补贴缓解 A 公司融资约束及过度投资问题

5.1.1.1　A 公司基本情况介绍

A 公司是一家大型禽类食品加工企业，其注册地位于国家级偏远地区企业河南省 X 县。公司自成立之初就积极履行富裕当地百姓、带动地方经济的责任。经过多年来的不懈努力，公司成为了当地重要的支柱产业，在推动社会主义新农村建设、带动地区经济发展等方面起到了示范带头作用，其作出了应有的贡献。目前 A 公司是国家扶贫和国家级农业产业化重点龙头企业。

根据国务院发布的数据显示大部分的中国经营者都面临较为严重的融资约束问题，而融资约束又会影响公司绩效的提升，阻碍企业的发展。由于受到行业性质的影响，我国农业企业的融资约束问题尤为严重，农业企业长期存在融资难、融资成本高等问题。现有学者通过股利支付率和利息保障倍数企业对融资约束程度进行了初步衡量，发现农业企业的利息保障倍数和股利支付率都明显低于其他行业，存在严重的融资约束问题，并且农业企业的资产负债也很低，处于市场下游，这也说明我国农业企业存在债务融资能力不强，整体融资能力偏弱的问题。

虽然 A 公司身为农业龙头企业一直被看作重要的引领力量，但由于农业的弱质性特征，以及受到企业自身规模的限制，A 公司在产业发展、养殖技术革新、研发产品等关键环节依然存在一定的融资约束。

5.1.1.2　A 公司参与精准扶贫的情况介绍

A 公司在 2016 年利用企业全产业链的优势，大力吸引河南省贫困地区的人员到 A 公司下属的百余个养殖场、加工厂工作。同时，企业响应县政府"产业＋金融"扶贫措施，利用资产收益，成功带领贫困户脱贫，并为每户兑现了 5 000 元的收益。在生态保护扶贫方面，企业积极响应国家环保养殖"零排放"政策，在已投入 4 000 多万元的基础上，还对 X 县养殖场周围的生态环境进行治理，有效提升了贫困地区可持续发展能力。

2017 年 A 公司继续积极开展产业扶贫，落实 X 县"产业＋金融"贫困户固定收益发放工作，通过县"产业＋金融"总体安排，截至 2017 年底，已帮扶贫困人口 2 408 人。转移就业脱贫方面，企业通过 X 县扶贫部门成功地和贫困户对接，通过就业培训，提高了贫困户的工作技能，满足了就业的需要。生态扶贫方面，企业新建、扩建的养殖场不仅做到生态环保，而且注重与周围环境的和谐，所在偏远地区企业 X 县的交通、植被等都得到了改善。

2018 年 A 公司在产业带动、吸纳就业、捐资救助等方面，赢得了各级政府及社会各界的高度赞誉。当年企业建设了 3 个立体生态养殖场，并安排贫困人员就业，培训贫困户超过 2 000 人次，实现专业就业 1 000 人次以上。生态扶贫方面，公司建设了立体生态养殖场，做到"零污染"，对周边的环境给予了必要的治理。

从表 5 - 1 中可以看到，2016 ~ 2018 年 A 公司在精准扶贫上投入的金额逐年上涨，A 公司精准扶贫工作的基本方略是以产业发展扶贫为主，转移就业脱贫、教育扶贫、生态产业扶贫等其他扶贫领域稳步跟进，其中，产业脱贫最为突出。A 公司的产业脱贫项目与其主业密切相关，这三年间企业每年几乎有六成以上的扶贫金额都投入在产业发展脱贫上，特别是 2016 年，也就是企业参与精准扶贫的第一年，企业产业发展脱贫所占的金额甚至超过了当年精准扶贫总投入的 86%，说明产业发展脱贫是 A 公司参与精准扶贫最主要的方式。这是因为产业精准扶贫更强调政府、企业和贫困户之间的良性互动，A 公司通过参与产业精准扶贫，不仅以扶贫的方式履行了企业社会责任，而且还借此获得了更多的融资，并且以其产业性促进自身的发展。

表 5-1　　　　　　　　　　　**A 公司精准扶贫情况**　　　　　　　　单位：万元

年份	产业发展脱贫	转移就业脱贫	教育脱贫	健康扶贫	生态保护脱贫	社会扶贫	其他项目	总额
2016	1 625.64	0	10	1.5	238	10.96	0	1 886.10
2017	1803	0	0	0	0	0	1 204	3 007.00
2018	2 700	50	5	0	745	0	0	3 500.00

资料来源：A 公司 2016～2018 年企业年报。

　　同时，企业在参与精准扶贫的三年中有两年对生态保护脱贫有大量的投入，这是因为随着生态文明建设被写入政府工作报告，中国正在逐渐形成强有力的生态文明建设浪潮，积极履行环保义务的企业将更多地受到政策的支持，以降低金融机构为其提供融资支持的声誉风险，从而降低企业的融资成本，扩大企业的融资空间。并且 A 公司的两个固定帮扶点就位于其注册地 X 县，A 公司对偏远地区企业的环境进行修复，有效地提升了贫困地区的可持续发展能力，也就是提升了企业自身的可持续发展能力，这对公司绩效有积极的影响，所以企业在生态保护脱贫上的投入也较大。

　　值得注意的是，A 公司 2017 年在其他项目上投入了 1 204 万元，这 1 204 万元是 A 公司积极响应 X 县"产业＋金融"总体安排，发放给贫困户的扶贫资金。A 公司参与扶贫工作的运作模式是银行给企业旗下的养殖场发放扶贫贷款，养殖场招募周边贫困户就近提供劳务，由养殖场向贫困户发放扶贫资金，银行向养殖场提供资金后，养殖场再购买鸭苗、饲料等生产资料。企业通过这种模式融资，既向养殖场提供了资金，又增加了养殖量，也为企业增添了劳动力，在节约了资金成本的同时，提升了企业效益。

5.1.1.3　精准扶贫对 A 公司融资约束的影响

（1）A 公司的融资状况

　　表 5-2 反映了 A 公司 2014～2018 年的融资方式及构成，可以看到，企业的融资方式主要是债券融资和股权融资，而内源融资占比不大，一直维持在 10% 以内，特别是企业未参与精准扶贫时，内源融资率只有 6%。究其原因，企业较低的利润率，留存收益少，自身积累少，造成 A 公司内源融资差。但是在 2016 年之后，企业的内源融资率上涨了 33.33%，并且这一增长趋势一直维持到了 2018 年。从企业的融资结构中还可以看到，A 公司对外源融资的依赖性较强，其中，股权融资的条件较为严格，企业较难通过股权融资筹集到资金，但在 A 公司参与精准扶贫的第一年，也就是 2016 年，公司发行 108 491 100 股，

当年企业的股权融资率也达到了这五年的最大值，一定程度上缓解了企业的融资约束，满足公司业务快速发展对资金的需求。还可以看到，企业的债权融资从 2014 年到 2018 逐年提升，但前三年的增幅一直在 25% 以下，2017 年债权融资的增长率几乎达到了 50%，这是由于当年发行了 3.5 亿元的公司债券，这也是公司上市以来，第一次发行债券。但企业在 2016 年就召开股东大会，审议通过了关于公司非公开发行债券的相关议案，并获得了深圳证券交易所出具无异议函，准许公司发行债券，并于发行完成后在深交所挂牌转让。由于 2016 年 A 公司刚完成股票定向增发，资金较为充裕，因此，企业决定待 2017 年再启动债券发行工作，这说明 A 公司的融资约束在 2016 年发行股票之后就得到了有效的缓解，企业甚至在满足了发行债券的条件下，依旧选择延期发行债券，而 2017 年企业债券的发行进一步扩大了企业的融资规模。

表 5 - 2　　　　　　　　　　　　A 公司融资情况

项目	2014 年	2015 年	2016 年	2017 年	2018 年
债权融资（万元）	276 130.48	342 940.93	347 321.77	518 740.33	606 959.38
债权融资率（%）	64	68	57	65	67
股权融资（万元）	131 089.02	131 089.02	214 897.65	214 893.66	214 893.66
股权融资率（%）	30	26	35	27	24
内源融资（万元）	26 283.28	29 779.82	48 073.91	60 326.70	78 753.76
内源融资率（%）	6	6	8	8	9
融资总额（万元）	433 503.73	503 810.71	610 294.26	793 961.61	900 607.72

资料来源：国泰安数据库。

银行借款和其他机构借款相对于股权融资和发行债券融资条件较为宽松，资本成本也较低，所以企业在日常经营过程中通常使用这种方式来进行融资。由于 A 公司在财务报表中未详细地披露银行借款和其他机构借款的情况，因而本书选用长期借款来反映企业银行借款和其他机构借款的情况，通过图 5 - 1 可以看到，由于农业龙头企业相较于其他行业的龙头企业在运营时的风险偏高，收益受到不可抗力的影响，进而可能产生较高的违约率，加大了企业获得银行信用贷款支持的难度，所以 A 公司在参与精准扶贫之前较难获得银行和其他金融机构贷款，长期借款的金额维持在较低的水平，并在 2014～2015 年呈下降的趋势，在 2015 年降到了最低点，当年的长期借款仅有 2 000 万元，而在此期间企业也未发行股票和债券，说明企业在这三年间面临较大的融资约束。但是可以看到，在 2016 年企业参与精准扶贫之后，长期借款大幅增长，较未参与精准扶贫时增长了 8 倍多，这一增长趋势一直维持到了 2018 年。这主要是因为以下两个原因：首先，河南省 X 县为了解决当地农业企业融资难，以及商业银行虽有发展需要，但出于防范风险的考虑，有钱无法贷出去的问题，推出了"产业＋金融"扶贫模式，这是一种基于市场化运作机制的新型企业融资模式，该模式着力于探索建立 A 公司这样的当地农业龙头企业与贫困户之间的利益连接机制。具体实施方法是实行政府为企业提供担保，贷款的风险由政府、银行和担保公司来承担，银行以每名贫困户 5 万元的额度，向参与精准扶贫的企业发放贷款，再由企业每年向贫困户发放扶贫资金。从表 5－3 可以看到，2016 年 A 公司通过参与"产业＋金融"扶贫，融资金额达到了 5 440 万元，2017 年和2018 年获得的融资金额也在逐年上涨。A 公司运用扶贫资金不仅优化了资本结构，而且降低了贷款的资本成本，拓宽了企业的融资渠道，有效缓解企业融资约束，同时将产业资源有效转化为了扶贫资源，进而推动企业特色产业发展成为县域经济社会发展新的增长点，使企业效益有了较大的增长。另外，A 公司除了积极参与产业精准扶贫，在生态保护脱贫上的支出也很大。根据现有学者的研究，积极履行环保义务的企业将更多地受到政策的支持，有效地降低金融机构为其提供融资支持的声誉风险，所以企业获得融资的可能性也更大。

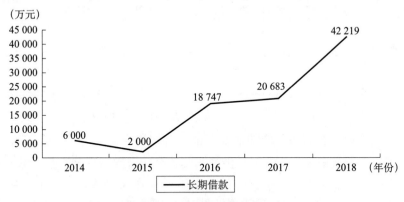

图 5－1　A 公司长期借款情况

表 5－3　　　　　A 公司通过参与"产业＋金融"扶贫获得融资金额

年份	当年签约贫困户（人）	贷款金额（万元）
2016	1 088	5 440
2017	1 320	6 600
2018	1 508	7 540

资料来源：A 公司 2016～2018 年年报。

（2）A 公司融资约束情况

融资约束衡量方法包括单一指标评价法、多指标构造复合指数法和现金流量敏感性分析法。其中，多指标构造复合指数法和现金流量敏感性分析法适用于大样本的实证研究，结合本书研究的案例企业来说，这两种方法不太适用。而单一指标评价法可以较为直接地反映企业的融资约束情况，并且该方法的可操作性较强，在实务中得到了广泛应用。所以本书选用单一指标评价法对 A 公司融资约束进行衡量。

股利支付率和利息保障倍数都曾被学者用来衡量企业融资约束的大小。从表 5 - 4 中可以看出，A 公司在 2014 ~ 2016 年都未进行股利分配，说明企业一直面临较大的融资约束，只能通过留存收益来弥补资金缺口，但企业在 2017 年分配了股利，而且是从 2011 年之后首次分配股利，可以看出，当年企业的融资约束已经得到了一定程度的缓解；同时企业的利息保障倍数在 2016 年也有了较大的提升，说明企业有了较为充足的现金流，偿付债务利息的能力有了提升。通过上述财务指标的分析，以及前一部分对 A 公司融资结构、股权融资情况和债权融资情况的分析可以看出，A 公司在参与精准扶贫之前面临较大的融资约束，但在 2016 年参与精准扶贫之后融资约束得到了缓解。

表 5 - 4　　　　　　　　　　A 公司融资约束情况

项目	2014 年	2015 年	2016 年	2017 年	2018 年
股利支付率	0	0	0	43.60%	0
利息保障倍数	1.20	1.20	2.53	2.30	2.52

资料来源：A 公司 2014 ~ 2018 年年报。

（3）A 公司融资约束的缓解对公司绩效的影响

通过对 A 公司参与精准扶贫前后融资情况及相关财务指标的分析可以看出，企业在 2016 年参与精准扶贫之后，融资的总额有了大幅的增长，第二次发行了股票，并自上市以来首次发行了债券。企业还通过参与"产业 + 金融"扶贫获得了大额贷款，融资的模式增加、规模扩大。企业从 2012 年开始就未分配过股利，但 2017 年 A 公司进行了股利分配，由此可以看出，A 公司的融资约束在参与精准扶贫之后得到了缓解。

本书对各个偏远地区企业的公司绩效进行了综合评分和对比。其中 A 公司的综合绩效得分和各个因子的得分情况如表 5 - 5 所示，可以看出，A 公司的综合绩效在 2014 年和 2015 年都处于较低的水平，而 2016 年在参与精准扶贫之后，企业的公司绩效较上年有了较为明显的提升，到 2018 年，公司绩效的综合得分转负为正，说明企业在 2016～2018 年整体得到了较好的发展。再来看 A 公司各个因子的得分，其中偿债能力得到的提升最为明显，其得分从 2015 年的 0.157 4，提升到了 2017 年的 0.447 6，盈利因子的得分也有明显的提升，到了 2018 年盈利因子也变成了正数，说明随着企业融资约束的缓解。融资结构的优化使企业有了充足的现金流，企业的偿债能力和盈利能力也都得到了一定的提升，由此提升了公司绩效。

表 5－5　　　　　　　　　　A 公司综合绩效得分情况

年份	盈利因子得分	成长因子得分	偿债因子得分	营运因子得分	绩效综合得分
2014	－0.2542	－0.1415	0.2069	－0.3261	－0.1367
2015	－0.2361	－0.1615	0.1574	－0.3850	－0.1581
2016	－0.0729	－0.0791	0.2276	－0.3906	－0.0682
2017	－0.1253	－0.0568	0.3264	－0.4589	－0.0718
2018	0.0065	－0.1375	0.4476	－0.3167	0.0100

　　偏远地区企业大多面临着融资约束的问题，A 公司通过参与精准扶贫使融资约束得到了缓解，而没有参与精准扶贫的偏远地区企业依旧较难获得融资，融资的渠道也较少。本书选取同样处于偏远地区企业且面临较高融资约束的 a 公司与 A 公司进行对比，公司在近十年未分配过股利，而且企业处于发展阶段，有较大的融资需求。从表 5－6 中可以看到，a 公司除了在 2015 年随着房地产调控政策的调整及市场的回暖，企业整体的绩效有所提升外，在 2015～2017 年公司绩效逐年下滑，通过因子分析也可以看到，偿债能力、营运能力和成长能力都有下降，说明 a 公司由于一直面临融资约束的问题，发展受到了限制，从而抑制了公司绩效的提升。从图 5－2 中可以看出，虽然 A 公司在 2016 年之前和 a 公司一样面临有着较大的融资约束，但随着 A 公司参与精准扶贫后，A 公司的融资约束得到缓解，企业公司绩效有所上涨，整体的实力得到了提升。

表 5－6　　　　　　　　　　　a 公司综合绩效得分

年份	盈利因子得分	成长因子得分	偿债因子得分	营运因子得分	绩效综合得分
2014	－4.4928	0.5606	0.5501	－0.1034	－1.2964
2015	0.2451	0.9631	0.4333	－0.4257	0.3237
2016	－0.1833	－0.2846	0.4378	－0.5127	－0.1299
2017	－0.8341	－0.1958	0.3385	－0.4540	－0.3423
2018	0.2807	－0.6137	0.3376	－0.5387	－0.0765

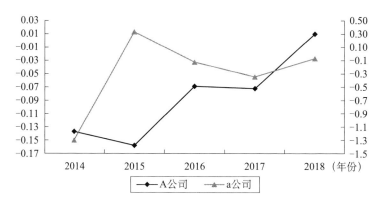

图 5 - 2　A 公司和 a 公司综合绩效对比

（4）精准扶贫缓解 A 公司融资约束的进一步研究

根据前述的分析可以看到，A 公司在参与精准扶贫之后融资约束得到了缓解，企业绩效也随着融资约束的缓解得到了提升，但值得关注的是，虽然企业的融资规模在 2016～2018 年逐年扩大，企业的公司绩效的综合得分也明显优于未参与精准扶贫时的表现，总体呈现上升的趋势，然而 2017 年公司绩效却经历了小幅度的下滑，虽在 2018 年公司绩效又大幅回升，但 2017 年的公司绩效在融资约束缓解的情况下为何降低了，值得我们进一步探讨。

精准扶贫能够为企业带来多渠道、多方式的资金，缓解企业的融资约束，扩大企业投资规模，从而提升企业绩效。但是当企业融资规模快速扩大，获得过多资金时，由于委托代理问题的存在，会引发过度投资行为，从而抑制公司绩效的提升。投资效率的高低可以用来衡量一个企业是否存在过度投资行为，本书选用汉克尔和李凡特在利用企业自由现金流量进行价值评估时的方法，分析 A 公司精准扶贫前后投资效率的变化。汉克尔和李凡特认为，如果企业在某一个会计期间内资本支出的增长率显著超过销售成本的增长率，那么这个企业就存在过度投资的行为，并且过度投资的金额 =（资本支出的增长率 - 成本增长率）×资本性支出。其中资本支出的衡量使用现金流量表中的"购建固定资产、无形资产和其他长期资产所支付的现金"来表示，成本增长率使用利润表中的"主营业务成本"来表示。

图 5 - 3 反映了 A 公司在 2014～2018 年过度投资的情况，A 公司除了 2017年以外，基本不存在过度投资的行为，而且投资的支出比 2017 年也相对较小。但是随着企业融资约束的缓解、融资规模的进一步扩大，企业在 2017 年的投资

支出增长率高达341.05%，远远高于营业成本的增长率，而且企业当年投资活动流出额较上一年增长了近150%，这说明在2017年企业存在过度投资的行为。图5-3和表5-7反映了过度投资金额和公司绩效的变动趋势对比情况，可以看到，过度投资的金额和公司绩效基本呈反向变动的趋势，这是因为投资效率的高低能够反映企业是否正常经营以及公司是否能够实现经营战略目标。A公司在2017年的过度投资金额达到了15.69亿元，说明在当年企业的投资策略没能提高其经营效率，这增加了企业发生财务危机的可能，进而影响了A公司的公司绩效。

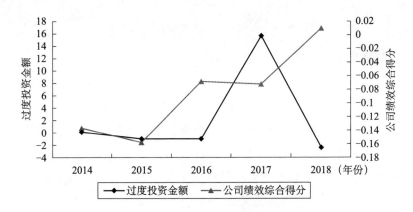

图5-3　A公司综合绩效与过度投资金额变动趋势

表5-7　　　　　　　　　　　　A公司过度投资情况

项目	2014年	2015年	2016年	2017年	2018年
投资支出（亿元）	4.18	2.34	1.29	5.69	4.21
资本支出增长率（%）	1.98	-44.01	-44.92	341.05	-25.92
营业成本增长率（%）	-2.60	-2.31	35.09	65.11	29.97
资本支出增长率-成本支出增长率（%）	4.57	-41.70	-80.01	275.95	-55.89
过度投资金额（亿元）	0.19	-0.98	-1.03	15.69	-2.36

资料来源：A公司2014~2018年企业年报。

这说明，通过参与精准扶贫能够给企业带来充足的资金，从而缓解企业的融资约束，进而提升公司绩效，促进企业的发展；但当企业融资约束得到缓解，资金充足的情况下，精准扶贫的政策优势再为企业带来大量资金，有可能会引发企业的过度投资行为，从而降低公司的绩效。

5.1.2　政府补贴缓解 B 公司融资约束及提升媒体关注度

5.1.2.1　B 公司案例简介

B 公司位于河南省国定偏远地区 Y 县，是一家大型医药生物制造企业。经过 30 年的发展，B 公司由最初的一个深山小厂发展成为以制药为主业，涉足食品、保健品、餐饮、中药材种植等行业的集团公司，目前已成为当地重要的支柱产业。在发展壮大自身的同时，B 公司积极响应国家号召，连续几年参与精准扶贫，通过产业扶贫的方式，带动贫困农户脱贫，增强当地造血功能；并且 B 公司时刻不忘以公益之心回馈社会，B 公司通过自身的不懈努力，对当地扶贫事业的顺利推进，以及地区经济发展都作出了贡献。

作为当地大型医药制造龙头企业，B 公司因地制宜走产业扶贫之路，利用 Y 县丰富的中草药资源，采取"公司 + 专业合作社 + 基地 + 农户"的种植模式，积极与当地企业、贫困居民沟通，进行科学种植教学，在这样的模式下，逐渐形成了规模化生产，并与贫困农户协议大量回收药材，帮助其尽快增收脱贫。此外，B 公司还密切关注西藏阿里地区经济社会发展情况，并于 2016 年捐赠物资达 30 余万元；同年，先后成立扶贫帮困基金会和关心下一代工作委员会，并以此为平台参与助学助教活动，在多处高校设立奖学金项目，帮助贫困大学生顺利完成学业。2017 年，B 公司在延续 2016 年产业扶贫模式的同时，以其建立的扶贫基金会为平台，进一步完善其扶贫帮困机制，捐赠物资、助残助教等扶贫方略稳步跟进，并于同年获得 X 县人民政府授予的 2016 年度扶残助残爱心企业年度称号，通过精准扶贫的方式扩大了自身影响力。截至 2018 年，B 公司产业扶贫模式颇具成效：中药材种植面积达 3 000 多亩，1 096 户村民参与其中，直接带动贫困户 781 户。此外，还通过河南省残疾人福利基金会进行捐赠，同时资助贫困学生 300 人。至 2019 年底，B 公司通过基金会开展扶贫捐赠、公益捐赠等活动共计 218 次，累计投入 2 149.08 万元。

从表 5 - 8 中可以看到，2016 ~ 2019 年 B 公司的扶贫方式主要包括产业扶贫与社会扶贫，并且以社会扶贫为主；从该企业年报中披露的精准扶贫情况来看，B 公司社会扶贫颇有成效，因而获得了"关注留守儿童公益活动"示范企业称号和"2016 年度扶残助残爱心企业"年度称号；除此之外，企业开展的万里行活动还在海南某一大型会议上获得了"特别行动奖"。可以看到，B 公司在通过社会扶贫奉献了企业爱心，向社会传递了正能量的同时，也为企业在社会上赢得了良好的口碑，提升了企业形象，扩大了自身影响力，获得了更多的公众关注度。

表 5 - 8　　　　　　　　　　B 公司精准扶贫具体投入情况　　　　　　　单位：万元

年份	产业发展脱贫	转移就业脱贫	教育脱贫	健康扶贫	生态保护脱贫	社会扶贫	其他项目	总额
2016	90.82	0	0	0	0	695.77	0	786.59
2017	174.01	0	0	0	0	262.24	107.38	436.25
2018	105.38	0	0	0	0	128.00	0	340.76
2019	158.49	0	0	0	0	425.99	0	584.48

资料来源：B 公司 2016 ~ 2019 年企业年报。

　　另外，值得注意的是，B 公司的产业脱贫项目与其主业密切相关，从 2016 年开始，就建立了"企业 + 基地 + 合作社 + 贫困户"的产业扶贫模式，并在后续年度持续推广。从披露的精准扶贫相关情况来看，B 公司根据 Y 县的实际情况，在尽可能安置贫困家庭富余劳动力就业的同时，充分利用 Y 县中药材资源优势，和其他企业积极合作、建立联系，加大对产成品生产、中药材原料种植、大健康产品、医疗器械等业务的投入，从而拓展医药健康产业链，寻找更高效的产业扶贫模式，希望可以改"输血"扶贫为"造血"扶贫，彻底实现当地经济发展的根本转变。这说明 B 公司通过产业扶贫的方式，在充分考虑 Y 县资源、环境、居民劳动力素质等特殊情况的基础上，希望可以结合自身生产模式以及技术优势，突破原有生产技术的地域限制、对象范围和环境因素，从而改进自身生产模式、技术和产品，即 B 公司产业扶贫的责任感以及带动区域经济发展的内在需求促使了 B 公司寻求自身突破，加大创新力度。

5.1.2.2　精准扶贫对 B 公司融资约束的影响

（1）公司融资状况及财务情况

　　上市公司的融资渠道分为三部分：债权融资、股权融资以及内源融资，其中债权融资额的计算方法为企业负债总额，股权融资额的计算方法为股本与资本公积之和，而内源融资是指企业留存在企业内部的资金流来源，计算方法为留存收益、盈余公积、未分配利润与折旧之和；一般来说，上市公司偏好股权融资方式获取外部资金流，这是因为股权融资在带来充裕现金流的同时不会给企业带来偿债压力。

　　表 5 - 9 反映了 B 公司 2014 ~ 2019 年的融资情况，可以看到，B 公司在 2014 ~ 2015 年的债权融资在此期间内保持较为稳定的状态，并且占比最重；股

权融资其次，内源融资比率整体而言较低，这表明内部资金对 B 公司发展的支持受限，究其原因，企业利润较少，自身积累不足，导致 B 公司发展内部资金支持不够好。但是也可以看到，B 公司内源融资的规模和占比从 2016 年，即参加精准扶贫开始呈持续上涨趋势，其中内源融资率 2019 年达到了 43%，而内源融资额相比较 2014 年上涨了 70.29%。另外，从 B 公司的融资情况还可以看到，B 公司在 2014～2015 年对债权融资的依赖性较强，并且查阅年报可以发现，绝大部分都是短期负债，这是因为股权融资门槛较高，因而企业较难通过发行新股筹集到资金，而作为上市公司的 B 公司在 2014～2015 年都没有发行新股；但是在 2016 年，也就是 B 公司参加精准扶贫的第一年，B 企业的股权融资率达到了这 6 年的最大值 40%，这是因为公司在 2016 年发行了公司 56 886 224股，并且达到了 B 公司上市以来的最高值。而且 B 公司通过股权融资的方式，在获得了资金来源的同时却没有造成企业偿债压力，这也是 2016 年 B 公司债权融资率最低的原因。另外，B 公司在 2014 年和 2015 年分别都有短期借款、长期借款的借入，在 2016 年却没有采取银行借款的融资方式，并且还提前归还了长期借款，这说明股权融资带来的充裕的资金流缓解了企业的融资约束，扩大了企业的融资规模，满足了公司快速发展对资金流的需求。总体来说，通过对 B 公司参与精准扶贫前后融资情况的分析可以看出，企业在 2016 年参与精准扶贫之后，融资的总额有了大幅的增长，融资规模有所扩大。

表 5 - 9　　　　　　　　　　B 公司 2014～2019 年融资情况

项目	2014 年	2015 年	2016 年	2017 年	2018 年	2019 年
债权融资额（万元）	91 369.98	98 457.83	86 934.99	110 351.79	101 548.45	109 533.15
债权融资率（%）	44	43	30	34	31	31
股权融资额（万元）	66 038.53	67 208.06	115 761.56	115 766.63	106 025.64	90 732.84
股权融资率（%）	32	30	40	35	32	26
内源融资额（万元）	48 133.46	60 856.30	88 873.70	103 085.40	123 731.72	149 748.90
内源融资率（%）	24	27	30	31	37	43
融资总额（万元）	205 541.97	226 522.19	291 570.25	329 203.82	331 305.81	350 014.89

资料来源：B 公司 2014～2019 年企业年报。

表 5 - 10 是 B 公司 2014～2019 年的主要财务数据，可以看出，在此期间公司主营业务收入逐年递增，并且 2016 年，主营业务收入增长率 34.4%，达到了这 6 年的最高值，随之带来净利润在 2016 年的大幅增长，这为 B 公司的持续创新能力提供了一定的支撑；除了净利润之外，净资产收益率在企业参加精准扶

贫的第一年也有了大幅提高，二者 2017 年开始虽然有所下降，但是其后年间稳中有进，并且水平都高于精准扶贫之前，这表明企业参与精准扶贫之后总体发展态势良好，经营规模在不断地扩大，企业活力充沛，同时可以看到，资产负债率也在 2016 年达到了这 6 年间的最低值，这是因为 2016 年 B 公司发行新股的原因，在获得了充裕资金流的同时却没有造成企业偿债压力；相应地，流动比率在这一年达到了最高值，这说明企业短期偿债风险较小；2017 年虽然有所下降，但是一直高于精准扶贫之前，这一变化趋势也与前述 B 公司融资约束的改善相符，这进一步说明了 B 公司参加精准扶贫之后融资约束得到了改善。

表 5 - 10　　　　　　　　　B 公司 2014 ~ 2019 年主要财务数据

项目	2014 年	2015 年	2016 年	2017 年	2018 年	2019 年
总资产（万元）	247 445. 32	283 273. 12	298 152. 14	330 756. 48	310 996. 38	317 987. 53
总负债（万元）	91 369. 98	108 792. 52	86 934. 99	110 351. 79	101 548. 45	109 533. 15
主营业务收入（万元）	82 203. 69	106 914. 63	143 712. 20	184 596. 05	205 098. 28	215 370. 45
净利润（万元）	7 261. 70	13 370. 62	34 772. 43	22 492. 78	24 576. 57	29 314. 5
资产负债率（%）	36. 93	36. 35	29. 16	33. 36	32. 65	33. 03
流动比率	1. 08	1. 20	2. 07	1. 60	1. 69	1. 73

资料来源：B 公司 2014 ~ 2019 年企业年报。

（2）B 公司融资约束情况

经过对比衡量融资约束的几种方法，可以发现，对于适合实证研究的多指标复合指数法和现金流量敏感性分析法来说，并不适用于单个的具体案例。而采用单一指标的评价方法可以较为客观、直接地反映单独案例企业的融资约束程度，而其中使用频率最高的指标是股利支付率和利息保障倍数；因此，本书选用这两个指标来衡量 B 公司的融资约束情况。

从表 5 - 11 中可以看到，B 公司在 2015 年未进行股利分配，说明企业可能面临着一定程度的融资约束，只能通过内部资金来支撑自身发展。但企业在 2016 年分配了股利，并且股利支付率达到了 50%；从企业参与精准扶贫开始，之后的连续几年都进行了股利分配，2019 年股利支付率达到了 59%，股利支付率越高，说明公司内部资金充裕，或者外部融资难度较低，结合前述企业股权融资、债权融资情况以及财务指标的分析可以看出，在 2016 年企业的融资约束得到了一定程度的缓解；相应地，企业的利息保障倍数在 2016 年也有了很大的提升，相比较 2015 年，增长率高达 128%，虽然其后年度有所回落，但是都要高过 2014 年和 2015 年，说明企业利润变多，有了较为充足的现金流，从而内源融资较为充足，结合前述所列 B 企业的资产负债率和流动比率来看，企业偿债付息的能力得到了提高，而这一点也与前述 B 企业内源融资的情况相符。通过上述财务指标的分析，以及前面对 B 公司融资结构具体情况以及财务情况的分析，可以进一步证实在参与精准扶贫之前，B 公司面临着一定程度的融资约束，但在参与精准扶贫后，融资约束得到了缓解。

表 5 – 11 　　　　　　　　　　B 公司融资约束情况

项目	2014 年	2015 年	2016 年	2017 年	2018 年	2019 年
股利支付率（%）	42	0	50	41	36	59
利息保障倍数	9.98	21.50	49.74	25.95	38.93	35.25

资料来源：国泰安数据库。

（3）参与精准扶贫对 B 公司融资约束的缓解作用

一般认为，企业社会责任履行情况良好，会提升媒体关注度，而媒体对企业精准扶贫相关的正面新闻报道的增多也会提高企业形象与社会认知度，因而也更容易得到外部投资者的认可，从而更易获得股权融资；而 B 企业参与扶贫的方式以社会扶贫为主，并且因此连续获得奖项，在社会上造成了一定影响力；通过查阅 B 公司年报可以发现，B 公司所获得的"关注留守儿童公益活动"示范企业称号、"2016 年度扶残助残爱心企业"年度称号以及"特别行动奖"都是在 2016 年获得，B 公司积极参与精准扶贫、履行社会责任的行为无疑可以向外界投资者传递其经营良好的信号，缓解投资者和 B 公司之间的信息不对称，增强投资者对 B 公司的投资信心。因此，笔者借助百度搜索平台，分期间手工搜索 2014～2019 年度包含 B 公司名称的新闻资讯数量，以此衡量 B 公司的媒体关注度，同时搜集关于"B 公司扶贫"的新闻资讯数量，以此分析 B 公司在参与精准扶贫前后其媒体关注度的变化情况，具体数据如表 5 – 12 所示。

表 5 – 12 　　　　　　　　　　B 公司媒体关注度 　　　　　　　　单位：条

项目	2014 年	2015 年	2016 年	2017 年	2018 年	2019 年
新闻总条数	352	438	818	760	759	760
扶贫新闻条数	58	42	170	300	313	373

资料来源：笔者整理。

图 5 – 4 反映了 B 公司参加精准扶贫前后媒体关注度的变化情况，可以看到，B 公司的新闻资讯数量在 2014 年水平较低，虽然 2015 年有所上升，但是上涨幅度不大，这说明在 2014～2015 年 B 公司的媒体关注度较低，因而可以认

为，投资者和 B 公司之间信息不对称的情况较为严重，在这种情况下，B 公司股权融资存在着一定的难度；但在 B 公司 2016 年参与精准扶贫之后，其媒体关注度变化呈现出攀升的趋势，相比 2015 年增长了 86.76%，接近 1 倍。虽然 2017～2019 年略有回落，但总体来说仍旧处于较高水平，并且远高于企业未参与精准扶贫时。那么精准扶贫对于其媒体关注度的影响到底如何呢？可以看到，B 公司参加精准扶贫的第 1 年，关于"B 公司扶贫"的新闻资讯条数比前一年来说增幅达到了 3 倍多，当年 B 公司新闻资讯数量三成多的增长都是由"B 公司扶贫"带来的；而到了 2017 年，与"B 公司扶贫"相关的新闻资讯条数，占总新闻资讯条数的 40% 左右，同时可以看到，B 公司相关的新闻资讯总数和"B 公司扶贫"相关的新闻资讯条数之间变化差距越来越小。这说明在参与精准扶贫之后，公众与媒体对于 B 公司的关注点很大一部分聚焦于其扶贫事业的进展以及精准扶贫相关情况，也可以说 B 公司参与精准扶贫很大程度上提升了其媒体关注度。B 公司投入大量资金进行精准扶贫，特别是社会扶贫的方式，向公众投资者传递该企业运营状况良好、现金流较为充足的信号，结合现有学者的研究结论，履行社会责任的企业在进行股权融资时也更易得到投资者的认可，因此，2016 年该公司顺利进行了股权融资，并且股权融资额达到了该公司上市以来的最大值；可以认为，B 公司参与精准扶贫之后，积极投入社会扶贫，在获取有影响力的奖项的同时，也提升了自身媒体关注度，而新闻媒体的信息传播、舆论导向功能，一定程度上解决了外部投资者与 B 公司之间的信息不对称问题，从而使得 B 公司得到了外界投资者的认可，通过股权融资的方式，缓解了融资约束。

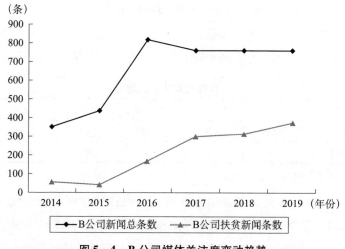

图 5-4　B 公司媒体关注度变动趋势

　　另外，从表 5 - 13 可以看到，B 公司在参加精准扶贫之后，其盈利能力也有了大幅度的提升，2017 年之后虽然有所回落，但是基本都高于精准扶贫之前。这是因为 B 公司位于河南省国家级偏远地区 Y 县，当地山地地形复杂，交通不发达，因而较为封闭，与外部市场的联系较弱，导致消费者对于 B 企业以及 B 企业产品认知度不够，产生外部市场需求不足的问题。为了激励企业积极投入精准扶贫，有关部门出台大量政策：借助新闻媒体的力量对企业精准扶贫相关情况进行宣传，同时对于表现较好的企业授予相应光荣称号，报道先进典型，以此让参与精准扶贫的企业塑造良好的形象、赢得口碑，为开拓市场奠定基础；并且加大对企业商标等专利权的保护力度，发展品牌经济，便于企业发展、维护客户群。B 企业在参与精准扶贫之后带来媒体关注度的大幅度提升，而新闻媒体的信息传播功能使得外部消费者更容易了解到 B 公司及其产品情况，同时 B 公司参加精准扶贫为自身树立了较好的正面形象，消费者目睹大量 B 公司的正面报道，感受到 B 公司的责任感，形成品牌认同效应，从而使 B 公司取得竞争优势；另外，B 公司采取"企业 + 基地 + 合作社 + 贫困户"的产业扶贫模式，该模式强调企业之间加强合作，共同推进当地扶贫事业顺利开展，这也无形中为 B 公司开拓市场提供了有利条件；进而提升了 B 公司主营业务收入和盈利能力，为 B 公司带来更多的利润以及内部积累，增强内源融资的能力。

表 5 - 13　　　　　　　　　　　B 公司盈利能力情况表　　　　　　　　　　单位：%

盈利能力	2014 年	2015 年	2016 年	2017 年	2018 年	2019 年
总资产净利率	3.70	5.16	12.22	7.15	7.66	9.12
净资产收益率	6.79	8.21	16.74	10.18	11.32	13.49
营业净利率	9.22	12.49	24.16	12.17	11.97	13.59

资料来源：B 公司 2014 ~ 2019 年企业年报。

5.1.2.3　B 公司融资约束的缓解对企业创新绩效的影响

　　通过对 B 公司参与精准扶贫前后融资具体情况及相关财务指标的分析可以看出，该公司在参与精准扶贫之后，通过积极进行社会扶贫的方式，获得了媒体关注度，树立了较好的企业形象，降低了和外部投资者之间的信息不对称程度，从而提升投资者信心，获得大量股权融资额；同时也获得了市场关注度，获得消费者对于自身的品牌认同感，增加了产品的销量，提升企业盈利能力，为企业带来大量利润；另外，B 公司产业扶贫的模式加强了与其他企业的联系，也无形中为开拓市场提供了有利条件。进而从内源融资和外源融资两个方面缓解了 B 公司的融资约束。一般来说，融资约束的缓解对于企业创新绩效的提升有一定的正向作用，那么对于 B 公司来说，其创新绩效表现如何呢？

通过创新绩效指标权重计算得出 B 公司 2014～2019 年各年度创新绩效水平，由于创新具有滞后的固有特点，因此，精准扶贫对于企业创新绩效的作用可能不会立即显现，可以看出，B 公司参加精准扶贫之后创新绩效有了较大程度的提升，并且是从 2018 年开始，2019 年虽然有所下降，但仍处于一个较高的水平；具体到各指标的情况，可以看到，其中专利申请数量和发明专利数量的大量增多是 B 公司创新绩效得到提升的原因；值得一提的是，B 公司在参加精准扶贫后的第二年，即 2017 年，其创新绩效却有所下降，如表 5 - 14 所示。

表 5 - 14　　　　　　　　　B 公司 2014～2019 年创新绩效水平

年份	B1	B2	B3	B4	创新绩效水平
2014	0.0952	0.4440	0.1577	0.0679	0.2108
2015	0	0.2220	0.1370	0.0821	0.1075
2016	0.2143	0.3330	0.2994	0.1674	0.2544
2017	0.0714	0	0.1319	0.1018	0.0629
2018	1	1	0.1189	0.1132	0.6950
2019	0.5476	0.7780	0.1023	0.1349	0.4754

B 公司作为医药制造业，创新活动较为活跃，创新投入具有持续性。一般来说，随着参与精准扶贫之后融资约束的缓解以及融资结构的优化使得企业有了较为充足的资金来源作为支撑，企业也因此会加大研发投入力度，而研发投入一般被认为对创新绩效起正向作用；但是也有部分学者认为，融资约束的缓解会带来资金一定程度的滥用，因而企业会相应减少研发投入力度，从而不利于创新绩效的提升；为了分析具体情况，本书绘制了 B 公司从 2014～2019 年研发投入强度变化的趋势图，如图 5 - 5 所示。为了凸显 B 公司参加精准扶贫之后融资约束变化与研发投入之间的关联，本书以研发投入占总融资额之比来衡量不同融资约束强度下企业对研发投入的重视程度，并且与 B 公司 2014～2019 年创新绩效进行对比，由于创新具有滞后性的特点，因而把创新绩效相对于研发投入滞后一年，方便分析。

通过图 5 - 5 可以看到，B 公司研发投入强度与创新绩效基本呈现正向变动关系，2013～2014 年，B 公司由于受到一定程度的融资约束，研发强度变化呈现降低趋势，因而 2014～2015 年公司创新绩效也有所下降；而 2016 年参加精准扶贫之后，B 公司发行新股以及内源融资能力增强，融资约束得到了缓解，研发投入力度反倒有较大幅度的降低，因而引发 2017 年创新绩效水平的下降。而从 2017 年开始，B 公司加大了创新投入的力度，因而其创新绩效得到了很大的提升。总体来说，B 公司的研发支出在一定范围内波动，较为稳定，这说明 B 公司一直较为注重企业的研发投入，但是也会受到融资约束的影响。但是值得思考的是，为什么 B 公司 2016 年参加精准扶贫之后融资约束得到了很大程度的缓解，研发强度反倒下降了呢？

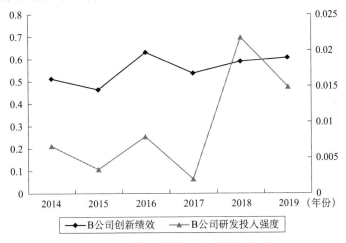

图 5 - 5　B 公司研发强度与创新绩效对比

如图 5 - 6 所示，2016 年 B 公司参加精准扶贫之后融资约束程度明显降低，研发强度却呈现下降趋势，表明企业筹集到的资金用于支持企业创新活动的程度较低。进一步地，图 5 - 6 中显示 B 公司管理费用在 2016 年后有所增加，增长率也达到了 6 年来的最大值；说明资金可能存在着一定程度上的浪费，再次印证着企业 2016 年即使通过精准扶贫缓解了融资约束，但是由于资金一定程度的滥用，导致 B 公司创新投入的力度不够。这说明，通过参与精准扶贫能够给企业带来充足的资金，从而缓解企业的融资约束，进而提升公司研发投入，促进企业创新绩效的提升；但在融资约束较轻的年度，也存在着资金的滥用问题，导致对创新投入的挤出效应，从而降低企业的创新绩效。

5.1.2.4　精准扶贫缓解 B 公司融资约束的进一步研究

为了进一步证明精准扶贫对企业创新绩效的影响，本书选取同样位于国家级偏远地区，也存在着融资约束，同属于医药制造业，但是未参与精准扶贫的 b 企业，来和 B 企业的创新绩效进行对比，从而证实精准扶贫对企业创新绩效的影响，如表 5 - 15 和图 5 - 7 所示。

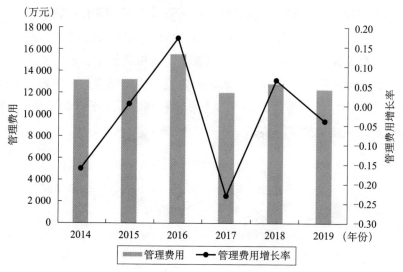

图 5 - 6　B 公司管理费用、管理费用增长率变动趋势

表 5 - 15　　　　　　　　　　b 公司 2014 ~ 2019 年创新绩效水平

年份	B1	B2	B3	B4	创新绩效水平
2014	0. 5000	0. 5001	0. 5221	0. 1126	0. 4219
2015	0	0	0. 4548	0. 0829	0. 0789
2016	0	0	0. 4119	0. 0865	0. 0739
2017	0	0	0. 2730	0. 0516	0. 0478
2018	1	1	0. 3046	0. 0236	0. 7014
2019	0	0	0. 2919	0. 0327	0. 0464

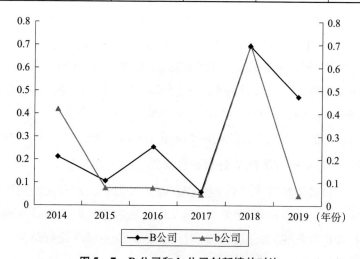

图 5 - 7　B 公司和 b 公司创新绩效对比

　　通过前述对于偏远地区上市公司创新绩效的整体对比分析，得到 b 公司的创新绩效得分，偏远地区企业大多面临着融资约束的问题，B 公司通过参与精准扶贫，提升自身关注度，降低了投资者、消费者与其之间的信息不对称的程度，融资约束得到了缓解，而没有参与精准扶贫的偏远地区企业依旧面临着艰巨的融资约束问题，融资的渠道也较少。例如，b 公司也属于融资约束程度较为严重的企业，通过查阅锐思数据库，可以了解到，b 公司在 2014～2017 年分配过股利，但是从 2018 年开始，直到 2019 年都未分配过股利，这说明 b 公司从 2018 年开始面临着较为严重的融资约束，而从 b 公司的创新绩效变化趋势可以看到，在存在融资约束的情况下，b 公司 2019 年的创新绩效也随之不容乐观。而且通过 b 公司年报数据可以发现，b 公司内源融资占比较少，且融资结构较为固化，这种状态从 2014 年开始一直持续到 2019 年，这说明 b 公司内部动力不足，发展后劲不足，不利于其进行创新活动。从图 5 - 7 中可以看到，b 公司创新绩效在 2014 年高于 B 公司，但是从 B 公司参与精准扶贫之后，二者创新绩效有了较为明显的对比，b 公司创新绩效水平从 2016 年开始大部分年份明显低于 B 公司。虽然 B 公司在 2016 年之前面临着一定程度的融资约束，且融资结构较为不合理，但参与精准扶贫后，随着其融资约束的缓解，企业创新绩效有所提升。

　　偏远地区上市公司通过参与精准扶贫，特别是社会扶贫的方式，一方面，可以提升企业的媒体关注度，建立良好的企业形象，从而向外部投资者传递其经营状况良好、具备责任感的信息，增强外部投资者的投资信心，从而有利于企业获得股权融资额来缓解融资约束，为企业带来较为充足的现金流；另一方面，媒体对于企业精准扶贫的大量新闻资讯报道也无形中起到了宣传效果，进而缓解消费者和企业之间的信息不对称，为企业扩大产品市场、增加销量、带来利润、提升企业的盈利水平，从内源融资和外源融资两个方面缓解企业融资约束。进而促使企业提高研发投入力度，有利于创新绩效的提升。但同时也要看到，在融资约束较轻的年份，较为充足的现金流可能造成企业一定程度上资金的滥用，进而对企业创新投入产生挤出效应，因而反倒会带来创新绩效的下降。总体来说，企业积极参加精准扶贫可以改善融资约束，对创新绩效的提高有着一定的正向作用，但是融资约束较轻时可能会带来资金滥用的问题，从而不利于创新绩效的提升。

5.2　精准扶贫降低寻租程度的典型案例分析

5.2.1　精准扶贫降低 C 公司寻租程度及提升地区治理环境

5.2.1.1　C 公司基本情况介绍

C 公司在 1996 年成立，其注册地位于云南省的一个国家级偏远地区 Z 县。2004 年 6 月 15 日，C 公司在上交所成功上市，成为 Z 县第一家上市公司。C 公司提供发电、供电等服务，并经营 Z 县地方电网，担负着 Z 县工农业生产的供电任务，整个 Z 县的电网运行和管理都由 C 公司负责。Z 县境内江河众多，并且地势落差较大，水利资源十分充足，这为企业的发展提供了有利条件。

值得注意的是，Z 县位于西南边陲，因其独特的地理位置，当地有着丰富的水力、矿产等自然资源，也因此成为了寻租的主要平台。

5.2.1.2　C 公司参与精准扶贫的情况介绍

C 公司切实发挥上市公司在服务国家脱贫攻坚战略中的作用，以企业的注册地和总公司所在地 Z 县的五个贫困村为帮扶对象，积极开展精准扶贫工作。公司通过分析贫困村的致贫原因和实际需求，通过基本公共服务项目完善、移民搬迁安置、爱心助学等项目规划，协助政府实现"贫困村五通、农户五有、全村五达到"的具体目标，帮助贫困户实现脱贫奔小康的目标。

2016 年，C 公司积极参与了精准扶贫，扶贫工作取得显著成效。开展的主要工作：一是设立扶贫工作小组，选派工作人员常驻扶贫点开展扶贫工作；二是制订扶贫工作实施方案，对照方案扎实推进扶贫工作；三是深入摸底调查，多次进入扶贫点开展调研，全面了解帮扶对象的家庭情况、求助意向、扶持需求等；四是落实产业扶贫项目建设，经过反复调研，C 公司结合实际情况，投入资金，用于帮助偏远地区当地村民发展当归药材产业，助推村民早日脱贫；五是到贫困户家中进行走访慰问，对扶贫点进行捐赠，发放慰问金等；六是利用企业主业，大力推进电力行业扶贫，投资开展贫困村通电项目。

2017 年，C 公司的帮扶对象新增加了两个贫困村，共计 36 户 136 人，当年 C 公司帮扶户调整为 613 户 2 346 人。企业干部职工多次到扶贫点回访贫困户，掌握一手详细情况，全面掌握扶贫点的问题所在。为农户捐赠价值 44.52 万元生产生活物资。2017 年 10 月，C 公司派驻 Z 县的扶贫工作队队长被 Z 县政府表彰为 2017

年脱贫攻坚优秀驻村扶贫工作队员，公司的扶贫工作得到当地政府的充分肯定。

2018 年，C 公司党委高度重视脱贫攻坚工作，把打赢脱贫攻坚战作为重大政治任务，年内召开党委会 6 次，在会上统筹资源、组织协调落实各项工作。产业扶贫方面，公司积极探索产业项目，年内投入 38.71 万元帮助村民发展养殖业和经济作物的种植产业，提高脱贫质量。教育扶贫方面，公司积极捐款、捐赠学习用品为贫困学生家庭减轻经济负担，为贫困学生改善了学习环境。同时，企业对驻村帮扶管理也十分重视，公司主动帮助驻村工作队员解决扶贫工作中遇到的困难，为公司的扶贫工作提供人才支持，当年 C 公司派驻 Z 县的扶贫工作队长再次荣获政府表彰。另外，C 公司还利用自身产业优势，为贫困户检修电路、排查隐患，使企业在村民心中树立了良好的形象。

表 5-16 统计了 C 公司 2016~2018 年精准扶贫的成效，经过分析发现，C 公司在参与精准扶贫的第一年投入的金额相对较少，而且参与精准扶贫的方式较为单一，集中在直接捐款、捐赠物资和产业扶贫这两种方式，且投入的金额也较少；2017 年，企业在精准扶贫上的投入有所增加，而且扶贫的方式趋于多样化，在转移就业脱贫和教育脱贫等方面也有了投入；2018 年，C 公司扶贫进一步增加了扶贫的投入金额，保持了 2017 年扶贫多样化的趋势，并且在社会扶贫上的投入是最大的。企业在 2018 年的精准扶贫工作中捐赠款项和物资，但是该企业年报中精准扶贫捐赠这一项的金额为 0，这是因为企业将其披露于精准扶贫其他项目的支出中。C 公司参与精准扶贫的主要方式是通过直接捐赠，虽然企业每年都会参与产业精准扶贫，但与 A 公司不同的是，A 公司的产业扶贫项目与其主营业务密切相关，参与产业扶贫能够直接影响 A 公司的企业绩效，而 C 公司的产业扶贫项目与其主业水力发电、供电业务并不相关，而是农林产业扶贫，所以 C 公司的产业扶贫项目其实也类似于一种捐赠。通过 C 公司参与精准扶贫的形式，可以看到，精准扶贫对 C 公司的主营业务并不会产生直接的影响，那么是何种原因导致 C 公司如此重视精准扶贫，投入人力物力参与其中呢？

表 5-16			C 公司精准扶贫情况			单位：万元	
年份	捐赠	产业发展脱贫	转移就业脱贫	教育脱贫	社会扶贫	其他项目	总额
2016	30.83	7.49	0.00	0.00	0.00	0.00	38.32
2017	40.01	7.49	1.00	2.13	0.00	6.50	56.13
2018	0.00	10.76	0.00	1.10	45.21	17.66	74.73

资料来源：C 公司 2016~2018 年企业年报。

值得注意的是，在企业年度精准扶贫报告中，多次提到"公司扶贫工作得到当地政府充分肯定""得到了当地政府表彰""受到了当地党委政府的高度认可和肯定"等，说明企业十分重视与政府建立良好的关系，而 Z 县地理位置偏僻和经济环境较为落后，企业很难获取外部资源，需要通过寻租来获取资源，而精准扶贫之后，中央为了确保扶贫款项得到落实、防止企业滥用资金，利用扶贫开展寻租活动，甚至出现贪污腐败，也出台了一系列措施来降低企业进行寻租的可能性，在这样的反腐环境中，企业将参与精准扶贫作为一种代替寻租的手段，通过帮助当地政府提升政绩，以此与政府建立良好的关系，受到当地政府的认可和支持，从而有助于企业的经营；并且随着企业寻租程度的降低，企业经营成本也进一步减少，经营效率得到了提升。接下来本书将进一步验证精准扶贫前后 Z 县的寻租水平是否得到了降低，以及寻租程度降低对公司绩效带来的影响。

5.2.1.3   精准扶贫对 C 公司寻租程度的影响

（1）C 公司寻租程度的变化

关于寻租程度的衡量，有学者基于中国企业的实际情况以企业的业务招待费来度量企业寻租程度，依据是业务招待费用被要求在企业年报中进行公开，有相应的会计科目可以查询，企业很可能利用这种费用来掩盖其寻租的支出；本书参考其做法，考虑企业正常销售过程中确实会产生一定的业务招待费，因而用企业当年的业务招待费除以当期营业收入进行单位化处理，采用单位化后的业务招待费来衡量企业的寻租程度，由于单位化后的业务招待费较小，再乘以 100，以便对比和观察。若该比值越大，说明企业寻租的程度越高，若比值降低，说明企业寻租的程度也降低了，如表 5 - 17 所示。

表 5 - 17   C 公司寻租程度情况

项目	2014 年	2015 年	2016 年	2017 年	2018 年
营业收入（万元）	201 603. 30	195 383. 75	183 626. 89	203 465. 91	202 533. 32
业务招待费（万元）	144. 26	31. 17	12. 30	16. 50	8. 99
寻租程度	0. 072	0. 016	0. 007	0. 008	0. 004

资料来源：C 公司 2014 ~ 2018 年年报。

图 5 - 8 反映了 C 公司在参与精准扶贫前后寻租程度的变化，可以看到，企业的寻租程度在近 5 年呈现下降的趋势，虽然 2015 年较 2014 年有所下降，但是寻租程度依然相对较高。随着企业参与精准扶贫，从 2016 年开始企业的寻租水平降到了较低的水平，在 2016 ~ 2018 年逐渐趋近于 0。这是因为随着精准扶

贫的开展，为了打赢脱贫攻坚战，各地政府大力整治企业滥用资金乱象，出台了一系列措施，对扶贫企业进行跟踪检查，有效地防止了扶贫企业开展寻租活动。说明随着精准扶贫的开展，参与精准扶贫的企业开展寻租活动的规模大大下降了，企业的业务招待费在越来越大的程度上反映的是企业正常销售过程中产生的招待费用。

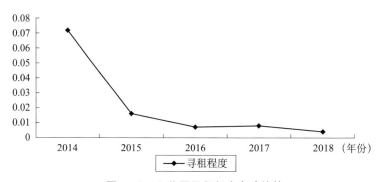

图 5-8　C 公司寻租程度变动趋势

（2）C 公司寻租程度的降低对公司绩效的影响

从表 5-18 中可以看到，C 公司的公司绩效在 2014~2018 年逐年上涨，特别是 2016 年增长的幅度较大，而且根据各个因子的得分状况来看，盈利能力和营运能力得到的提升最大，说明企业在参与精准扶贫之后，随着寻租程度大幅下降，绩效有了很大的提升，这是因为企业利用权力的寻租行为往往导致企业经营成本的增加，除了经营成本这样看得见的成本之外还有隐性成本，那就是企业的经营者往往会投入大量的时间和精力在寻租活动中，从而忽视了企业的经营管理，最终导致他们的效益远大于成本，从而对公司绩效产生负面的影响。但同时，与 C 公司处于同行业，也是注册地在偏远地区却未参与精准扶贫的 c 公司，公司绩效却逐年下降，如表 5-19 所示，从因子得分来看，c 公司的盈利能力下降的幅度最大，这也进一步说明了参与精准扶贫确实给 C 公司的公司绩效带来了正面的影响。C 公司和 c 公司综合绩效对比情况如图 5-9 所示。

表 5-18　　　　　　　　　　　　　C 公司综合绩效得分

年份	盈利因子得分	成长因子得分	偿债因子得分	营运因子得分	绩效综合得分
2014	-0.0269	-0.0801	0.2165	1.5361	0.3241
2015	-0.0185	-0.1173	0.2651	1.8348	0.3881
2016	0.2116	-0.1583	0.2452	2.1024	0.5052
2017	0.2133	-0.1733	0.1574	1.9731	0.4568
2018	0.8047	-0.2104	0.2338	1.5463	0.5833

表 5 - 19　　　　　　　　　c 公司综合绩效得分

年份	盈利因子得分	成长因子得分	偿债因子得分	营运因子得分	绩效综合得分
2014	1.3806	-0.2109	0.2410	-0.5911	0.3604
2015	1.1319	-0.1551	0.2776	-0.5664	0.3018
2016	-0.2776	-0.2709	0.3282	-0.5446	-0.1902
2017	-0.3284	0.0564	0.3446	-0.4881	-0.1162
2018	-2.7248	0.1236	0.3926	-0.3940	-0.8885

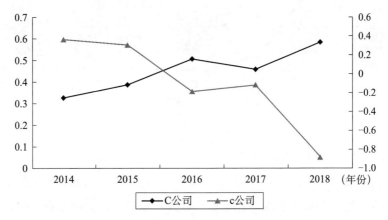

图 5 - 9　C 公司和 c 公司综合绩效对比

　　企业寻租的目的是资源的获取，而政府补贴是地方政府控制的较为典型的资源，根据现有学者的研究，企业获得政府补贴是有助于提升公司绩效的。由于企业获得的政府补贴相对于寻租活动的开展存在一定的滞后性，当年开展的寻租活动，其成效要在第二年才能看到，如表 5 - 20 所示，所以本书将寻租程度后置一年，与企业获得的政府补贴进行对比，发现企业参与精准扶贫之前企业的寻租程度与获得的政府补贴几乎是同向变动，说明企业寻租有助于企业获得政府补贴，但与此同时也导致企业经营成本的增加。从图 5 - 10 中可以看到，随着精准扶贫的开展，C 公司寻租程度逐渐下降，到了企业参与精准扶贫的第三年，企业精准扶贫的成效越来越好，政府补贴开始与寻租程度反向变动。企业的寻租程度下降，但是获得的政府补贴反而有很大的提升，这说明企业通过参与精准扶贫，代替了企业以往以寻租的形式与政府建立良好的关系，受到政府的认可和支持，并且企业精准扶贫的捐赠有相应的补贴政策，例如，扶贫捐赠支出，按规定在企业计算所得税时可以据实扣除，符合条件的扶贫货物捐赠免征增值税等。企业在精准扶贫上的支出远低于以往寻租的支出，由此节约了企业的经营成本，提升了企业的经营效率，公司绩效也随之提升。

表 5 - 20　　　　　　　　　　C 公司寻租程度与政府补贴情况

项目	2014 年	2015 年	2016 年	2017 年	2018 年
政府补贴（万元）	77.27	544.20	285.44	22.42	198.90
寻租程度	0.003	0.072	0.016	0.007	0.008

资料来源：C 公司 2014~2018 年企业年报。

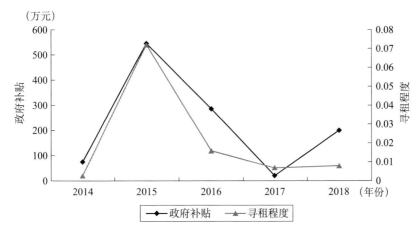

图 5 - 10　　C 公司政府补贴与寻租对比

5.2.1.4　精准扶贫降低 C 公司寻租程度的进一步研究

通过上一部分的分析可以看出，C 公司在参与精准扶贫之后寻租程度有了很大的降低，从而提升了企业绩效。但是在 2016 年和 2017 年时，企业寻租程度降低，该公司获得的政府补贴也降低，直到 2018 年，二者才开始反向变动。除了企业精准扶贫的成效需要一定的时间才能体现出来，这背后还有什么原因？于是本书进行了进一步的分析。

由于贫困地区封闭的地理条件会形成的"重人情、轻制度"的社会交往法则，更容易让人际关系替代制度规则。在精准扶贫开展之后，政府派出的精准扶贫督导组会对参与精准扶贫的企业进行监督、考察，针对扶贫领域腐败和作风问题采取专项治理，以确保其资金利用的效率，有效地防止了企业开展寻租活动。但是，当外部的治理条件很差、腐败程度很高时，偏远地区所在地存在大量政府人员的贪污腐败行为，没有参与精准扶贫的企业由于受到的外部监督较少，依然可以通过寻租来获取资源，而参与了精准扶贫的企业因为寻租程度很低而获得的资源会较少，政府补贴资金的错配和误配依然大量存在。

对于地区腐败程度的衡量，如表 5 - 21 所示，本书根据以往学者的做法，采用地区的腐败案件总数来度量地区腐败的程度，腐败案件包括两类，分别是公职人员贪污腐败和渎职。地区腐败案件数据手工搜集自历年《Z 县人民检察院工作报告》。

表 5 - 21　　　　　　　　地区腐败程度、政府补贴和寻租程度情况

项目	2014 年	2015 年	2016 年	2017 年	2018 年
地区腐败程度	162	158	108	98	40
政府补贴（万元）	77. 27	544. 20	285. 44	22. 42	198. 90
寻租程度	0. 003	0. 072	0. 016	0. 007	0. 008

资料来源：Z 县人民检察院工作报告。

地区腐败程度与 C 公司寻租程度和获得政府补贴的变动趋势如图 5 - 11 所示，在 2014 年、2015 年 Z 县的地区腐败程度很高，但随着精准扶贫的开展，Z 县作为扶贫地，受到了来自监察机构、执法机构等多方面的监督，地区腐败程度有所下降，但 2016 年和 2017 年依然维持在较高的水平，说明依然存在大量公职人员贪污腐败的现象，但 C 公司因为参与了精准扶贫，更多地受到了纪检机关的监督，寻租水平大幅下降。可是由于腐败的存在，政府补贴依旧有错配、误配的现象，其他寻租程度高的企业，获得了大部分的政府补贴，寻租程度低的 C 公司，获得的政府补贴自然很少，随着 2017 年底 Z 县反腐倡廉治理工作的开展，"六个严禁"专项整治工作，着力解决权力寻租等问题，在保持惩治腐败的高压态势下，2018年 Z 县的地区腐败程度有了很大的降低，同时随着 C 公司的寻租程度降低，企业获得的政府补贴反而上升了，当年的公司绩效也有了大幅提升。

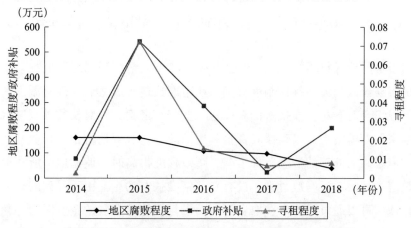

图 5 - 11　地区腐败程度、政府补贴与寻租程度变动趋势

这说明企业在参与精准扶贫的前两年，由于地区腐败程度高、治理环境差，导致当地企业依旧通过寻租来获取资源，而 C 公司由于参与了精准扶贫，寻租程度降低了，于是获得的政府补贴也较少。但 2018 年由于 Z 县反腐工作的推进，一体推进不敢腐、不能腐、不想腐，Z 县的外部治理环境有了很大的好转，整个地区政府公职人员的腐败程度大幅下降，政府补贴投入更加精准到位，财政资金转移更加透明，政府补贴也配置到适合的企业，并且 C 公司通过参与精准扶贫与政府建立了良好的关系，因此，2018 年即使企业寻租程度很低，也获得了大量的政府补贴。

5.2.2　精准扶贫降低 D 公司寻租程度及提升企业创新能力

5.2.2.1　D 公司案例简介

D 公司注册地位于贵州省国家级贫困市 M 市，于 2014 年 6 月 15 日在上交所上市。D 公司主营原煤开采、煤炭选洗加工、煤炭及伴生资源综合开发和利用以及煤炭产品、焦炭的销售。M 市山地地形较多，并且土壤种类丰富，煤炭资源较为充足，但是由于 M 市环境封闭，与外界联系较少，因而形成了较为闭塞的人情社会。在资源有限的情况下，M 市同行业公司却并不算少，因而导致了企业寻租行为的发生；D 公司作为一家历史悠久的大型上市公司，为了获得资源支持自身发展，受到了当地寻租风气的影响，寻租的程度较高，以此来获得政府资源倾斜。

借助百度搜索引擎进行"M 市精准扶贫""M 市扶贫""M 市贪污受贿"等关键字进行搜索，可以发现，在 2016 年之前，M 市贪污受贿新闻资讯条数较多，但是关于"扶贫贪污"共同的新闻条数几乎没有；从 2016 年精准扶贫政策大力实施之后，"M 市贪污受贿"的新闻条数数量有所增多，但是 2017 年之后逐渐减少，说明 M 市贪污腐败之风有所遏制，并且从贪污金额上看，也有减少的趋势；值得注意的是，2016 ~ 2017 年，也会出现几条类似"贪污扶贫款"的新闻资讯，而涉及 2016 年精准扶贫之前年度的扶贫资金的贪污案件也在其中，2018 ~ 2019 年类似新闻条数寥寥无几。这说明国家对于精准扶贫政策的重视，同时加强了外部监管，对以前年度的扶贫资金也进行了追查，力求扶贫资金落到实处，同时也在一定程度上防止了企业对于扶贫资金的滥用，遏制了当地的寻租现象。

D 公司在这样的政策背景下，积极响应当地政府号召。2016 年，D 公司按照县政府帮扶计划和县民政局文件和工作会议精神，高度重视扶贫工作，认真落实帮贫困地区修建道路工作，并于同年按照县政府帮扶计划，无偿提供物资价值 20 万元，帮助建档立卡贫困人口脱贫数 693 人。2017 年，D 公司积极响应当地市委、市政府发出的《"献出一份爱、共圆脱贫梦"捐赠倡议书》，向 M 市慈善总会捐款 45 万元；除此之外，公司还根据省、市政府的安排，积极投资产业扶贫项目，在 M 市某乡建设小黄牛养殖公司。2018 年，D 公司在积极与政府、村庄沟通之后，经过对贫困地区的实地调研，继续以产业扶贫为主，基础设施建设帮扶为辅的模式，开展产业帮扶、技术培训帮扶、党建帮扶等多种形式的扶贫方略。2019 年，D 公司扶贫颇有成效，具体表现在：一是通过产业帮扶、就业联动的方式帮助了当地农民就业 3 018 人，其中小黄牛养殖公司对其他参与精准扶贫的企业来说，有着良好的示范作用；二是同时通过捐赠物资、基础设施建设帮扶等多种方式支持扶贫事业，以此带动贫困村、贫困户增收脱贫。

从表 5 - 22 可以看到，在参与精准扶贫的第一年，即 2016 年，D 公司投入较少，并且明显以履行社会责任为主。2017 年，D 公司投入显著增加，而且增加了产业扶贫的方式，并且以产业扶贫为主。2018 年，D 公司进一步增加了扶贫的投入金额，延续了 2017 年以产业扶贫为主的扶贫方略。2019 年，D 公司精准扶贫投入虽然有所下降，但是仍旧处于较高水平，并且在产业扶贫项目上投入力度最大。

表 5 - 22　　　　　　　　　D 公司 2016 ~ 2019 年精准扶贫情况　　　　　　　单位：万元

年份	产业发展脱贫	转移就业脱贫	教育脱贫	健康扶贫	生态保护脱贫	社会扶贫	其他项目	总额
2016	0	0	28. 33	0	0	28. 935	20	77. 265
2017	1 500	0	0	0	0	166	0	1 666
2018	1 854	0	0	0	0	17. 96	190. 37	2 026. 33
2019	525	0	2. 2	0	0	8	260	795. 2

资料来源：D 公司 2016 ~ 2019 年年报。

虽然 D 公司参与精准扶贫的主要方式是产业扶贫，但其产业扶贫项目与主业原煤开采、煤炭洗选加工并不相关，而是养殖业产业扶贫，所以 D 公司即使采取产业扶贫的方式，其实也类似于捐赠。可以看到，D 公司投入的养殖业扶贫项目对其主业以及创新并不会产生直接的影响，然而投入力度又非常之大，那么到底是何种原因使得 D 公司如此重视与自身主业并不相关的产业扶贫投入，并且力度如此之大呢？

通过查阅 D 公司企业年报精准扶贫的披露情况，可以发现，多次提到"按照县政府帮扶计划和县民政局文件和工作会议精神""依据政府"211"社会帮扶模式，积极与政府对接""继续按照省、市关于扶贫工作的要求和安排"等，说明企业十分重视对政府政策的响应，同时也反映出其精准扶贫模式和当地政府联系密切；一般来说，企业可以通过帮助政府分担精准扶贫责任的方式，来交换政府资源的支持，或者获得信贷便利；M 市封闭的人情社会以及外部资源的不易获得，使得企业在精准扶贫之前要通过寻租来获取资源，而精准扶贫之后，而在脱贫攻坚的政策背景下，中央为了整治贪污腐败的社会风气，保证扶贫资金落到实处，避免不法分子以权谋私，也出台了一系列措施来对寻租行为以及扶贫资金的使用情况进行监管，在这样的环境中，企业寻租可能性大大减少，D 公司积极参与精准扶贫，和当地政府建立联系，可能是把精准扶贫作为寻租的一种替代手段。另外，查阅 D 公司的年报可以发现，D 公司在 2014 ~ 2015 年，无论是董事长、总经理或是董事都没有在政府部门任职的经历，但是从 2016 年开始，D 公司董事中有独立董事担任贵州某区政协委员以及某市检察院人民监督员，这还说明了 D 公司和政府之间存在着一定的政治关联。基于以上考虑，可以认为 D 公司参与精准扶贫主要是为了配合当地政府的工作需求，以及寻求资源倾斜的需要。

5.2.2.2　精准扶贫对 D 公司寻租程度的影响

对于寻租程度的衡量，本书参考学者的做法，采用业务招待费来进行分析，这是因为业务招待费在企业年报中有所披露，数据获取较为方便直观；而且由于业务招待费囊括性大，因而企业很可能把寻租的支出划入其中掩盖寻租行为。但是考虑到企业在正常经营交易中也会产生业务招待费，所以此处采用企业业务招待费占当期营业收入之比来衡量寻租程度，由于比值较小，不方便观察，因而再乘以 100。若该比值增大，代表着企业寻租行为的增多，即企业寻租程度越高；反之比值下降，说明企业寻租程度的降低，同时也代表着企业寻租行为的减少，如表 5 - 23 所示。

表 5 - 23　　　　　　　　　D 公司寻租程度情况

项目	2014 年	2015 年	2016 年	2017 年	2018 年	2019 年
营业收入（万元）	517 483.76	406 902.33	391 422.29	608 131.09	608 980.52	645 763.84
业务招待费（万元）	1 105.47	740.44	341.6	267.62	214.19	234.73
寻租程度	0.2136	0.1820	0.0873	0.0440	0.0352	0.0363

资料来源：D 公司 2014 ~ 2019 年年报。

从图 5 - 12 可以看到，D 企业的寻租程度在近 6 年呈现下降的趋势，虽然在参与精准扶贫之前，2015 年比 2014 年也略有下降，但 D 企业的寻租程度依然处于一个较高水平线。而从 2016 年开始，也就是 D 企业参加精准扶贫的第一年，D 企业的寻租程度肉眼可见有了一个较大幅度的降低，而其后年间逐年下降，虽然 2019 年略有回升，但变化极小可以忽略，且仍旧处于较低水平。其中原因是随着精准扶贫的全方位推进，企业都积极投身助力扶贫事业，中央为了整治贪污腐败的不良风气，保证扶贫资金落到实处，避免不法分子以权谋私，出台了一系列措施来对寻租行为以及扶贫资金的使用情况进行监管，企业的寻租行为因此得到了遏制。

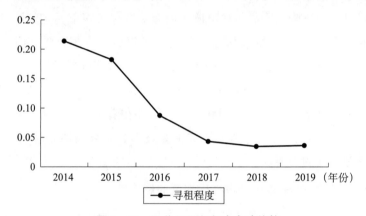

图 5 - 12 D 公司寻租程度变动趋势

5.2.2.3 D 公司寻租程度的降低对企业创新绩效的影响

从表 5 - 24 的数据中可以看到，D 公司创新绩效在 2019 年才得到了提升，之前年度一直在较低水平线内徘徊，寻租程度的降低可能并没有对 D 公司创新绩效带来明显的作用，根据前述对于 D 公司精准扶贫模式的分析可以看出，D 公司参加精准扶贫很可能是由于政治联系以及配合当地政府工作的原因。那么，是否这也会对企业的创新绩效产生一定的中间作用？而 2019 年 D 公司的创新绩效飙升原因又是怎样的呢？

表 5 - 24　　　　　　　　　　D 公司 2014 ~ 2019 年创新绩效水平

年份	B1	B2	B3	B4	创新绩效水平
2014	0.0714	0	0.0017	0.0491	0.0342
2015	0.2500	0.3182	0.0016	0.0040	0.1988
2016	0.1714	0.2273	0.0011	0.0335	0.1376

续表

年份	B1	B2	B3	B4	创新绩效水平
2017	0.1571	0.2727	0.0006	0.1401	0.1697
2018	0	0.1364	0.0012	0.1452	0.0747
2019	1	1	0.0047	0.1550	0.6883

一般来说，企业寻租主要是为了获得资源的倾斜，其中既包括显性资源，也包括隐性资源，政府补贴就是政府给予的较为典型的显性资源。大量学者研究结论显示：资源的倾斜，包括政府补贴，对于创新绩效的提升来说有着正向作用；所以本书将前述所得的 D 公司寻租程度与政府补贴进行对比，以分析 D 企业参加精准扶贫前后的具体情况，如表 5 – 25 所示。

表 5 – 25　　　　　　D 公司 2014 ~ 2019 年政府补贴、寻租程度情况

项目	2014 年	2015 年	2016 年	2017 年	2018 年	2019 年
政府补贴（万元）	1 010.78	1 566.18	4 578.78	733.33	769.33	2 271.47
寻租程度	0.1236	0.1820	0.0873	0.0440	0.0352	0.0363

资料来源：D 公司 2014 ~ 2019 年企业年报。

通过图 5 – 13 可以看到，2014 ~ 2015 年 D 公司获得的政府补贴一直处于较低水平；而从 2016 年开始，随着 D 公司投入精准扶贫，政府补贴开始与寻租程度呈现持续反向变动趋势，并且 D 公司获得的政府补贴在 2016 年达到了这 6 年间的最大值，这一年企业的寻租程度有了较大幅度的下降，但是获得的政府补贴反而有很大的提升，这表明 D 公司积极参与精准扶贫的行为获得了政府的认可和大力支持；而从前述统计的 D 公司精准扶贫投入情况来看，2017 年、2018 年 D 公司积极配合当地政府，大力投入产业扶贫项目，并取得了较好的成效，2019 年 D 公司获得的政府补贴也升至较高水平。

除此之外，D 公司在参加精准扶贫之后，更是获得了一系列政府作为投资者拨入的专项应付款，如表 5 – 26 所示。从图 5 – 14 中可以看到，D 公司获得的专项应付款的情况，可以看出，在 2014 ~ 2015 年，D 公司的专项应付款获得情况和寻租程度呈同向变化；但是在 2016 年 D 公司参加精准扶贫之后，其寻租程度大幅度下降，获得的专项应付款却有了较大增长，2017 年虽然有所回落，但是其后年间基本呈上涨趋势，并且皆高于精准扶贫之前。这说明虽然在参与精准扶贫之后，D 公司的寻租程度下降，但 D 公司通过积极配合政府助力扶贫事业的方式来和政府建立良好联系，从而获取相应的资源倾斜。

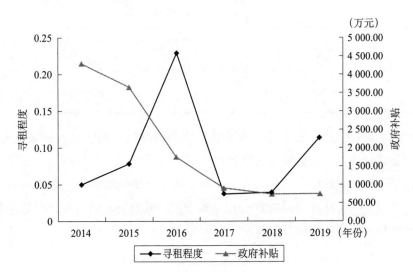

图 5 – 13　D 公司寻租程度、政府补贴变动对比

表 5 – 26　　　　　　　　D 公司 2014 ~ 2019 年专项应付款情况　　　　　　　单位：万元

项目	2014 年	2015 年	2016 年	2017 年	2018 年	2019 年
专项应付款	5 583.00	255.00	17 128.00	2 346.89	38 099.71	23 365.13

资料来源：D 公司 2014 ~ 2019 年企业年报。

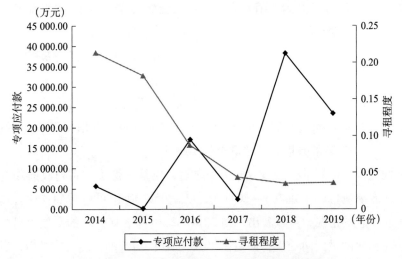

图 5 – 14　D 公司寻租程度、专项应付款变动对比

除了上述显性资源之外，D 公司还获得了隐性资源：2018 年，贵州省委省政府将原省直属的 3 家公司全部纳入 D 公司作为核心企业所在的集团，使得煤炭资源要素全部 D 公司集中。D 公司因此在资源、技术、人才等方面将得到大

力支持，区域优势和政策优势更加突出。

D 公司通过精准扶贫降低了寻租程度、减少了不必要开支的同时，获得了大量政府补贴和政府拨入的专项应付款，其创新绩效却没有提高。专项应付款具有专用性，而查阅企业年报可以发现，D 公司获得的专项应付款基本用于安全生产费用性支出，或者属于国债专项工程建设，较少涉及企业创新方面；而就政府补贴来说，由于企业的创新投入对于政府补贴来说亦具有滞后性。因此，本书把上年政府补贴和创新投入比变化趋势进行对比来进行详细分析。

从图 5-15 可以看到，D 公司在 2015~2016 年的研发支出和政府补贴呈同向变动，说明政府补贴对创新投入有正向作用；然而，从 2016 年开始，政府补贴和研发投入呈现反向变动，并且研发投入力度在 2015~2017 年一直处于较低水平，这说明在此期间，政府补贴并未提高企业创新绩效。这是因为 D 公司从 2016 年开始，总共精准扶贫的投入达到了 9 586.8 万元，而 2016~2019 年 D 公司获得的政府补贴为 8 352.91 万元，D 公司对于精准扶贫的投入将近 1 亿元，这可能会对 D 公司造成一定程度上资金的占用；因此，D 公司在 2016~2018 年创新绩效没有大幅度的提升。2018 年，贵州省委省政府将原省直属的 3 家公司全部纳入 D 公司作为核心企业所在的集团，使得煤炭资源要素全部 D 公司集中。D 公司因此在资源、技术、人才等方面将得到大力支持，区域优势和政策优势更加突出。隐性资源的倾斜也是 2019 年 D 公司创新绩效飙升的一个重要原因。

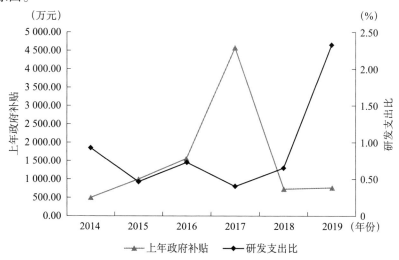

图 5-15　D 公司上年政府补贴、研发支出比变动对比

5.2.2.4 精准扶贫降低 D 公司寻租程度的进一步研究

同样的，本书继续选取同样位于国家级偏远地区，也存在着寻租问题，同属于重工业，但是未参与精准扶贫的 d 企业，来和 D 企业的创新绩效进行对比，从而证实精准扶贫对企业创新绩效的影响，如表 5-27 所示。

表 5-27　　　　　　　　　d 公司 2014~2019 年创新绩效水平

年份	B1	B2	B3	B4	创新绩效水平
2014	0.6670	0.333	0.1747	0.0827	0.3700
2015	0.2222	0.333	0.2092	0.0389	0.2179
2016	1	1	0.1788	−0.0673	0.6653
2017	0	0	0.1664	0.0057	0.0237
2018	0.6667	0.333	0.1524	0.0058	0.3507
2019	0	0	0.1840	−0.0406	0.0164

从图 5-16 可以看到，d 公司的创新绩效无规律可循，只会在少部分年度较高，并且在 2017 年之后基本处于较低水平，而且在 2014~2016 年，d 公司创新绩效一直高于 D 公司，但是在 D 公司参与精准扶贫之后，2017 年、2019 年 D 公司的创新绩效水平都高于 d 公司；并且 2019 年，在 d 公司呈现走低趋势的情况下，D 公司的创新绩效却有了飙升，这也进一步说明参与精准扶贫给 D 公司创新绩效带来了一定程度的积极影响。

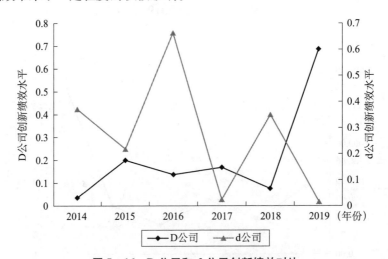

图 5-16　D 公司和 d 公司创新绩效对比

表 5-28 反映的是 d 公司的寻租程度和获得的政府补贴情况，d 公司在 2014~2015 年寻租程度也呈现增高趋势，但是从 2016 年精准扶贫政策的大力推

进，国家对企业都加强了外部监管，d 公司在这样的背景下也受到了影响，寻租程度有所减轻。不同于 D 公司的是，d 公司获得的政府补贴随着寻租程度的降低而减少，D 公司获得的政府补贴却没有因为寻租程度的降低而减少，反而在其参加精准扶贫的第一年达到了最大值，这说明即使寻租行为减少，积极参与精准扶贫的企业却获得了更多的资源倾斜，这也为创新绩效的提升提供了必要的条件。

表 5 –28　　　　　　d 公司 2014 ~ 2019 年政府补贴、寻租程度情况

项目	2014 年	2015 年	2016 年	2017 年	2018 年	2019 年
寻租程度	0.5278	0.7591	0.6413	0.3253	0.3081	0.1827
政府补贴（万元）	2 942.69	2 688.63	1 652.23	0	0	0

资料来源：d 公司 2014 ~ 2019 年企业年报。

5.2.2.5　小结

D 公司通过参加精准扶贫降低了自身寻租程度，并且在参加精准扶贫之后第一年就得到了大量的政府补贴，但是从创新绩效变化情况来看，并没有立即对 D 公司的创新绩效带来提升。这是因为：首先，即使 D 公司寻租水平的下降带来了成本的节约，但是 D 公司投入大量资金、人力、物力进行精准扶贫，造成了一定程度上资金的使用，因而对 D 公司创新绩效产生了一定的挤出作用；其次，政治关联对于寻租与创新绩效有中间作用，D 公司用精准扶贫来代替寻租行为迎合政府，并且在政治关联下进行扶贫，这决定了其更倾向于响应政策和配合政府完成包括精准扶贫在内的各项社会任务，从而一定程度上对于企业创新资源投入有所松懈。即使大量投入资金进行产业扶贫，但是和 D 公司自身业务不相关，因而导致其难以结合自身业务开展创新活动，对创新绩效来说没有太大的作用；同时也应该看到，D 公司在参加精准扶贫之后，不仅获得了政府补贴这样的显性资源，也获得了其他隐性资源倾斜，从而使得其创新绩效在2019 年得到了提升。

5.3　精准扶贫提升市场关注度的典型案例分析

5.3.1　E 公司基本情况介绍

E 公司是一家医药制造业企业，也是鄂豫皖革命老区的一家上市公司。E 公司在 2000 年上市，逐渐成长为当地一家大型制药企业。公司拥有百余种产

品，其中多种产品都独家拥有知识产权，还有部分产品是国家中药保护品种。

　　E公司的注册地位于国家级偏远地区河南省N县，N县处于河南省东南部，在大山的腹地，四周群山环绕，较为封闭。该地区交通不便，环境闭塞，全县仅有两条省道，且只有一条高速公路经过N县，铁路方面，直到2019年中国铁路总公司才开始进行规划，准备在N县建立高铁站，在此之前N县仅有1996年通车的京九铁路设站，但数十年来N县站始终是一个三等站，每一次铁路运行调整后，停靠N县的列车就会减少，甚至河南省省会郑州也没有到N县的列车，从绝大部分的大城市进入N县，需要转数次列车，交通极为不便。在这样的交通情况下，外地的消费者对N县所知甚少，因此，N县的绝大多数企业的产品走不出去，只能在N县自产自销。

5.3.2　E公司参与精准扶贫的情况介绍

　　E公司在政策的引导下积极投身于精准扶贫的浪潮中，作为当地龙头企业的E公司表现出了应有的担当和作为，企业以产业扶贫为重点，在当地政府的支持下带领贫困户发展产业，根据贫困地区和贫困户的具体情况有针对性地制订相应计划，建立扶贫攻坚的长效机制，努力为脱贫攻坚贡献力量。同时，企业积极地承担起社会责任，开展了很多公益事业活动，依托革命老区扶贫帮困基金会平台为贫困地区的学生送去爱心、为偏远地区修建基础设施、改善生态环境，为社会公益事业的发展作出应有的贡献。

　　2016年，E公司举办了"爱心万里行"活动，此活动以实际行动践行了国家精准扶贫政策，万里行活动历时3个月，为11个省份的63所留守儿童学校送去了爱心物资，E公司被授予"关注留守儿童公益活动"示范企业，同时万里行活动在海南某一大型会议上还成功荣获"特别行动奖"。当年E公司还开展了项目造福贫困地区的癌症患者，该项目是公司实施的关爱贫困地区癌症患者的健康扶贫行动计划，拟向全国贫困地区癌症患者捐赠价值总计5亿元的抗癌药物。

　　2017年E公司在产业扶贫方面，作为当地龙头企业，针对贫困地区的实际情况，因地制宜充分利用当地特色农业生产的传统优势和茶叶、中药材等农林产品品牌知名度较高等资源优势，中药材种植采取"公司+专业合作社+基地+农户"的产业模式，指导当地农户进行科学种植，形成规模化生产，并签订协议回收药材，帮带农民增收脱贫。同时，企业依托N县当地的扶贫组织，建立了扶贫帮困的长效机制，有效解决了贫困地区基础设施差的问题。

2018 年 E 公司延续了 2017 年产业扶贫的措施，继续采用"公司 + 专业合作社 + 基地 + 农户"的扶贫模式，使"粮农"成为了"药农"，有效地帮助农民增收脱贫，得到了较好的产业致富效果；并依托革命老区扶贫帮困基金会平台，向贫困地区的贫困家庭捐款、赠药，企业还向西藏阿里地区的贫困户捐赠了其生产的总价超过 30 万元的药品。

表 5 - 29 统计了 2016 ~ 2018 年 E 公司在精准扶贫各个项目上的投入，2016 年，E 公司的投入主要集中在社会扶贫上，在产业扶贫上相对较少；2017 年，社会扶贫依旧是企业扶贫的主要方式，但产业扶贫的金额有所提升；到了企业参与精准扶贫的第三年，在社会扶贫上投入的金额有所回落，当年对捐赠物资、产业扶贫和社会扶贫这三种扶贫方式的投入相对均衡，但从这三年的总体情况来看，社会扶贫还是 E 公司扶贫的主要方式。通过企业年报中披露的精准扶贫情况可以看到，E 公司的社会扶贫主要包括关爱留守儿童、帮助贫困村修路筑桥、助残助教等，企业也因此获得了"关注留守儿童公益活动"示范企业称号，企业开展的万里行活动还在海南某一大型会议上获得了"特别行动奖"。可以看到，E 公司在通过社会扶贫奉献了企业爱心，向社会传递了正能量的同时，也为企业在社会上赢得了良好的口碑，获得了更多的市场关注和推广产品的机会。

表 5 - 29　　　　　　　　　　　**E 公司参与精准扶贫情况**

年份	捐赠物资（万元）	产业扶贫（万元）	社会扶贫（万元）	总额（万元）
2016	0	90.82	695.77	786.59
2017	0	174.01	262.24	436.25
2018	107.38	105.38	128	340.76

资料来源：E 公司 2016 ~ 2018 年企业年报。

5.3.3　精准扶贫对 E 公司市场关注度的影响

5.3.3.1　E 公司市场关注度的变化

随着信息技术的发展，互联网这种区别于传统纸质媒体的传播方式已经悄然改变了我们的生活，不论是投资者还是供应商，以及对该品牌感兴趣的潜在客户，都会通过网络来了解该品牌的相关信息。本书借鉴现有学者的做法，利用百度搜索引擎，收集包含 E 公司名称的新闻报道数量，将 E 公司的名称输入百度新闻搜索平台进行分时段搜索 2014 ~ 2018 年的新闻条数，如表 5 - 30 所示，统计搜索结果中出现的新闻条数作为市场对该公司的关注度，同时统计以"E 公司扶贫"为关键词的新闻条数，以分析企业在 2016 年参与精准扶贫后市场对 E 公司扶贫事业的关注度，以及 E 公司参与精准扶贫对 E 公司市场关注度的影响。

表 5 - 30　　　　　　　　　　　E 公司市场关注度情况　　　　　　　　　　单位：条

项目	2014 年	2015 年	2016 年	2017 年	2018 年
"E 公司"新闻报道总条数	390	288	760	627	761
"E 公司扶贫"新闻报道条数	63	59	220	252	213

资料来源：笔者整理。

通过图 5 - 17 可以看到，作为 E 公司市场关注度的衡量指标——新闻报道总条数，在 2014 年和 2015 年水平较低，这说明企业的市场关注度较低，但企业 2016 年参与精准扶贫之后市场关注度有了很大的提升，虽然在 2017 年小有回落，但在 2018 年又再次得到了提升，并且总体水平远高于企业未参与精准扶贫时。值得关注的是，2016 年关于"E 公司扶贫"的新闻报道条数增长了 273%，当年 E 公司新闻报道总条数近四成的增长都源自"E 公司扶贫"，且 2017 年以"E 公司扶贫"为关键词的新闻报道条数，占当年 E 公司新闻报道总条数的 40% 以上，说明在参与精准扶贫之后，扶贫事业已经成为市场关注 E 公司的重点，企业参与精准扶贫为企业带来了较大的市场关注度。

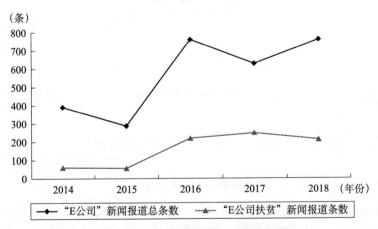

图 5 - 17　E 公司市场关注度变动趋势

5.3.3.2　E 公司市场关注度的提升对公司绩效的影响

通过 E 公司综合绩效得分表，可以看到 E 公司在参与精准扶贫前后公司绩效的变动趋势，在企业未参与精准扶贫时市场关注度较低，公司绩效的表现也较为乏力，如表5-31所示。但2016年，企业由于参与精准扶贫，市场关注度有了大幅上涨时，公司绩效也随着上涨，二者同向变动。虽然2017年之后公司绩效有所降低，但总体来说，企业参与精准扶贫后公司绩效的表现优于未参与精准扶贫时。企业市场关注度的提升有效拉动了公司绩效的提升，这是因为E公司的主要经营地位于偏远地区河南省N县，偏远地区企业所处地区偏僻，交通不发达，与外部市场的联系不紧密，互动程度较低，封闭程度较为严重，导致企业生产的产品进入外部市场的交易成本高、产生外部市场需求不足的问题。而消费者对于商品的需求，很大一部分程度上取决于媒体宣传推广的力度和对品牌的认可。为了鼓励企业参与精准扶贫，政府出台大量政策，充分利用媒体对企业参与精准扶贫进行宣传，及时报道企业参与行动的先进典型，让参与精准扶贫的企业收获政治上的荣誉，同时赢得好的口碑，助力企业的发展；并且指导培育高知名度商标，发展品牌经济；有关部门还加大力度保护企业的商标等专利权，有关部门也帮助扶贫企业制定贫困地区特色产业发展规划，加大力度培育贫困地区的龙头企业，并通过展销会、发布会等形式对企业的产品进行推广和支持，帮助企业扩大销量。E公司通过参与精准扶贫，获得了更多的关注和推广产品的机会，媒体加大了对企业的宣传力度，有利于消费者认识和了解偏远地区企业生产的产品，同时，企业履行扶贫社会责任，树立了良好的公众形象，取得了较好的声誉，能够获得更多消费者对品牌的认同，从而取得竞争优势，从因子得分情况来看，E公司的盈利能力在2016年有了很大的提升，当年的营运能力也有所增强。

表5-31　　　　　　　　　　　　E公司综合绩效得分

年份	盈利因子得分	成长因子得分	偿债因子得分	营运因子得分	绩效综合得分
2014	0.0953	-0.0844	0.1238	0.0140	0.0439
2015	0.2816	-0.1935	0.1677	0.0027	0.0897
2016	1.0110	-0.2725	0.2795	0.0153	0.3481
2017	0.7769	-0.1903	0.3655	-0.1901	0.2667
2018	0.6539	-0.2197	0.3153	-0.1001	0.2241

本书选取与E公司同处于医药制造业，也是注册地在偏远地区，但未参与精准扶贫的上市公司e公司进行对比，通过百度搜索引擎的统计，如表5-32和图5-18所示，发现关于e公司的新闻报道条数虽然在2014年和2015年要

多于 E 公司，但在 2016 年之后 e 公司的新闻报道条数没有明显的增加，说明市场关注度表现一般，而 e 公司的综合绩效得分也逐年下降，从一开始明显高于 E 公司，而在 2016 年这个分水岭之后，公司绩效就被 E 公司反超，且结合因子得分来看，e 公司的盈利能力大幅下降是导致企业绩效综合得分下降的主要原因。

表 5 – 32   e 公司综合绩效得分

年份	盈利因子得分	成长因子得分	偿债因子得分	营运因子得分	绩效综合得分
2014	1. 2274	2. 8743	0. 4046	– 0. 0007	1. 1822
2015	1. 3048	– 0. 0812	0. 2549	– 0. 2381	0. 4375
2016	0. 8335	– 0. 1848	– 0. 0975	– 0. 4075	0. 1387
2017	0. 2150	– 0. 2704	0. 1443	– 0. 4027	– 0. 0361
2018	0. 2070	– 0. 2266	0. 3238	– 0. 3751	0. 0178

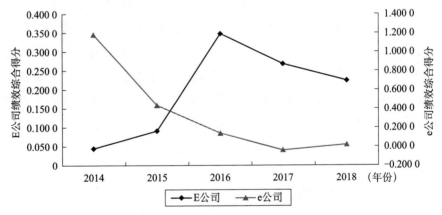

图 5 – 18   E 公司和 e 公司综合绩效对比

5.3.4   精准扶贫提高 E 公司市场关注度的进一步研究

通过本书前面的分析可以看到，2017 年和 2018 年 E 公司的市场关注度依旧很高，但与此同时 E 公司的公司绩效虽相较未参与精准扶贫时有所提升，可相对 2016 年还是有了较为明显的下滑，于是本书进一步研究产生这种情况背后的原因是什么。

E 公司属于医药制造业，医药制药业有一个非常显著的特点就是以技术作为产业增长的主要驱动力，企业通过投入大量的人力物力，来获得新技术、新产品，从而提升企业效益，因而研发投入对 E 公司来说非常重要。而通常以研发投入比用当期研发支出的总额除以当期营业收入的比值来衡量企业对研发投入的重视程度。

通过表 5-33 可以看到，2014~2017 年 E 公司的研发支出每年都在增加，但增长率却越来越低，并且 E 公司的研发投入比在 2015 年之后有了明显的下降，如图 5-19 所示，2015 年 E 公司的研发投入比是近 5 年的最高值，达到了 4.16%，但从 2016 年开始逐年下降，到 2018 年降到了 3.05%，说明企业在 2016~2017 年对研发投入的重视程度下降了。

表 5-33　　　　　　　　　　　　E 公司研发投入情况

项目	2014 年	2015 年	2016 年	2017 年	2018 年
本期费用化研发支出（万元）	2 155.47	2 468.35	3 805.95	5 643.50	5 544.88
本期资本化研发支出（万元）	822.79	1 983.48	1 067.08	433.63	724.10
研发支出合计（万元）	2 978.26	4 451.83	4 873.03	6 077.13	6 268.98
研发支出投入比（%）	3.60	4.16	3.39	3.29	3.05

资料来源：E 公司 2014~2018 年企业年报。

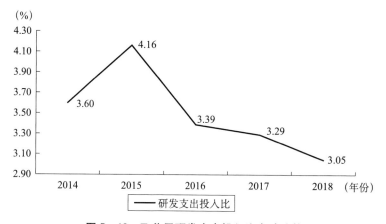

图 5-19　E 公司研发支出投入比变动趋势

这说明企业参与精准扶贫后，虽然政府加大了对贫困地区企业的品牌推广力度，媒体也加大了对其宣传的力度，有效带动了市场对企业的关注，但优质的产品才是企业保持竞争力的关键因素，也是企业持续发展的原动力，扶贫企业在得到了大力宣传的情况下，应当增强自身的实力，更加重视产品的更新换代，加大研发投入的力度，增强企业的研发能力，生产出更有新意、更能够被市场认可的产品，这样才能真正抓住这个机会，实现企业绩效的稳步提升，拉动企业价值的稳步增长。

5.4　本章小结

通过阅读权威文献归纳总结创新绩效影响因素，并结合偏远地区所面临的创新困境以及精准扶贫相关政策，可以推测精准扶贫可能是通过融资约束、寻租和市场关注度这三个方面来影响偏远地区企业的公司绩效，从偏远地区企业的特点来考虑，大多数的偏远地区企业都面临着这三个方面的问题，为了研究精准扶贫对偏远地区企业公司绩效产生影响的作用机理，本书根据精准扶贫的政策特点，以及偏远地区企业自身的特点，选取了A、B、C、D、E 5家有代表性的企业作为案例企业。通过对这5家企业进行研究和数据分析，对精准扶贫对企业创新绩效影响的作用机理得到证实，分别探索精准扶贫影响偏远地区企业公司绩效的作用机理。研究结果显示：首先，企业在参与精准扶贫之后得到了多渠道、多方式的融资，融资规模有所扩大，通过融资约束的缓解，提升了公司绩效，但同时企业也需要防范过度投资行为损害企业绩效的风险；其次，参与精准扶贫能有效降低企业的寻租水平，通过减少企业的经营成本提高企业的经营效率进而提升公司绩效，但当外部治理环境较差时，寻租程度的降低不利于企业获得资源，因而在参与精准扶贫的过程中要注重完善外部治理环境；最后，精准扶贫能给企业带来更多的市场关注度，通过宣传力度的增大，有利于消费者认识和了解偏远地区企业生产的产品，能够获得更多消费者对品牌的认同，让企业自身更加具有竞争力，从而取得竞争优势，提升公司绩效，同时研发能力强、注重创新的企业，更能抓住这个机会，实现公司绩效的提升，由于更加具有创新性，也更加利于偏远地区企业的长久发展。

5.4.1　企业参与精准扶贫能缓解融资约束，提升企业创新绩效

融资约束是影响企业绩效的关键问题，融资约束可能导致企业丧失投资机会而不利企业价值的提升。偏远地区资本市场尚不发达、信息不对称程度更高、信息透明度更低，加大了外部投资者获取信息的难度和及时性，企业很难从外部市场募集资金，存在较高的融资约束。偏远地区企业获得政府补贴，一方面可以直接获得政府无偿提供的资金支持而缓解融资约束，另一方面获得政府补贴具有信号传递的效应，意味着政府对企业所从事业务的认可与鼓励，从而形成一种隐性担保机制，有助于企业获得银行贷款而缓解融资约束问题。因此，

政府补贴能够缓解偏远地区企业的融资约束问题，进而影响企业绩效。本章通过对 A 公司和 B 公司的案例研究发现，在参与精准扶贫之后，这两个公司融资约束得到了一定程度的缓解。A 公司在参与精准扶贫之后融资约束得到了很大程度的缓解，融资规模扩大、融资渠道变多，资金流压力大大减小，公司绩效也随之提升，说明精准扶贫通过缓解企业融资约束，对公司绩效产生了正向的影响。但当企业融资约束得到了缓解时，精准扶贫再为企业带来大量资金，会引发企业的非效率性投资行为，抑制公司绩效的提升。B 公司在参与精准扶贫之后，其融资约束得到了一定程度的缓解。这是因为，一方面，B 公司通过精准扶贫提升了自身媒体关注度，新闻媒体对于 B 公司参加精准扶贫的大量正面报道，起到了舆论导向作用，从而缓解了 B 公司和投资者之间的信息不对称，吸引外部投资者投资，从而获得股权融资；另一方面，媒体对于企业精准扶贫的大量新闻资讯报道也无形中起到了宣传效果，进而缓解消费者和企业之间的信息不对称，为企业扩大产品市场，增加销量，带来利润，提升企业的盈利水平，从内源融资和外源融资两个方面缓解企业融资约束。进而促使企业提高研发投入力度，有利于创新绩效的提升。但当企业融资约束得到了缓解时，可能会引发企业资金的滥用行为，造成一定程度的资金浪费，不利于公司的研发投入，从而不利于企业创新绩效。

5.4.2　企业参与精准扶贫能降低寻租程度，带来资源倾斜，提升创新绩效

寻租活动对于经济增长具有严重的阻碍作用。中国正处于经济转型时期，政府在分配作为稀缺性资源的政府补贴方面拥有较强的自由裁量权，这为企业获得政府补贴而向政府寻租提供了便利空间。中国的市场化进程、政府干预和法治环境等在不同地区间存在较大差异，偏远地区更为薄弱的制度基础和法制环境，为企业获得政府补贴而向政府寻租提供了更大的操作空间；而且偏远地区相对封闭的环境使其形成的熟人社会和人情社会，更有利于企业与政府建立政治联系，从而为企业寻租活动而获得政府补贴提供便利条件。寻租观下政府在给予企业补贴的同时，还可能要求企业配合政府承担社会目标，企业资源会更多用于非生产性活动。寻租活动会扭曲补贴资源的配置效率，不利于企业绩效的长久提升。本章通过对 C 公司和 D 公司的案例研究发现，在参与精准扶贫之后，企业开展寻租活动的规模大大下降。C 公司和 D 公司的业务招待费在越来越大的程度上反映的是企业正常销售过程中产生的招待费用。随着寻租程度大幅下降，企业经

营成本有所降低，经营效率也随着提升，公司绩效也有了很大的增长，说明企业参与精准扶贫能通过降低其寻租程度从而提升公司绩效。但本书通过进一步的研究发现，在外部治理环境较差的情况下，企业的寻租水平降低，不利于企业获得资源，从而抑制公司绩效的提升，因而当地政府应重视外部治理环境的整治。但是也应该看到，D公司通过精准扶贫不仅获得了政府补贴这样的显性资源，也获得了其他隐性资源的倾斜，最终使得其创新绩效得到了提升。

5.4.3　企业参与精准扶贫能通过提升市场关注度提升公司绩效

地理位置越为偏远的地区自给自足的自然经济模式程度越高，区域内各市场主体间交易频次越低，导致偏远地区企业的产品面临区域内需求不足的问题。与此同时，地理位置越为偏远地区的经济封闭程度越严重，与外部市场互动程度越低，市场割裂程度越大，市场交易成本越高，偏远地区的产品进入外部市场难度增大，客观上导致区域外市场的需求不足。本章通过对E公司的案例研究发现，E公司在参与精准扶贫之后市场关注度有了大幅的上涨，并且绝大部分市场关注度的提升都源自企业参与精准扶贫，市场关注度的提升有利于消费者认识和了解偏远地区企业生产的产品，同时企业参与扶贫履行社会责任树立了良好的公众形象，取得了较好的声誉，能够获得更多消费者对品牌的认同，从而取得竞争优势，提升企业绩效。我国的资本市场中，普遍存在信息不对称的现象。上市公司与投资者无法及时的共享信息。因此，投资者会关注市场上的利好信号去决定自己的投资决策，政府补贴便是一项政府传递出的利好信号。企业收到了政府补贴，投资者们会认为企业受到了政府的重视，政府支持企业的发展，企业的发展前景较好。企业获得政府补贴，会将信息披露在公告中。消除了企业与投资者之间的信息不对称问题，向投资者传递出企业良好发展的现状。同时本书还发现，研发投入程度高、注重创新的企业，更能抓住这个机会，实现自身的发展。

总之，通过上述研究发现，参与精准扶贫的企业通过缓解融资约束、降低寻租程度、提高市场关注度等作用路径对企业绩效产生影响。在一般情况下，偏远地区企业参与精准扶贫对于创新绩效的提升存在着一定的正向作用。

第6章

研究结论和政策建议

6.1 主要结论

6.1.1 政府补贴视角下的结论

本书结合具体案例分析了政府补贴对企业绩效的作用机制，得出以下结论。

6.1.1.1 政府补贴可以缓解企业的融资约束从而提升企业绩效

偏远地区企业受到更严重的融资约束制约，没有足够的外部融资来源，企业没有更多的资金进行产业研发、贸易拓展。因此，政府补贴可以有效地缓解企业资金不足的问题，帮助企业获得其所需要的资金，从而影响企业绩效的提升。补贴不仅可以提升公司的绩效，还可以满足政府绩效评价指标，使政府补贴发挥最大的作用，有利于企业的发展。政府补贴对于企业来说，特别是对于融资约束严重的企业来说，无疑是雪中送炭。通过建立了良好的政企关系，弱化信息不对称程度，容易获取更多的政府补贴，缓解企业的融资约束。对于可以获得更好外源融资的企业，企业不缺现金流，政府补贴不能有效提升企业的绩效。

6.1.1.2 政府补贴传递了利好信号，从而促进了企业绩效的提升

政府在给予企业的补助的同时，也向社会发出了支持企业发展的信号，消除双方之间的信息不对称性，使企业可以和更多的客户和供应商展开业务合作，拓展了企业的业务范围，使企业获得更广的市场。同时，因为"市场利好"的讯息，增大了投资者的信心，使企业吸引到更多的机构投资者对公司投资，促进企业的发展。

6.1.1.3 政府补贴可以促进企业进行创新，提升创新绩效

政府补贴与企业的创新绩效之间呈现出同方向变动的关系。政府补贴与企

业的专利数量之间也呈现出同方向的变动关系。政府补贴对研发投入具有平滑作用，当企业的研发费用一直处于持续增长的趋势时，前一年企业收到国家政府补贴增加，下一年企业自主研发费用投入就会减少。政府质量在政府补贴对创新绩效的关系中具有强化作用。

6.1.2　精准扶贫视角下的结论

由于我国偏远地区企业与贫困地区的联系更加紧密，有着最真切的扶贫情怀和带贫优势，偏远地区企业可以把自身发展与贫困地区紧密连接在一起，将自身产业资源转化为扶贫资源。因此，本书选取偏远地区企业作为研究对象，通过因子分析法综合评价了偏远地区企业的公司绩效并进行排名，结果显示，大部分偏远地区企业在参与精准扶贫之后公司绩效有了提升，并且这个比率远高于未参与精准扶贫的企业，说明参与精准扶贫有助于偏远地区企业公司绩效的提升。

因此，本书根据精准扶贫的政策特点，以及偏远地区企业自身的特点，探索精准扶贫影响偏远地区企业公司绩效的作用机理。

研究结果显示：首先，企业在参与精准扶贫之后得到了多渠道、多方式的融资，融资规模有所扩大，通过融资约束的缓解，进而提升了公司绩效，但同时企业也需要防范过度投资行为损害企业绩效的风险；其次，参与精准扶贫能有效降低企业的寻租水平，通过减少企业的经营成本而提升公司绩效，但当外部治理环境较差时，寻租程度的降低不利于企业获得资源，因而要注重完善外部治理环境；最后，精准扶贫能给企业带来更多的市场关注度，通过宣传力度的增大，有利于消费者认识和了解偏远地区企业生产的产品，能够获得更多消费者对品牌的认同，从而取得竞争优势，提升公司绩效，同时研发能力强、注重创新的企业，更能抓住这个机会，实现公司绩效的提升。

6.2　启示以及政策建议

6.2.1　启示

6.2.1.1　政府补贴相关启示

（1）政府补贴可缓解融资约束促进创新绩效提升

2006～2016 年，ABC 公司获得政府补贴的项目呈现出波动增加的趋势，说明政府对 ABC 公司补贴的种类在不断地增加，补贴的项目非常多。ABC 公司获得的政府补贴呈现出不断增长的趋势。在政府补贴力度逐渐增大的情况下，ABC 公司的净利润均表现为正值，并且政府补贴在净利润中的比例逐渐降低。如果没有政府补贴，正常情况下，ABC 公司的净利润仍然逐年上涨，说明补贴效率较高。

通过对 ABC 公司政府补贴项目的研究发现，所增加的补贴项目，主要来源于当地政府的补贴。当地政府对 ABC 公司的补贴，不仅可以拉动 ABC 公司业绩好转，而且可以使政府从 ABC 公司的农机和宇航器材部分获得更多的政府业绩，从报表上体现出来。因此，ABC 公司对农机和宇航器材所获得的补贴项目增加，主要原因是政府想通过对 ABC 公司的补贴，获得政府利益，同时也给 ABC 公司的发展带来收益。然而，政府的资金来源于纳税人，政府资金的运用需要有严格的法律依据，需要有规范的法律程序，需要对补贴的信息进行公开和透明化。

进一步，对 ABC 公司政府补贴项目的研究发现，对于很多项目，政府都在连年进行补贴，说明对于一些研发项目，政府已经形成了补贴的惯性，但 ABC 公司也已经摆脱了政府补贴的拉动。ABC 公司不需要依赖政府补贴也可以生存，无论业绩是好还是坏，无论是亏损还是盈利，都会有国家进行资产和收益方面的补贴，有了国家的收益补贴，ABC 公司的农机和宇航器材就可以在证券市场中持续存在。虽然偏远地区行业的兴起，刚开始的风险比较大，需要国家进行一定的扶持，然而扶持的手段并不是只有政府补贴一种，尤其是政府采取的收益补贴，会让企业没有危机感，企业缺乏危机感，会造成企业发展动力不足，竞争能力下降。但是 ABC 公司的补贴有很好的促进效果，说明补贴偏远地区企业可以提升效率。

（2）政府质量对政府补贴与创新绩效之间的关系有强化作用

ABC 公司的研究数据表明，当企业的政府补贴增加时创新绩效会随之而增加。政府质量会影响政府补贴和创新绩效，当政府质量较高时，政府补贴与创新绩效也较高，政府质量下降时，政府补贴会随之下降，对企业的创新绩效会产生负面影响。因此，本书的研究结果表明，政府质量对于政府补贴所处的环境以及政府补贴的效果有较强的影响，应该通过增强企业所处的政府质量来提升企业所面临的宏观环境，从而增强政府补贴对企业创新绩效的效率。

6.2.1.2 精准扶贫相关启示

（1）参与精准扶贫对偏远地区企业公司绩效有正向促进作用

本书选取 2014～2018 年的偏远地区上市公司作为研究对象，基于因子分析

法构建公司绩效评价综合指标，对其公司绩效进行整体分析，研究发现，在 17
家连续三年参与了精准扶贫的企业中，有 11 家企业的综合绩效得分在 2016 年
有所提升，有 10 家参与了精准扶贫的企业综合绩效得分明显高于未参与精准扶
贫时，这个比例达到了 60% 以上。而未参与精准扶贫的 8 家企业中，有 5 家企
业的综合绩效呈现出明显下降的趋势，并且经过同行业企业的绩效对比可以发
现，即使处于同一行业，参与了精准扶贫的企业绩效表现也会好于未参与精准
扶贫的企业。可以看到，大部分的偏远地区企业在参与精准扶贫之后公司绩效
都得到了提升，并且这个比例明显高于未参与精准扶贫的企业，这与现有学者
所做的实证研究结果相符，说明偏远地区企业参与精准扶贫也是有助于公司绩
效提升的。

（2）企业参与精准扶贫能通过缓解融资约束提升公司绩效

A、B 两个公司在参与精准扶贫之后融资约束得到了很大的缓解，融资规模
扩大了，融资渠道变多了，资金流压力大大减小，公司绩效也随之提升，说明
精准扶贫通过缓解企业融资约束，对公司绩效产生了正向的影响。但当企业融
资约束得到了缓解时，精准扶贫再为企业带来大量资金，会引发企业的非效率
性投资行为，抑制公司绩效的提升。

（3）企业参与精准扶贫能通过降低寻租程度提升公司绩效

C、D 两个公司在参与精准扶贫之后，企业开展寻租活动的规模大大下降，
企业的业务招待费越来越大的程度上反映的是企业正常销售过程中产生的招待
费用。随着寻租程度大幅下降，企业经营成本有所降低，经营效率也随着提升，
公司绩效也有了很大的增长，说明企业参与精准扶贫能通过降低其寻租程度从
而提升公司绩效。但本书通过进一步的研究发现，在外部治理环境较差的情况
下，企业的寻租水平降低，不利于企业获得资源，从而抑制公司绩效的提升，
因此，当地政府应重视外部治理环境的整治。

（4）企业参与精准扶贫能通过提升市场关注度提升公司绩效

E 公司在参与精准扶贫之后市场关注度有了大幅的上涨，并且绝大部分市
场关注度的提升都源自企业参与精准扶贫，市场关注度的提升有利于消费者认
识和了解偏远地区企业生产的产品，同时企业参与扶贫履行社会责任树立了良
好的公众形象，取得了较好的声誉，能够获得更多消费者对品牌的认同，从而
取得竞争优势，提升企业绩效。同时本书还发现，研发投入程度高、注重创新
的企业，更能抓住这个机会，实现自身的发展。

6.2.2　政策建议

6.2.2.1　企业层面的建议

企业要多去响应国家的号召，积极了解政府补贴的相关政策，注重与政府的互动。本书通过分析发现，政府补贴可以更好地促进企业绩效的提升，国家的战略会释放出很多红利。因此，对于我国企业来讲，可以更为积极地去响应国家的战略号召，积极投入其中，为企业自身发展创造更多可能，拓展企业发展的空间。同时注重与政府的互动，主动配合国家的政策安排。

（1）企业要注重资金的管理，重视公司的融资约束问题

通过前述的分析我们发现，企业的发展有时会受到融资约束的制约，影响企业的生产经营决策，影响企业的良好发展。因此，企业应该加大对企业融资约束问题的重视程度，积极寻求良好的融资途径，解决企业现金不足的问题。企业平时应该树立良好的企业形象，增加外源融资对企业的信心；也应该多注重资金的管理，不要过度使用资金，为企业的发展留足现金。

（2）企业可以积极展示自己与政府的关系，传递出政府"隐性担保"的信号

前述分析发现，市场上较为认可政府"隐性担保"的特质。对于有政府担保的企业，投资者的信心更大，也会为企业吸引来更多的客户和供应商。企业平时在经营的同时，可以多去披露自身与政府互动的信息。借助企业的公告，向市场传递出自己受到扶持的信号，从而吸引到更多合作伙伴和投资者的介入。

（3）转变企业经营理念，正确使用政府补贴

政府补贴作为对企业补贴的重要方式，但是企业获取政府补贴并不仅仅是获取，还要用于企业的长远发展，政府给予企业政府补贴的目的在于帮助企业走出融资约束的困境，加大企业的实质性创新，而不是变相地给予企业补助，只有当企业将政府补贴真正用于企业实质性创新、推动企业发展的时候，政府资源才得到了最佳优化配置，可以让企业在通过创新提升核心竞争力方面更好地发挥政府补贴的作用，为企业在追求利润最大化的道路上添砖加瓦。企业不应为了获取大量的政府补贴而进行迎合性创新，从而通过政府补贴来扭转企业的盈利状况，而应当转变经营理念，将政府补贴用于实处，在拿到政府补贴之后，应当按照获取政府补贴时的相关规定，将政府补贴用于企业研发投入等来提高企业的创新绩效，这样不仅能提高企业经营业绩促进公司发展，而且能降

低企业为了建立政治关联所投入的人力、物力、财力等成本，企业利用政府补贴来调节绩效不是长久之计，应当将经营重心放在实际创造价值的项目上，通过实质性创新来提高企业的发展能力、盈利能力等指标，促进公司全面发展，从而降低企业通过寻租建立政治关联的行为，同时也可以促进企业进行实质性创新，营造良好的经营氛围。

（4）规范企业创新行为，提升核心竞争力

通过迎合性创新行为可以获取更多的政府补贴，但政府补贴在盈利性较好与盈利性较差的企业之间的效果有所不同，对于盈利能力较差的公司，政府补贴可以帮助公司在短时间内提高财务业绩，避免受到 ST 头衔的影响，企业高管在做出决策时会依赖政府补贴，这将把公司的发展重点从实质性的绩效改善转变为最大可能地获取政府补贴，从而降低财务效率，毕竟是非连续性的，长此以往并不能促进财务绩效很好的发展。

总而言之，从公司的实际发展状况着手，企业和高管应该关注如何提高内部创新能力，促进实质性创新，增强竞争力。因此，通过大量创新获得政府补贴尽可能地加大创新力度，只有加大创新力度，才能使公司走得更远、发展得更好。开发有竞争力的产品，提高产品质量，公司创新依靠的是创新人才，一个企业要想长远的发展，必须挖掘大量的创新型人才，研发出具有市场竞争的产品，只有将政府补贴用于企业的实质性创新，才能更好地提升政府补贴对企业绩效的促进作用，让企业发展更持久。

6.2.2.2　政府层面的建议

（1）加大对企业的政府补贴支持政策，增加资金的引导作用

政府补贴可以更好地促进企业的绩效，政府补贴政策对企业的发展起到了积极的作用。在当前的战略背景下，为了鼓励我国企业"走出去"，政府可以通过补助的手段为企业"走出去"提供保障，缓解企业资金问题，进一步提升企业的绩效。

政府在制定补贴政策时，应该考虑多种因素，使决策尽可能正确。在制定政府补贴政策时，应该考虑政府补贴是为了发挥政府的带头作用，使得企业配合政府去完成产业升级，同时带领企业紧跟时代步伐；政府补贴对企业的作用仅仅只是帮助企业解决暂时困难，带领企业跟随时代步伐，不被时代所淘汰，因而政府补贴只能起到短暂性作用，政府对企业的照顾并非永久性照顾，不应充当企业的"永久性保姆"，而应充当新兴产业的"助产士"，带领企业更多地

进行实质性创新，提高企业绩效。

（2）合理选择政府补贴对象，加大对融资约束程度较高的企业的补助力度

从宏观角度看，政府在发放政府补贴专项资金时，应根据各省经济发展状况，所处的优势行业以及各省份的市场化程度，考虑上述因素的综合影响，以确定地方政府对财政的支配权限大小。对于发展一般的省份和企业应加大补贴力度，鼓励其发展，在补贴的同时，也要对补贴对象进行了解，通过严格的程序，达到资源最大化，以实现透明、公平、公正的决策。这将抑制地方政府为了一己私利而寻租的想法，使得政府补贴效果达到最优，也使得资源配置更加合理。

受到融资约束的制约时，企业难以从外部获得企业所需的资金。企业没有足够的资金去发展自己的技术或进行市场的投资。这个时候，国家的政府补贴便可以加大企业的资金流入。但受融资约束程度较轻的企业，政府补贴并不能很好地提升企业及绩效。因此，我国应该将政府补贴的重心转向企业融资约束程度高的企业，为企业的发展提供现金。而对于融资约束程度较低的企业，政府不应该一味地补助，这有可能会造成政府补贴的挤出效应，不利于企业长远的绩效增长，造成资源的错配和浪费。

（3）加大对新政策新战略的宣传，增强社会导向，发挥政府补贴的信号传递作用

政府补贴不仅可以直接促进企业绩效的增长，而且也向社会传递了政府扶持的信号。我国应该加大对相关扶持企业的政府补贴力度，积极向社会传递政府扶持的信号。加大社会对企业的认知，提升企业知名度，为企业引入更多合作伙伴并吸引更多的投资者投资。

（4）建立有效的证券市场

有效的证券市场，首先是一个自由竞争的市场，其次是信息充分披露，并且信息相对来说比较对称的市场。有效的证券市场，可以促进公平的竞争，减少政府行为对企业的干预，尽量降低投资者的交易成本，让投资者在证券市场中可以获得应有的回报，而不至于被一些政府补贴来取信息，对投资者造成干扰，做出错误决定，损害自身利益，长此以往影响到股票市场的发展。有效证券市场的建立，需要有国家相关部门的引导，但是并不是国家运用一些行政手段对证券市场进行人为干预。有效证券市场需要分清政府与市场之间的职责，能够交给市场去解决的问题，尽可能交给市场去做，政府尽量提供一些基础性的服务，并且对市场行为进行引导。

（5）加强立法与执法

需要不断地加强立法，在公司补贴方面，快速出台相应的法律法规，对于出现责任的主体给予法律制裁，以法律手段来规范补贴行为。政府补贴作为一个转移支付手段，需要有相关的法律作为保障，转移支付手段本身，是为了促进公平，而给企业进行补贴，有可能会损害到相互之间的竞争，从而损害了公平，这样的政府补贴，就违反了转移支付本来的使命。相关人员在公司补贴执法过程中需要遵循法律法规的规定，如果执法不严，也需要受到相应法律的制裁，用法律的手段来规范市场经济当中的相关行为。

（6）完善内外部监管体系

政府补贴项目增加而披露的信息减少，主要原因是当地政府部门为了增加政府绩效需要扶持企业的发展，尤其是可以带来政府大规模税收的大型企业的发展。政府为了获得自身的利益，企业也为了自身的利益着想，就存在企业与政府之间形成了"囚徒困境"。政府之所以在囚途困境当中不断地给予企业补贴，是因为企业掌握着更多的信息，企业有从事道德风险行为的条件。政府补贴的业绩高和创新效应显著需要监督机制的健全，从而提升政府质量。政府补贴的内外部监督管理机制不健全，导致从内部监督管理机制来看，对于给企业的补贴款，没有进行前期的审批和计划。在补贴款的使用过程中，也没有进行严格的监督和管理。给予补贴款的政府部门仅仅负责款项的支付，却没有对款项的运用进行严格的监督。

政府作为一个公共管理部门，也具有一定的私人利益，他们并不关注企业的经营和管理，只关注补贴款的发放能不能为政府创造更多的税收收益，只要本地的企业不倒闭，企业有一定的收益，就会给企业创造收入，企业的补贴就会得到相应的补偿。在没有一套完整的社会监督管理体制的情况下，当政府的补贴款项没有专门的运营机构和管理机构时，就使得政府没有真正的所有者。政府款项的实际所有者不明确，使得政府对政府的对企业的补贴没有获得收益。没有获得经济利益的诉求，如果不建立起一套可以相互制衡的外部监督管理机制，就会存在补贴款项运用效率无人问津的问题。从内部监督管理机制来看，企业获得了补贴款项，名义上是对边远地区以及企业研发进行补贴，而资金进入企业内部就成为了企业的内部控制问题，如果企业对资金的运用管理不到位就存在补贴款使用缺乏效率。

除政府监管外，还可以运用公众的力量来约束企业行为，还要对发放政府补贴对象进行监管，不定期检查政府补贴发放对象企业是否按原用途使用、是否促进企业发展，对于不严格按照原有用途使用的企业可以予以收回，将补贴用于真正需要的企业，这样才能使政府补贴更加公开透明，从根本上保护投资者的知情权和利益保护。这种监管机制不仅可以使政府手中的资源得到有效配置，还能提高整体发展水平，维护良好的市场秩序。总而言之，它是通过监督政府补贴的使用来确保有效利用政府补贴资源并发挥作用，减少公司寻求租金和建立政治关系的意图。

一个严格有效的补贴，需要建立外部监督机制。社会大众也并不是发放补贴的相关部门，由于主权的不确定性，社会大众并不会对政府补贴行为给予足够的重视，需要建立一个专门给予企业补贴的机构，把这些资金，给这个机构来进行管理，这个机构的主要职责是让这些补贴款获得长久的收益，如果不能得到长久的收益，这个部门就会受到相应的惩罚。这样，就可以增强企业补贴款的运用效率。同时需要加强企业的内部控制，企业内部控制直接影响到企业资金的运用效率，政府补贴款项是否真正地运用到了边远地区的研发和相关项目的补助，需要企业内部建立起严格的内部控制制度，减少由于内部的道德风险行为造成的企业相关款项运用不到位，让这些资金发挥应有的作用，减少资源的浪费。

（7）建立效率评价制度，完善考核评价指标

国家采用政府补贴的方式对企业补助的目的是缓解企业因创新需要而导致的融资约束问题，但部分企业在拿到政府补贴后，未用于企业实质性创新，而是进行迎合性创新，因此，有必要建立政府补贴效率评估体系，以公示企业获得的政府补贴多寡以及政府补贴的资金去向等，衡量企业是否通过政府补贴而产生应该有的效果。

在建立效率评价制度的基础上，要完善考核评价指标，指标要具有针对性、科学性以及普适性，细化政府补贴的申请资格、流程等，还要强化政府补贴制度的事前、事中、事后监管，主要是事后监管，可以建立健全问责机制，加强社会公众的监督，降低政府人为干预的可能性，只有这样，才能确保企业将政府补贴用于实质性创新，保障政府补贴效率，降低寻租行为，优化政府资源配置，真正意义上实现政府补贴的目标。

6.2.2.3　精准扶贫相关建议

（1）巩固脱贫成果，推进乡村振兴

截至目前，我国农村绝对贫困问题已然解决，但是由于地理环境、经济发

展等情况不同，精准扶贫的成果是否可以持续有效地发展，精准扶贫是否与乡村振兴有机地衔接了起来，是现在需要重视的问题。我国企业大多面临着融资约束的问题，特别是地理位置偏僻、经济环境又不发达的偏远地区企业通常要面对更大融资难题，企业自身发展已是举步维艰，对于巩固精准扶贫成果更是有心无力，甚至对于应履行乡村振兴的责任与义务，也是难以做到。在乡村振兴的大背景下，当地政府应深入调查贫困地区企业融资难的问题，积极与金融机构合作，切实做好精准金融扶贫工作，结合当地实际情况，有针对性地推出相关政策，为企业创新融资模式，从而带动企业扶贫的积极性。同时，针对贫困地区企业产品知名度差、走出去难的问题，利用政府的宣传，打响企业的品牌，可以召开展销会、产品推广会，或是利用新兴的宣传手段，例如，可以在微博的广告位对企业的产品以及扶贫贡献进行宣传，也可以宣传表彰企业的先进事迹，扩大企业的知名度，使偏远地区企业真正实现"走出去"，让偏远地区企业的产业资源有效转化为扶贫资源，在现有经济形势下促进企业更好地发展，从而更好地达到以企业带动贫困地区的目标。

（2）响应国家的乡村振兴政策，积极履行社会责任

为切实做好"十四五"时期农村金融服务工作，在乡村振兴背景下，首先，要支持巩固拓展脱贫攻坚成果；其次，持续提升金融服务乡村振兴能力和水平。我国的偏远地区企业由于远离金融中心而加剧了二者之间的信息不对称程度，导致其很难获得资金支持而面临着更严重的融资约束；封闭地理条件形成的"重人情、轻制度"的社会交往法则，更容易让人际关系替代制度规则，从而加重偏远地区企业的寻租活动；偏远闭塞的地理环境极易滋长"自给自足"的小农意识，偏远地区企业生产的产品可能由于缺乏与外部市场的有效连接而局限在小范围内的"自产自销"，从而导致偏远地区企业的市场割裂。而乡村振兴政策果作为国家方略，正好在资金扶持、政策监管和宣传推广等方面为偏远地区企业提供了全方位、多角度的支持和保障，企业参与其中可以获得媒体关注度，媒体的正面报道可以提升自身形象，从而吸引外部投资者，为企业带来资金流，所以企业应利用自身优势积极地参与乡村振兴，在国家政策的引导下，将企业的发展与扶贫事业紧密结合在一起，实现公司绩效和扶贫效益的共同增长。因此，企业作为社会的一份子，应当主动把自身创新、产业发展与履行社会责任相结合，实现双赢。

（3）重视产业扶贫与自身发展相结合

2020 年是脱贫攻坚的决胜年，也是收官之年。但扶贫工作并非是时点性的，即使是按照现行贫困线标准做到全面脱贫，也不能说明"贫困不会再来"。因此，扶贫工作是长期的，也是需要不断深化的，脱贫的收官不意味着扶贫的结束。企业对于扶贫方式的选择，要重视产业精准扶贫。虽然参与精准扶贫具备较强的公益性，重在履行社会责任，但同时也可以通过产业扶贫的方式，借助市场的力量、发挥市场的作用。企业在参与产业精准扶贫时，不应故步自封，而应在充分考虑偏远地区特殊情况的基础上，结合自身生产模式以及技术优势，加强与其他企业的合作与联系，突破原有的地域限制、对象范围和环境因素，从而扩展自身产业链条，改进生产模式、技术和产品等从中获益，借助产业性促进自身长足发展。

（4）健全规范企业的投资决策过程，防范过度投资

根据前述的研究可以看出，积极参与精准扶贫的企业，拥有更多的渠道融资，企业的融资约束问题得到有效缓解。但同时企业也需要注意，当企业融资规模扩大拥有了充足的资金时，企业由于拥有了较多的资金流，可能会导致一定程度上的资金滥用问题，例如，由于代理问题诱发过度投资行为。从而对创新绩效产生挤出效应，不利于公司绩效的提升。为推动企业的可持续发展，针对企业的非效率性投资行为，企业必须从根源上缓解内部治理机制出现的委托代理、信息不对称、利益冲突等问题，规范企业的投资决策流程，企业应该追本溯源，加强内部监管，规范资金使用流程，提高资金使用效率。应加大对投资活动的监管力度，在企业融资约束较小、融资规模较大时，若投资决策的流程受到严格的审查，将大大降低非效率投资的概率，有助于企业绩效的提升。

（5）加大研发投入力度，提升企业竞争力

在这个更新换代如此快速的时代，企业想要提升自身价值、在市场上立足，就务必注重创新，加大研发投入，制造出能迎合市场需求的产品，虽然很多的偏远地区企业都是资源依赖型企业，但农业企业也可以通过农业现代化实现自身飞跃式发展，医药制造业更是以技术创新为主要驱动力，在以往偏远地区企业可能由于市场关注度较低，对于产品的创新并不重视，而参与精准扶贫为企业带来了更多的市场关注度，企业需要改变以往的观念，重视创新对企业发展的作用。首先，企业股东、治理层与管理层应该从思想上认识到研发投入对企

业的重要性，并能一致推动研发活动的开展；其次，企业要多维度地吸引人才，通过公司内部组织培训培养人才、与高校合作培养人才、高薪聘用人才等多渠道、多方式来培养企业所需人才，促进企业竞争力的提升；最后，要建立科学的研发活动考核标准，使研发活动行之有效，真正做出能被市场认可的产品，这样才能促进企业绩效的提升。

（6）鼓励和引导企业参与乡村振兴工作

为了巩固脱贫攻坚的成果，国家提出了乡村振兴的雄伟规划，解决农村地区发展不平衡问题。在乡村振兴背景下，要积极实施乡村振兴战略，精细脱贫质量，因地制宜制订相应的计划，促进农村经济的发展。企业在前期的扶贫工作中的作用不可忽视，贫困地区的农业龙头企业或大型企业经常参与扶贫工作，与贫困地区的家禽养殖、水果种植、中草药种植等特色农业产业相结合，企业积极投入教育脱贫与就业脱贫，让贫困居民能真正做到自给自足、自食其力，使得扶贫模式由"输血脱贫"向"造血脱贫"转变，促进偏远地区与贫困户经济水平、文化水平全面发展。因此，政府也应鼓励具备实力的企业积极参与乡村振兴，充分利用当地的自然资源，与形成利益连接机制，引导企业设立产业基地，帮助贫困人口实现就业。为了促进企业积极参与乡村振兴，带动企业参与的积极性，贫困地区的政府可以建立良好的评价激励机制，评价激励机制的设计要科学合理，可实践性强，对参与乡村振兴的企业给予物质和精神上的奖励，这样也有利于吸引更多的企业参与。

（7）主动详细披露企业财务情况，提供高质量信息

从信号传递理论的角度来说，企业传递的社会责任信息要想具备经济价值，必须先被市场和利益相关者获得并认可，因此，企业必须重视对于企业财务信息和其他社会责任履行情况的信息披露，尽可能做到详尽、翔实、高效，使其发挥出应有的作用。在翻阅前期企业参与精准扶贫企业的年报时，发现虽然很多企业都按照要求对精准扶贫情况进行了披露，但总体来看披露的信息不够全面，质量较差，例如，企业扶贫项目的实施情况、实施过程和投入资金，很多企业都没有在报表中详细的说明，由于信息不对称问题的存在，外界对于企业相关情况并不十分了解。企业在积极国家政策的同时，还应该主动披露高质量的信息，这有助于降低企业与市场之间的信息不对称程度，帮助企业缓解融资约束，获得多渠道、多方式的融资，还有利于消费者对企业有更多了解，提高企业的市场关注度。政府部门应重视企业信息的披露质量，进一步细化企业的

信息披露要求，降低资本市场的信息不对称程度。例如，以前参与精准扶贫的大部分企业只在年报中披露精准扶贫情况，按照可持续披露原则，可以要求企业在季报和半年报中披露企业参与乡村振兴工作的阶段性进展；还可以建立奖惩机制，对披露企业信息质量高的企业进行表彰，鼓励企业进行高质量的信息披露。

（8）政府应完善和整治偏远贫困地区的外部治理环境

政府在对腐败问题进行专项治理的同时，不可忽视整体外部治理环境的整治，要保障企业的利益不受损。首先，对于利用自身职务进行贪污腐败的要坚决查办，在查办已经存在的问题时，还要加强预防职务犯罪，检察机关针对办案中发现的突出问题，可以向有关单位和部门提出建议，并开展警示教育和预防宣传；其次，应全力打造过硬检察队伍，以更高站位、更实举措加强检察队伍建设，加强廉政风险防控，述职述廉、廉政教育、提醒谈话常态化，使执法人员成为打击贪污腐败的绝对力量；最后，应对贫困地区的政府补贴资金建立严密的监督和审核制度，严格把控政府补贴资金使用的各个环节，提高政府补贴效率，并定期对政府补贴资金的使用情况进行公示，这是防止企业利用治理环境进行寻租的制度保障。

参考文献

[1] 蔡月祥，卞继红，孙振华．企业社会责任、公司声誉与企业绩效研究 [J]．华东经济管理，2015，29（10）：175-180.

[2] 曹阳，孟媛，席晓宇．R&D 税收优惠对战略性新兴产业的创新影响——基于生物医药产业的数据 [J]．财会月刊，2016（33）：68-71.

[3] 陈德萍，曾智海．资本结构与企业绩效的互动关系研究——基于创业板上市公司的实证检验 [J]．会计研究，2012（8）：66-71，97.

[4] 陈红，张玉，刘东霞．政府补贴、税收优惠与企业创新绩效——不同生命周期阶段的实证研究 [J]．南开管理评论，2019，22（3）：187-200.

[5] 陈蕊．国家研发投入、企业研发能力与创新绩效相关性研究 [J]．财会通讯，2017（6）：47-50.

[6] 崔登峰，邵伟．企业社会责任、营销能力与企业绩效——基于环境不确定性的调节 [J]．经济与管理研究，2018，39（7）：134-144.

[7] 崔也光，李博．企业社会责任履行、R&D 投入与财务绩效——基于我国主板上市公司的经验证据 [J]．贵州财经大学学报，2018（2）：60-69.

[8] 党力，杨瑞龙，杨继东．反腐败与企业创新：基于政治关联的解释 [J]．中国工业经济，2015（7）：146-160.

[9] 邓曦东，唐宁，邓沛．汽车行业上市公司高管特征与财务绩效关系研究——以股权集中度为调节变量 [J]．财会通讯，2019（21）：79-82，114.

[10] 董斌，张兰兰．企业腐败文化治理与技术创新 [J]．重庆大学学报（社会科学版），2022，28（6）：33-48.

[11] 董振林，邹国庆．权变视角下的管理者社会关系与企业创新绩效 [J]．财经问题研究，2016（3）：18-26.

[12] 段小燕．乡村振兴战略下金融精准扶贫的持续性发展研究 [J]．科技资讯，2022（7）：232-236.

[13] 傅鸿震，王启亮，叶永玲．履行社会责任与提升企业绩效冲突吗？——商务模式的调节作用 [J]．财经论丛，2014（6）：68-74.

[14] 高振硕．政府研发补助对新能源汽车企业技术研发的影响 [D]．南宁：广西大学，2019.

[15] 顾雷雷，李建军，彭俞超．内外融资条件、融资约束与企业绩效——来自京津冀地区企业调查的新证据 [J]．经济理论与经济管理，2018（7）：88－99．

[16] 郭淑芬，卢丽娜，郭金花．创新网络对文化企业创新绩效的影响研究 [J]．山东财政学院学报，2016（1）：75－82．

[17] 韩美妮，王福胜．法治环境、财务信息与创新绩效 [J]．南开管理评论，2016，19（5）：28－40．

[18] 胡宜挺，罗青，郑雄．政府补贴、产品市场竞争与企业绩效——来自农业产业化国家重点上市龙头企业的经验数据 [J]．石河子大学学报（哲学社会科学版），2020，34（6）：37－46．

[19] 黄林，朱芳阳．民营科技企业社会责任与企业绩效的实证研究：社会资本视角 [J]．科技管理研究，2018，38（4）：209－217．

[20] 黄志忠，谢军．宏观货币政策、区域金融发展和企业融资约束——货币政策传导机制的微观证据 [J]．会计研究，2013（1）：63－69，96．

[21] 姜琪．腐败与中国式经济增长——兼论腐败治理的社会基础 [J]．南京师大学报（社会科学版），2014（2）：52－64．

[22] 颉茂华，王瑾，刘冬梅．环境规制，技术创新与企业经营绩效 [J]．南开管理评论，2014，17（6）：106－113．

[23] 寇蒄．产业政策能否提高企业绩效？——基于德国高科技战略的实证分析 [J]．欧洲研究，2019，37（4）：111－129，7－8．

[24] 兰贵良，张友棠．企业异质性因素、研发税收激励与企业创新产出 [J]．财会月刊，2018（14）：42－49．

[25] 李林木，郭存芝．巨额减免税是否有效促进中国高新技术产业发展 [J]．财贸经济，2014（5）：14－26．

[26] 李苗苗，肖洪钧，傅吉新．财政政策、企业 R&D 投入与技术创新能力——基于战略性新兴产业上市公司的实证研究 [J]．管理评论，2014，26（8）：135－144．

[27] 李姝，谢晓嫣．民营企业的社会责任、政治关联与债务融资——来自中国资本市场的经验证据 [J]．南开管理评论，2014，17（6）：30－40，95．

[28] 李万福，杜静，张怀．创新补助究竟有没有激励企业创新自主投资——来自中国上市公司的新证据 [J]．金融研究，2017（10）：130－145．

[29] 李文贵，余明桂．民营化企业的股权结构与企业创新 [J]．管理世界，2015（4）：112－125．

[30] 李文茜，贾兴平，廖勇海，刘益．多视角整合下企业社会责任对企业技术创新绩效的影响研究 [J]．管理学报，2018，15（2）：237－245．

[31] 梁莱歆，张焕凤．高科技上市公司 R&D 投入绩效的实证研究 [J]．中南大学学报（社会科学版），2005，11（2）：232－236.

[32] 梁晓琳，江春霞，王媛，马琳．高新技术企业融资约束与企业绩效关系研究——基于企业成长性的调节效应和技术创新调节中介效应 [J]．会计之友，2019（18）：79－85.

[33] 梁雪洋．政府补贴、研发投入对新能源汽车竞争力的影响研究 [D]．郑州：河南财经政法大学，2020.

[34] 刘春，孙亮，黎泳康，蔡倩怡．精准扶贫与企业创新 [J]．会计与经济研究，2020，34（5）：68－88.

[35] 刘飞，王开科．我国中小板上市公司是投资不足还是投资过度？[J]．经济评论，2014（4）：122－135，1.

[36] 刘海明，李明明．货币政策对微观企业的经济效应再检验——基于贷款期限结构视角的研究 [J]．经济研究，2020，55（2）：117－132.

[37] 刘红，张小有，杨华领．核心技术员工股权激励与企业技术创新绩效 [J]．财会月刊，2018（1）：86－92.

[38] 刘瑞．市场化进程、政府补贴与企业创新绩效 [J]．财会通讯，2019（30）：49－53.

[39] 刘芷仪．政府补贴对新能源汽车上市公司财务绩效的影响研究 [D]．长春：吉林大学，2020.

[40] 陆少秀，冯树清，廖以．所有权性质、政府补贴与企业绩效——来自制造业上市公司的经验证据 [J]．财会通讯，2016（6）：45－47.

[41] 罗津，贾兴平．企业社会责任行为与技术创新关系研究——基于社会资本理论 [J]．研究与发展管理，2017（4）：104－114.

[42] 马少晔，陈良华．政治联系、社会责任履行与民营企业创新投入 [J]．财会通讯，2020（10）：16－21.

[43] 毛其淋，许家云．政府补贴对企业新产品创新的影响——基于补贴强度"适度区间"的视角 [J]．中国工业经济，2015（6）：94－107.

[44] 潘红波，杨海霞．融资约束与企业创新：文献综述 [J]．财会月刊，2021（1）：30－36.

[45] 潘越，潘健平，戴亦一．公司诉讼风险、司法地方保护主义与企业创新 [J]．经济研究，2015，50（3）：131－145.

[46] 钱锡红，杨永福，徐万里．企业网络位置、吸收能力与创新绩效——一个交互效应模型 [J]．管理世界，2010（5）：118－129.

[47] 秦夷飞，崔满红．财政补贴与中小企业行为研究：一个基于动态博弈的策略分析 [J].

经济问题, 2016 (4): 69-72, 116.

[48] 邱静, 刘芳梅. 货币政策、外部融资依赖与企业业绩 [J]. 财经理论与实践, 2016, 37 (5): 31-37.

[49] 邵文武, 王若男. 参与精准扶贫对企业创新投入的影响 [J]. 沈阳航空航天大学报, 2021, 38 (1): 86-96.

[50] 石丽静. 研发强度与企业创新绩效——政府资源与知识产权保护的调节作用 [J]. 经济与管理评论, 2017 (6): 144-152.

[51] 孙慧, 王慧. 政府补贴、研发投入与企业创新绩效——基于创业板高新技术企业的实证研究 [J]. 科技管理研究, 2017 (12): 111-116.

[52] 孙自愿, 王玲, 李秀枝, 赵绍娟. 研发投入与企业绩效的动态关系研究——基于内部控制有效性的调节效应 [J]. 软科学, 2019, 33 (7): 51-57.

[53] 王博阳. 政府补贴、研发投入对新能源汽车企业价值的影响研究 [D]. 北京: 北京印刷学院, 2021.

[54] 王桂军, 卢潇潇. "一带一路" 倡议可以促进中国企业创新吗? [J]. 财经研究, 2019, 45 (1): 19-34.

[55] 王洪盾, 岳华, 张旭. 公司治理结构与公司绩效关系研究——基于企业全要素生产率的视角 [J]. 上海经济研究, 2019 (4): 17-27.

[56] 王森薇, 郝前进. 初始规模、生产率与企业生存发展——基于上海市规模以上工业企业的实证研究 [J]. 经济管理, 2012, 34 (7): 144-153.

[57] 王书斌. 国家扶贫开发政策对工业企业全要素生产率存在溢出效应吗? [J]. 数量经济技术经济研究, 2018, 35 (3): 21-38.

[58] 王维, 李昊展, 乔朋华, 桂嘉伟. 政府补贴方式对新能源汽车企业绩效影响研究——基于企业成长性的深入分析 [J]. 科技进步与对策, 2017, 34 (23): 114-120.

[59] 王晓燕, 俞峰, 钟昌标. 研发国际化对中国企业创新绩效的影响——基于 "政治关联" 视角 [J]. 世界经济研究, 2017 (3): 78-86.

[60] 王晓燕, 张册. 高管薪酬差距对企业创新效率的影响——基于上市公司的实证分析 [J]. 会计之友, 2020 (12): 112-118.

[61] 王月溪, 王海军. 融资约束、现金持有与上市公司非效率投资之间关系研究 [J]. 哈尔滨商业大学学报 (社会科学版), 2015 (3): 3-13.

[62] 魏卉, 马晓柯. 市场竞争强度、社会责任履行与企业创新——基于社会资本的中介效应 [J]. 财会月刊, 2019 (4): 64-71.

[63] 吴超鹏, 唐菂. 知识产权保护执法力度、技术创新与企业绩效——来自中国上市公司的证据 [J]. 经济研究, 2016, 51 (11): 125-139.

[64] 吴玉鸣. 工业研发、产学合作与创新绩效的空间面板计量分析 [J]. 科研管理, 2015, 36 (4): 118-127.

[65] 武增海, 李涛. 高新技术开发区综合绩效空间分布研究——基于自然断点法的分析 [J]. 统计与信息论坛, 2013, 28 (3): 82-88.

[66] 徐尧, 洪卫青, 谢香兵. 货币政策、投融资期限错配与企业绩效 [J]. 经济经纬, 2017, 34 (6): 135-141.

[67] 许玲玲, 刘放. 高新技术企业认定、金融发展水平与企业创新 [J]. 财会月刊, 2018 (22): 37-45.

[68] 许楠, 闫妹姿. 媒体关注度和企业社会责任对企业绩效的影响研究 [J]. 湖北社会科学, 2013 (7): 80-85.

[69] 杨滨键, 田景仁, 孙红雨. 精准扶贫视角下农业上市公司经营绩效异质性研究 [J]. 企业经济, 2019, 38 (10): 82-88.

[70] 杨鑫, 尹少华, 邓晶, 张灵曼, 刘璨. 林业政府补贴政策对农户林业投资及其结构的影响分析——基于政府补贴的挤入与挤出效应视角 [J]. 林业经济, 2021, 43 (2): 5-20.

[71] 杨鑫. 政府补贴对农户林业投资的影响研究 [D]. 长沙: 中南林业科技大学, 2021.

[72] 杨兴全, 曾义. 现金持有能够平滑企业的研发投入吗?——基于融资约束与金融发展视角的实证研究 [J]. 科研管理, 2014 (7): 107-115.

[73] 杨洋, 魏江, 罗来军. 谁在利用政府补贴进行创新?——所有制和要素市场扭曲的联合调节效应 [J]. 管理世界, 2015 (1): 75-86.

[74] 杨以文, 周勤, 李卫红. 创新型企业试点政策对企业创新绩效的影响——来自微观企业的经验证据 [J]. 经济评论, 2018 (1): 91-105.

[75] 姚益龙, 梁红玉, 宁吉安. 媒体监督影响企业绩效机制研究——来自中国快速消费品行业的经验证据 [J]. 中国工业经济, 2011 (9): 151-160.

[76] 叶红雨, 徐雪莲. 政府补贴对高新技术上市公司创新绩效的门槛效应实证研究 [J]. 技术与创新管理, 2018, 39 (1): 92-96.

[77] 叶建木, 陈峰. 融资约束、研发投入与企业绩效——基于主板和创业板高新技术上市企业的比较分析 [J]. 财会月刊, 2015 (12): 24-28.

[78] 叶蓁. 中国出口企业凭什么拥有了较高的生产率?——来自江苏省的证据 [J]. 财贸经济, 2010 (5): 77-81, 136.

[79] 余明桂, 回雅甫, 潘红波. 政治联系、寻租与地方政府补贴有效性 [J]. 经济研究, 2010, 45 (3): 65-77.

[80] 俞峰, 王晓燕, 钟昌标. 政府参与如何通过企业外部知识搜索提高创新绩效——来自

中国创新企业数据的经验证据［J］. 科技进步与对策, 2016, 33 (24)：24 - 30.

［81］俞雪莲, 黄茂兴. 创新政策组合如何助力企业自主创新与可持续发展［J］. 财会月刊, 2021 (6)：127 - 134.

［82］袁建国, 后青松, 程晨. 企业政治资源的诅咒效应——基于政治关联与企业技术创新的考察［J］. 管理世界, 2015 (1)：139 - 155.

［83］查成伟, 陈万明, 唐朝永. 高质量关系、失败学习与企业创新绩效［J］. 管理评论, 2016 (2)：175 - 184.

［84］曾义, 冯展斌, 张茜. 地理位置、环境规制与企业创新转型［J］. 财经研究, 2016, 42 (9)：87 - 98.

［85］翟淑萍, 顾群. 金融发展与企业投资效率——基于融资约束与预算软约束视角的分析［J］. 贵州财经大学学报, 2014 (3)：24 - 31.

［86］张明. 税收征管与企业全要素生产率——基于中国非上市公司的实证研究［J］. 中央财经大学学报, 2017 (1)：11 - 20.

［87］张英明, 张精. 融资约束条件下中小企业非效率投资问题研究——基于中小企业板上市公司的经验数据［J］. 会计之友, 2017 (5)：97 - 102.

［88］张玉娟, 汤湘希. 股权结构、高管激励与企业创新——基于不同产权性质 A 股上市公司的数据［J］. 山西财经大学学报, 2018, 40 (9)：76 - 93.

［89］张玉明, 邢超. 企业参与产业精准扶贫投入绩效转化效果及机制分析——来自中国 A 股市场的经验证据［J］. 商业研究, 2019 (5)：109 - 120.

［90］张跃龙, 谭跃, 夏芳. 投资效率是被"债务融资"束缚了手脚吗？［J］. 经济与管理研究, 2011 (2)：46 - 55.

［91］张兆国, 曾牧, 刘永丽. 政治关系、债务融资与企业投资行为——来自我国上市公司的经验证据［J］. 中国软科学, 2011 (5)：106 - 121.

［92］张宗毅. 2004～2023 年中国农机购置补贴政策演变［J］. 经济研究参考, 2021 (9)：5 - 20.

［93］章卫东, 李浩然, 鄢翔, 罗希. 定向增发机构投资者异质性与公司绩效——来自中国上市公司的经验证据［J］. 当代财经, 2020 (2)：89 - 100.

［94］赵秀芳, 朱容成, 任妮. 地方财税政策对中小型企业创新绩效的影响［J］. 绍兴文理学院学报, 2016 (4)：78 - 83.

［95］赵袁军, 许桂苹, 刘峥, 等. 政府支持视角下的我国企业创新绩效研究［J］. 科研管理, 2017 (S1)：412 - 418.

［96］郑烨, 吴建南. 政府支持行为何以促进中小企业创新绩效？——一项基于扎根理论的多案例研究［J］. 科学学与科学技术管理, 2017 (10)：41 - 54.

［97］郑烨，吴建南，王焕．打开政府支持行为与企业创新绩效关系的"黑箱"——一个研究综述［J］．华东经济管理，2017，31（10）：155－163．

［98］郑烨，杨若愚，姬晴晴．企业创新绩效国内外研究文献的十五年述评与展望［J］．中国科技论坛，2017（3）：73－80．

［99］郑云霄．我国民航发展补贴政策浅析［J］．民航学报，2021，5（4）：121－124．

［100］周江华，李纪珍，刘子諝，等．政府创新政策对企业创新绩效的影响机制［J］．技术经济，2017（1）：57－65．

［101］周衍平，耿芳菲，陈会英，吴国庆．R&D投入真的能提升企业创新绩效吗——来自广义倾向得分匹配的证据［J］．财会月刊，2019（20）：149－160．

［102］祝木伟，巩新宇．创新网络特征与企业创新绩效关系探讨［J］．商业经济研究，2017（7）：145－147．

［103］Barber B M，Odean T．All that Glitters：The Effect of Attention and News on the Buying Behavior of Individual and Institutional Investors［J］．The Review of Financial Studies，2008，21（2）：785－818．

［104］Barney J．Firm Resources and Sustained Competitive Advantage［J］．Journal of Management，1991，17（1）：99－120．

［105］Bock. B，H. J. Gold Schmid，I. M. Millstein and F. M. Scherer．The Impact of the Modern Corpor－ation［M］．New York：Columbia University Press，1984．

［106］Brown，J. R.，Martinsson，G.，Petersen，B. C. Law，Stock Markets，and Innovation．The Journal of Finance，2013，68（4）：1517－1549．

［107］Daiya I，Kohei N，Hiroshi O．New-to-Market Product Innovation and Firm Performance：Evidence from a firm-level innovation survey in Japan．Discussion Papers，2012．

［108］Dvouletý O，Blažková I．Are Publicly Supported Companies in the Czech Food and Drink Industry Performing Better? Initial Findings from the Microdata［C］．Innovation Management，Entrepreneurship and Sustainability，2017：168－179．

［109］Dyck. A，N. Volchkova，L. Zhingales，The Corporate Governance Role of the Media：Evidence from Russia［J］．The Journal of Finance．2008，63（3）：1093－1135．

［110］Faccio，M．Politically Connected Firms：Can They Squeeze the State［J］．The American Economic Review，2006，96（1）：369－386．

［111］Ferrando A，Ruggieri A．Financial Constraints and Productivity：Evidence from Euro Area Companies［J］．International Journal of Finance & Economics，2018，23（3）：257－282．

［112］Friedman M．The Social Responsibility of Business is to Increase Its Profits［M］．Springer Berlin Heidelberg，2007．

［113］Guan J C, Pang L. Industry Specific Effects on Innovation Performance in China ［J］. China Economic Review, 2017, 44: 125 - 137.

［114］Hsu P H, Tian X, Xu Y. Financia I Development and Innovation: Cross-Country Evidence ［J］. Journal of Financial Economics, 2014, 112 (1): 116 - 135.

［115］Huiming Zhang, Lianshui Li, Dequn Zhou, Peng Zhou. Political Connections, Government Subsidies and Firm Financial Performance: Evidence from Renewable Energy Manufacturing in China ［J］. Renewable Energy, 2014, 63 (63): 330 - 336.

［116］Jensen M C. The Modern Industrial Revolution, Exit, and the Failure of Internal Control Systems ［J］. The Journal of Finance, 1993, 48 (3): 831 - 880.

［117］Jianghua Z, Jizhen L, Zizhen L, et al. Influence Mechanism of Government's Innovation Policies on Firm's Innovation Performance ［J］. Technology Economy, 2017, 36 (1): 57 - 65.

［118］Jiao H, Koo C K, Cui Y. Legal Environment, Government Effectiveness and Firms' Innovation in China: Examining the Moderating Influence of Government Ownership ［J］. Technological Forecasting and Social Change, 2015, 96 (1): 15 - 24.

［119］Jinshuai Hu, Haiyan Jiang, Mark Holmes. Government Subsidies and Corporate Investment Efficiency: Evidence from China ［J］. Emerging Markets Review, 2019, 41 (41): 380 - 410.

［120］John K, Litov L, Yeung B. Corporate Governance and Risk-taking ［J］. The Journal of Finance, 2008, 63 (4): 1679 - 1728.

［121］Jun Wu. Financing Constraints for R&D in China: The Role of State Ownership ［J］. Applied Economics Letters, 2019, 26 (14): 1162 - 1166.

［122］Leitner S M. Financing Constraints and Firm Growth in Emerging Europe ［J］. South East European Journal of Economics and Business, 2016, 11 (1): 18 - 40.

［123］Lerner J, Wulf J. Innovation and Incentives: Evidence from Corporate R&D ［J］. The Review of Economics and Statistics, 2007, 89 (4): 634 - 644.

［124］Li H, Meng L, Wang Q, et al. Political Connections, Financing and firm Performance: Evidence from Chinese Private Firms ［J］. Journal of Development Economics, 2008, 87 (2): 283 - 299.

［125］Lv D D, Zeng P, Lan H. Co-patent, Financing Constraints, and Innovation in SMEs: An Empirical Analysis Using Market Value Panel Data of Listed Firms ［J］. Journal of Engineering and Technology Management, 2018, 48 (2): 15 - 27.

［126］Muzamil Naqshbandi M, Kaur S. Do Managerial Ties Supportor Stifle Open Innovation?

[J]. Industrial Management & Data Systems, 2014, 114 (4): 652-675.

[127] Nelson R, Winter S. An Evolutionary Theory of Economic Change [M]. Cambridge: Harvard University Press, 1982.

[128] Okamuro H, Nishimura J. Not Just Financial Support? Another Role of Public Subsidy in University-industry Research Collaborations [J]. Economics of Innovation & New Technology, 2014 (7): 1-27.

[129] Poncet S, Steingress W, Vandenbussche H. Financial Constraints in China: Firm-Level Evidence [J]. China Economic Review, 2010, 21 (3): 411-422.

[130] Raj Aggarwal, Varun Jindal, Rama Seth. Board Diversity and Firm Performance: The Role of Business Group Affiliation [J]. International Business Review, 2019, 28 (6): 161-165.

[131] Yeh Y H, Shu P G, Chiu S B. Political Connections, Corporate Governance and Preferential Bank Loans [J]. Pacific-Basin Finance Journal, 2013, 21 (1): 1079-1101.

[132] Zhi Da, Joseph Engelberg, Pengjin Gao. In Search of Attention [J]. Journal of Finance, 2011 (66): 1461-1499.